초등 하루 한 권
책밥 독서법

매일 밥 먹듯 우리 아이 독서습관 만드는 법

초등 하루 한 권
책밥 독서법

전안나 지음

📚 차례

4부 책밥 독서법 고급단계

6장 _ 말하기 독서

하루 한 권 책밥 먹는 습관을
자녀에게 평생 유산으로 남겨주세요

하루 한 권 책밥 먹는 엄마 전안나입니다. 저는 결혼 후 맞벌이를 하면서 독박 육아와 독박 가사로 인한 우울증을 앓았습니다. 정말 죽을 것 같은 시간을 보냈죠. 그러던 중에 우연히 독서법 강의에 참석했습니다. 그 자리에서 "2,000권의 책을 읽으면 머리가 트인다."라는 말을 듣고 하루 한 권을 읽기 시작했습니다. 책을 읽으면서 삶의 의욕을 되찾았고, 우울증과 불면증도 이겨냈습니다. 저는 8년째 하루 한 권 읽는 습관 덕분에 베스트셀러 작가이자 억대 연봉을 버는 워킹맘, 행복한 엄마가 됐습니다.

저는 독서가 밥이라고 생각합니다. 10년 전 오늘 먹은 아침이나 점심이 무슨 메뉴였는지, 어디서 누구와 먹었는지 기억할 수 없죠. 하지만 내가 어떤 음식을 먹었는지 기억하지 못한다고 그 음식들이 소용없다고 생각하는 사람은 없을 것입니다.

내가 먹은 음식을 기억하지 못하더라도 그 음식은 이미 몸 안에서 에너지원으로 사용됐기 때문입니다. 우리가 콩나물을 기를 때 구멍이 뚫린 시루에 콩을 넣고 기르는데, 물을 넣음과 동시에 구멍으로 물이 다 빠져나갑니다. 그러나 콩나물은 흘러가는 물을 먹고도 쑥쑥 자랍니다. 책도 마찬가지입니다. 책을 읽은 후 내용을 금방 잊어버릴지라도 뇌 어딘가에 경험으로 저장되어 인생을 풍부하게 하는 밑거름이 됩니다.

저는 현재 초등학교 5학년, 2학년인 아들 둘을 키우고 있어요.

책을 읽고 제 삶이 변화하면서, 가장 먼저 매일 밥을 먹듯 자연스럽게 아이들에게 하루 한 권을 읽는 습관이 몸에 배도록 했습니다. 대한민국에서 97.9퍼센트의 아이들이 학원에 다닌다는데 저희 아이들은 학원 대신 하루 한 권 읽기만 하고 있습니다. 첫째는 4년 전 시작한 하루 한 권 읽기로 그동안 약 850권의 책을 읽었고, 둘째는 3년 전 시작한 책 읽기로 약 450권의 책을 읽었습니다. 이제는 책을 읽고 즐기는 아이가 됐어요. 이쯤에서 많은 엄마들이 궁금해할 것 같아요. 어떻게 하면 아이가 스스로 책을 읽게끔 만들 수 있을까요?

저는 아들 둘을 키우는 엄마이면서 사회복지사이기도 합니다. 아동·청소년을 대상으로 한 업무 경험이 많고 독서에 관련된 자격증도 많이 보유하고 있습니다. 하지만 자격증을 딴 후에 독서지도를 시작하진 않았어요. 저에게는 어린 시절 자연스럽게 책을 많이 읽은 경험이 있습니다. 그래서 아이들이 엄마의 잔소리 없이 스스로 책을 읽게끔 할 수 있었습니다. 제가 가진 가장 좋은 습관인 하루 한 권 책밥 먹는 습관을 저희 아이들에게도 심어주었습니다.

저는 다독보다 하루 한 권을 강조합니다. 아이에게 과잉 독서를 시키면 책에 질려버립니다. 특히 책 읽는 게 익숙하지 않은 아이들은 글밥이 많아지는 초등학교 3~4학년부터 독서를 포기해요. 부모의 강요에 의해서 책을 읽는다면 책을 싫어하는 아이가 될 확률이 높습니다. 그렇게 되면 그냥 읽기 연습만 하는 셈입니다.

대신에 하루 한 권 책밥 먹는 습관을 들이면 부담없이 책 읽기를 시작할 수 있습니다. 그러다가 재미있는 책을 만나면 책을 더 많이 읽고 싶은 마음이 생깁니다. 사람의 심리가 책을 못 읽게 하면 더 읽고 싶어집니다. 아이가 책을 더 읽고 싶은 마음이 들도록 독서량을 부족하게 해주세요. 부족하게 읽어야, 아쉬워서 계속 읽게 됩니다.

한 가지 알아둬야 할 점은 책을 읽는다고 해서 글쓰기, 말하기, 어휘력, 발표력이 저절로 생기거나 성적이 무조건 올라가지는 않습니다. 그렇지만 선생님들이 공통적으로 하는 말이, 초등학교 시절 공부를 잘하지 못해도 폭넓은 독서를 꾸준히 한 아이가 중·고등학생이 되면 상위권으로 치고 나가는 경향이 높습니다. 즉, 독서가 족집게 과외처럼 당장 이번 시험의 정답을 알려주지는 않지만, 공부의 기초체력을 쌓아서 중장기적으로 효과를 낸다는 사실입니다.

그리고 초등학교 시절 책을 많이 읽은 경험이 저를 책 읽는 어른으로 성장하게 했습니다. 어릴 때 읽은 책에 얽힌 즐거운 기억, 칭찬이 제가 힘든 순간마다 다시 책을 손에 잡도록 했습니다. 결국 저는 책으로 시작해서 책으로 성공했습니다.

저의 첫 번째 책 『1천 권 독서법』에서는 직장인과 현대인을 위해 3년 내내 하루 한 권 책을 읽으며 내 삶을 바꾸는 성인 독서법을 이야기했습니다. 두 번째 책 『기적을 만드는 엄마의 책 공부』에서는 세상에서 가장 바쁜 엄마들을 위해 독서 시간 만드는 방법에 대한 이야기를 했습니다.

세 번째 책 『초등 하루 한 권 책밥 독서법』에서는 잔소리하지 않고 웃으면서 우리 아이 독서습관 만드는 방법을 총 7장으로 나눠 상세히 알려드립니다.

책밥 독서법 기초단계

1장은 아이가 책 읽기를 왜 싫어하는지, 왜 학원보다 독서인지, 학원 대신 독서를 하면서 어떤 효과를 경험했는지, 독서지도를 하려는 부모님을 위한 '기초 설명서'입니다.

2장은 아이가 스스로 책을 읽기 위해 필요한 세 가지 환경(물리적, 심리적, 맞춤형 환경), 책 고르는 기준과 방법, 독서습관을 만드는 전안나표 3대 원칙을 알려드립니다.

책밥 독서법 초급단계

3장은 '듣기 독서'입니다. 아이의 듣기 독서는 부모님의 책 읽어주기 숙제가 되는데요. 퇴근 후 저녁마다 아이들에게 책 읽어주기 힘들지 않으신가요? 누가, 얼마나 자주, 얼마나 많이, 어떤 책을, 어떤 방법으로 읽어주면 좋은지 자세히 알려드립니다.

4장은 '책놀이 독서법'으로 아이들이 책과 친해질 수 있는 놀이 방법을 알려드립니다. 책을 싫어하는 아이라도 책을 좋아하게 만들 수 있는 즐거운 놀이입니다.

책밥 독서법 중급단계

5장 '스스로 읽는 독서'에서는 아이 독서지도의 적기는 몇 살부터 몇 살까지인지, 책 읽는 101가지 방법, 자녀 연령대별 추천도서, 연령대별 적절한 독서 분량, 독서 동기부여 방법, 영어독서 지도법을 알려드립니다.

책밥 독서법 고급단계

책만 읽는다고 저절로 발표력이 좋아지지는 않죠?

6장 '말하기 독서'에서는 어떻게 하면 말하기를 잘하는 독서를 할 수 있는지와 어휘력을 높이는 방법을 알려드립니다.

7장 '쓰기 독서'에서는 일기, 독서록, 답사보고서 등 다양한 쓰기 지도법과 글쓰기 실력을 키우는 독서법에 대한 답을 드립니다.

이 책에는 책 읽기 힘들어하는 아이들의 목소리를 담았습니다.

이 책에는 아이 독서지도로 고민하는 부모님과 선생님의 목소리를 담았습니다.

이 책에는 아이들의 더 나은 삶을 생각하는 사회복지사이자 인권강사의 마음을 담았습니다.

이 책에는 아들 둘을 키우고 있는 엄마의 마음을 담았습니다.

이 책에는 독서법 작가이자 강사인 독서 전문가의 마음을 담았습니다.

하루 한 권 책밥 먹는 습관을 자녀에게 평생 유산으로 남겨주세요.

많이 읽어본 아이들이 잘 읽고, 더 많이 읽고, 좋은 책을 읽습니다.

2020년 6월
저자 전안나

1장

학원보다
독서

초등 독서, 아이보다
부모의 독서습관이 먼저다

⦂ 아이를 잘 키우고 싶어요

저는 아이를 잘 키우고 싶습니다. 아이가 인성도 좋고, 사회성도 좋고, 리더십도 있고, 말도 조리 있게 잘하고, 글도 잘 쓰고, 운동도 잘하고, 시험도 잘 보고, 공부도 잘했으면 좋겠습니다. 그래서 사회에 선한 영향력을 끼치는 행복한 사람으로 자랐으면 좋겠습니다. 모든 부모님의 소망이지 않을까요?

저는 아이를 잘 키우고 싶어서 다양한 자녀교육서를 닥치는 대로 열심히 읽었습니다. 수많은 책에서 공통으로 하는 말은 이렇습니다.

"세상에 나쁜 아이는 없다. 나쁜 부모만 있을 뿐이다."

"아이를 키우며 부모도 다시 큰다."

"흔들리는 건 아이가 아니라 부모다."

"아이는 믿는 대로 자란다."

책에는 하나같이 자녀교육에 있어서 부모님의 역할이 얼마나 중요한지 강조합니다.

또 독서교육에 관한 책도 많이 읽었습니다.

"부모가 책을 읽으면 아이가 저절로 책을 읽는다."

"부모가 책을 읽는 것은 독서교육의 필요조건이지 충분조건이 아니다."

"엄마의 어휘력이 아이의 어휘력이다."

"책 읽는 엄마 아래 책 읽는 아이가 나온다."

이런 책들은 독서교육에 있어서 부모님의 역할이 굉장히 중요하다고 강조합니다.

그런데 자녀에게 올바른 독서법을 가르치는 부모님의 고충을 표현한 구절도 많습니다.

"저는 아이에게 본보기가 되려고 책을 읽는데, 아이는 엉덩이를 의자에 붙이고 있지를 못해요."

"아이가 만화책만 읽어요."

"우리 아이는 책은 잘 읽는데, 왜 국어를 잘하지 못할까요?"

"아이가 책을 빨리 읽는데, 읽고 나서 내용을 물어보면 말을 못 해요."

"우리 애는 책을 싫어해요."

"제가 책을 읽으라고 잔소리하면 겨우 한 권을 대충 읽어요."

"책에 흥미를 느끼게 하기 어려워요."

익숙한 이야기들이죠?

: 아이들이 책 읽기를 싫어하는 이유

독서교육에 관한 책을 읽다 보니 궁금한 점이 생겼습니다. 이런 책에는 부모님이 독서지도를 어려워한다는 내용은 많습니다. 하지만 아이가 무엇 때문에 독서를 싫어하는지, 아이에게 직접 물어보지는 않습니다. 무엇보다 당사자인 아이 생각이 가장 중요하지 않을까요? 그래서 제가 독서법 강의를 다니면 초등학교부터 고등학교까지 약 1,000여 명의 아이들에게 물었습니다.

"책은 너에게 무엇이니?"

"언제 책 읽기가 싫으니?"

"언제 책을 읽고 싶니?"

"1년에 독서목표는 몇 권이니?"

"독서목표를 달성하기 위해 동기부여 될 만한 보상으로 무엇을 원하니?"

아이들은 뭐라고 대답했을까요? 아이들은 책을 이렇게 생각하고 있습니다.

나에게 책은 _____이다.
머리의 식량, 도움을 주는 것, 지식, 생명, 물, 신기한 것이 많은 박물관, 심심풀이, 일상, 옳고 그름을 알려주는 선악, 읽는 공부, 작고 소중하고 특별한 친구, 모르는 게 없는 선생님, 생각 나무, 하루의 행복, 재미있는 친구, 똑똑 박사 친구, 좋은 친구, 인생의 길, 세상살이를 잘 못하면 알려주는 경고문, 중요한 공부, 지루하지만 꼭 필요한 것, 공부, 돈 등.

아이들은 책을 '경고문', '지루한 것', '공부'처럼 부정적으로 인식하기도 하지만 80퍼센트 이상의 아이들은 책을 긍정적으로 표현했습니다. '좋은 친구', '똑똑한 친구', '특별한 친구'처럼 친구라는 표현이 가장 많았고 '나에게 도움이 된다'는 표현도 많았습니다.

그런데 아이들은 왜 책 읽기를 싫어할까요? 아이들의 대답은 놀라웠습니다.

"저는 책을 싫어하지 않는데요. 엄마는 먼저 혼내고 나서 '책 읽어'라고 해요."

"잔소리를 하면서 '책 읽어' 라고 하니 부모님 때문에 책 읽기가 싫어졌어요."

"제가 읽고 싶은 책은 못 읽게 하고 읽기 싫은 책만 읽으라고 강요해요."

"제가 꼭 책 읽으려고 하는 순간에 엄마가 책 읽으라고 말해서 읽기 싫어요."

"독서는요, 엄마의 잔소리예요."

아이들의 대답을 보니 많은 생각이 들었습니다. 아이가 책을 싫어하는 게 아닙니다. 그보다 부모님 입장에서 아이가 책을 싫어할 거라고 짐작하고 강제적으로 접근을 하는 경우가 많습니다. 만약 아이에게 책 읽는 습관을 만들어주려고 노력을 했는데도 아이가 책을 싫어한다면 그건 잘못된 부모님의 역할 때문이라고 생각합니다. 부모님이 책을 싫어하기 때문에 아이도 책을 싫어합니다. 부모님이 책을 안 읽기 때문에 아이도 책을 읽지 않습니다. 동기부여가 안 된 아이에게 억지로 책을 읽으라고 시키기 때문에 아이가 책을 싫어합니다. 나이에 맞지 않게 과잉 독서를 시키기 때문에 아이가 책 읽기를 싫어합니다.

⦂ 책 읽는 아이로 만든 부모의 행동

저는 책 천 권 읽기를 네 번이나 한 경험이 있습니다. 첫 경험은 초등학교 1학년 때 교통사고가 나서 한 달 동안 병원에 입원하면서 시작됐습니다. 그때 다양한 분야의 동화와 전집을 읽었습니다.

두 번째로 천 권을 읽은 때는 호되게 사춘기를 앓았던 중고교생 시절입니다. 점심시간과 야간자율학습 시간에 학교에서 종교와 철학 서적을 많이 읽었습니다. 세 번째 경험은 대학생 때 학교 도서관에서 아르바이트를 하면서 제 전공인 사회복지 분야 책과 베스트셀러 책을 많이 읽었습니다. 네 번째 경험은 두 아이를 낳고 워킹맘이 된 이후에 시작했습니다. 집에서 밤새며 육아 서적이나, 고부갈등과 관련된 책, 부부갈등, 직장인 자기계발서, 사회과학 책을 읽었습니다.

이렇게 네 번이나 천 권을 읽을 수 있었던 이유는 저에게 기초가 있었기 때문입니다. 저에게는 초등학교 1학년 여름방학 한 달 동안 책을 많이 읽었던 경험이 있습니다. 부모님은 제가 책을 많이 읽도록 읽고 싶은 책을 계속 제공해주셨습니다. 부모님은 책을 읽으라고 잔소리를 하지 않았고 왜 안 읽느냐고 혼내지도 않으셨습니다. 대신에 제가 읽고 싶은 책을 다 사주셨습니다. 제가 평소 관심 없었던 분야의 책도 한 권이라도 더 읽도록 다양한 책을 제공해주고 그래도 책을 보지 않으면 또 다른 분야의 책을 책장 가득 채워주신 일. 그 한 가지 일만 하셨습니다.

: 독자의 10가지 권리

프랑스 베스트셀러 작가 다니엘 페나크는 『소설처럼』*이라는 책에서 '독자의 10가지 권리'를 말했습니다.

1. 책을 읽지 않을 권리
2. 건너뛰며 읽을 권리
3. 책을 끝까지 읽지 않을 권리
4. 책을 다시 읽을 권리
5. 아무 책이나 읽을 권리
6. 마음대로 상상하며 빠져들 권리
7. 아무 데서나 읽을 권리
8. 군데군데 골라 읽을 권리
9. 소리 내어 읽을 권리
10. 읽고 나서 아무 말도 하지 않을 권리

독자의 10가지 권리

아이에게도 독자로서의 권리가 있습니다. 책을 읽지 않을 권리가 있고, 건너뛰며 읽을 권리가 있고, 끝까지 읽지 않을 권리가 있고, 책을 다시 읽을 권리가 있고, 아무 책이나 읽을 권리가 있고, 마음대로 상상하며 빠져들 권리가 있고, 아무 데서나 읽을 권리가 있고, 군데군데 골라 읽을 권리가 있고, 소리 내어 읽을 권리가 있고, 읽고 나서 아무 말도 하지 않을 권리가 있습니다. 대부분의 아이는 글자를 깨치고 책에 흥미를 가집니다. 글자를 읽고 무슨 뜻인지 깨닫는 즐거움이 무엇인지 알고 있습니다. 혹시 부모님 때문에 아이가 책을 싫어하는 건 아닐까요? 한번 곰곰이 생각해봐야 할 문제입니다.

아이는 책을 좋아합니다.

아이는 책에 흥미를 느낍니다.

아이는 스스로 독서를 할 수 있습니다.

부모님께 묻는
세 가지 질문

독서지도에 대해서 본격적으로 이야기하기 전에, 부모님께 묻고 싶은
질문이 세 가지 있습니다.

⦂ 첫째, 부모님은 어떻게 독서하고 있나요?

독서지도를 하려는 여러분은 어떻게 독서를 하고 있는지 궁금합니다.

2018년에 《헤럴드경제》*에서 한국인의 독서량을 조사한 적이 있
습니다. 1,200명을 대상으로 한 달에 몇 권의 책을 읽는지 조사해보니
초등학생은 7.6권, 중학생은 4.2권, 고등학생은 1.6권을 읽는다고 답

했습니다. 그런데 20대는 1.3권, 30대는 1권, 40대는 0.9권, 50대는 0.6권, 60대는 0.5권으로 급격하게 감소합니다.

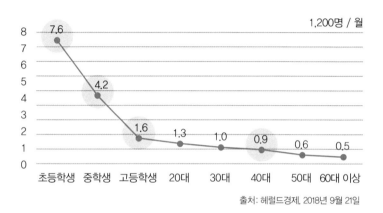

| 2018년 한국인 독서량 |

1,200명 / 월

출처: 헤럴드경제, 2018년 9월 21일

이 자료를 본 부모님들은 "우리 애들은 저렇게 책을 많이 안 읽어요." 하고 말합니다. 정말 그럴까요? 아이는 집에서만 책을 읽지 않습니다. 학교에서나 학원에서, 숙제로 혹은 수업 시간에 책을 읽고 있어요. 학교에서 '한 학기에 한 권 읽기 독서 운동'으로 매일 아침마다 10~20분, 그리고 매주 월요일 1교시마다 책을 읽습니다. 부모님 앞에서 읽지 않을 뿐이지, 어른보다 훨씬 많은 양의 책을 읽고 있어요.

문화체육관광부*가 2019년 만 19세 이상 성인 6,000명과 초등학생(4학년 이상) 및 중고교생 3,000명을 대상으로 독서실태에 관해서 조사했습니다. 그 결과 학생들의 독서량은 늘어난 반면 성인의 독서량은 감소했습니다.

독서량은 1년간 읽은 책 중에 교과서, 학습 참고서, 수험서, 잡지, 만화를 제외한 일반 도서를 말하고, 독서율은 1년간 일반 도서를 한 권 이상 읽은 사람의 비율을 뜻합니다. 2019년 성인의 연간 독서율은 52.1퍼센트, 독서량은 6.1권으로, 2017년과 비교했을 때 각각 7.8퍼센트, 2.2권 줄었습니다. 1년간 일반 도서를 한 권이라도 읽은 사람은 조사 대상자 중에 52.1퍼센트이고 책을 읽은 사람들의 총 독서 권수는 6.1권입니다.

초중고교생의 경우 종이책 연간 독서율은 90.7퍼센트, 독서량 32.4권으로, 2017년과 비교했을 때 독서율은 1.0퍼센트 감소했지만 독서량은 3.8권 증가했습니다. 초중고교생 중에 연간 한 권 이상 읽은 사람은 90.7퍼센트이고 책을 읽은 초중고교생들의 총 독서 권수는 32.4권으로 성인보다 훨씬 많이 읽고 있습니다.

| 종이책, 전자책, 오디오북 종합 독서량 (성인·학생) |

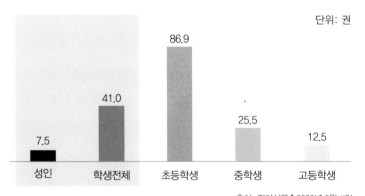

단위: 권

출처: 경기신문,* 2020년 3월 11일

초등 하루 한 권 책밥 독서법

반대로 부모는 책을 많이 읽는데 아이는 책에 관심이 없어서 속상해하는 경우도 있습니다. 이런 경우에는 크게 걱정하지 않아도 됩니다. 지금 당장 아이가 책을 읽지 않더라도 아이는 부모가 책 읽는 모습을 지켜보고 있습니다. 제가 아는 작가 중 어려서는 책을 많이 읽지 않았는데 커서 작가가 되기로 결심한 분이 있었습니다. 30대가 넘어서 말이죠.

왜 갑자기 책을 읽고 책을 쓰는 작가가 되기로 했는지 물어보자, 본인은 어려서부터 책을 잘 읽지 않았지만 엄마, 아빠가 책 읽는 모습을 많이 봤다고 합니다. 책에 대해서 좋은 이미지를 갖게 됐다고 하면서 말이죠. '엄마, 아빠가 좋아하는 책 읽기를 나도 어른이 되면 해야겠다.' 하는 마음이 어릴 때 생긴 것 같다고, 그래서 자신도 작가가 될 수 있었다고 했습니다. 아이가 지금 당장 책을 안 읽는다고 속상해하지 마세요. 언젠가는 책 읽는 부모님 덕분에 독서 열매를 맺을 것입니다. 여러분이 책을 읽고 즐기면 아이도 책을 읽고 즐기는 어른으로 성장합니다.

둘째, 아이에게 왜 독서를 해야 하는지 설명할 수 있나요?

부모님에게 왜 독서를 해야 하는지 경험을 바탕으로, 진심으로 설명할 수 있는지 물어보고 싶습니다.

'책을 많이 읽으면 좋다'는 주장의 근거로 외국의 연구 결과나, 옛날 위인인 나폴레옹, 에디슨, 정약용, 세종대왕을 예로 드는데요. 아이가 문득 이렇게 물어봅니다.

"엄마, 책을 읽으면 뭐가 좋아?"

"아빠, 아빠는 책 읽는 거 좋아해?"

아이의 질문에 뭐라고 답하세요?

"그냥, 좋지 뭐…… 유명한 사람들은 다 책을 많이 읽었으니까 너도 읽어."

"아빠도 책 읽는 거 좋아하는데, 바빠서 못 읽지."

이렇게 얼버무리지 않았나요? 아이는 부모님들의 이런 어정쩡한 태도를 귀신같이 알아챕니다. '아, 우리 엄마도 책을 왜 읽어야 하는지 잘 모르네.', ' 아, 우리 아빠도 책을 별로 안 읽는구나!' 하고 말이죠.

많은 엄마가 독서지도를 위해서 독서 자격증 공부를 하고 싶어 합니다. "아이가 책을 읽게 하고 싶은데 배울 수 있는 과정이 무엇이 있나요?", "독서 자격증을 취득하면 독서지도에 도움이 될까요?"라고 많이 묻는데요. 저는 "별로 도움 안 됩니다."라고 대답합니다. 저에게 독서와 관련된 자격증이 많이 있지만 자격증 과정은 이론적인 내용이 많습니다. 독서지도에 직접적인 도움이 되는 실전용은 아니죠. 만약 독서와 관련된 취업을 하고 싶다면 자격증이 도움이 됩니다. 하지만 그게 아니라 아이를 지도하기 위해서라면 자격증 공부보다 엄마가 다양한 책을 읽는 게 훨씬 큰 도움이 됩니다. 독서지도에 관한 책을 읽고 직접 실천을 하는 것이 훨씬 효과적입니다.

저는 독서와 아동·청소년 관련 자격증이 있고 실제 독서지도 경험도 많습니다. 본업이 사회복지사라서 아동·청소년 담당 업무를 오래했고 아동인권 강사이기도 합니다. 독서법 강사와 작가로 활동하면서 이론적 지식을 쌓기 위해서 독서지도사, 독서토론지도사, 자기주도학습지도사, 하브루타 독서코치, EBS 교과 독서지도강사 자격을 취득했습니다. 하루 한 권 읽기로 2,000권을 읽었고 독서법 작가이자, 강사이며 어린이 독서토론과 성인 독서토론 진행자이기도 합니다. 하지만 이런 자격증을 취득하고 독서지도를 시작하지는 않았습니다.

제가 대학교 4학년 때 아동에게 처음으로 독서지도를 했습니다. 아르바이트로 초등학생 방과후교실 보조교사로 1년간 일하면서 초등학생 20명을 만났습니다. 대부분의 아이가 한부모가족, 조손가족으로 가정 내에서 학습이나 교육을 받지 못했습니다. 그런데 제가 어려서부터 책을 너무 좋아했기 때문에 제가 만나는 아이들은 책을 읽게 하고 싶었습니다. 왜냐하면 저도 어려운 환경에서 자랐으나 책을 손에서 놓지 않았기 때문에 나쁜 길로 가지 않고 바른 사회인이 될 수 있었기 때문입니다.

처음부터 방과후교실 아이들에게 책을 읽으라고 요구하지는 않았습니다. 3장과 4장에서 다룰 독서 초급단계인 '책 읽어주기 독서'와 '책놀이'부터 시작했습니다. 그렇게 반년이 지나자 아이들이 책장 앞에 서성거리고 책장을 넘기는 빈도가 늘어났습니다. 결국 1년이 지나자 모든 아이들이 '스스로 읽기 독서' 중급단계까지 가게 됐습니다. 제가 1~2년 정도 더 근무를 했다면 아이들에게 고급단계인 '말하기 독서'와 '쓰기 독서'까지 지도를 했을 텐데, 지금 생각하면 안타깝습니다.

당시 저는 대학교 4학년으로 아이를 낳아 키워본 적도 없고, 독서 관련 공부를 한 적도 없었습니다. 하지만 제가 책을 좋아하고, 아이도 책을 좋아할 수 있다는 마음으로 아이에게 책을 읽게 했습니다. 그러자 아이들이 책을 좋아하는 정도까지는 아니라도 책을 싫어하지는 않게 만들 수 있었습니다.

아이의 독서지도를 위해서 자격증을 취득할 필요는 없습니다. 자격증보다 여러분이 책을 읽고 변하고, 아이도 그 변화에 동참하게 하면 됩니다. 저는 제가 독서로 제대로 효과를 본 산증인이라고 생각합니다. 학원에 다니지 않아도 성공할 수 있고, 좋은 대학을 나오지 않아도 성공할 수 있고, 어린 시절 책을 많이 읽으면 행복하고 성공하게 된다는 주장의 증인이 바로 저입니다. 독서지도에 필요한 단 한 가지는 '책을 왜 읽어야 하는지, 아이를 진심으로 설득할 수 있는 부모의 경험'입니다.

⁝ 셋째, 독서지도를 하려는 이유가 무엇인가요?

독서지도를 하려는 이유가 무엇인지 궁금합니다.

여러분은 독서가 왜 필요하다고 생각하나요? 왜 아이에게 독서를 가르치고 싶어 하나요? 여러분은 학원과 독서, 둘 중에 무엇을 더 우선이라고 생각하나요?

부모의 교육관에 따라 아이가 학원을 가기도 하고, 안 가기도 하듯 독서도 그렇습니다. 독서를 꼭 해야 하진 않습니다. 부모님의 교육관에 따라 자녀에게 독서를 시킬 수도 있고 안 시킬 수도 있습니다. 독서만 정답은 아니에요. 하지만 여러분이 독서지도에 관심이 있어서 이 책을 읽는다는 전제하에 '독서지도를 하려는 이유'를 물어보고 싶습니다.

남들이 독서가 좋다고 하니까?
책을 읽으면 똑똑해지니까?
공부 잘하는 애들이 책을 많이 읽으니까?
그냥 불안해서 책이라도 읽혀야 할 것 같아서?

부모로서 아이의 독서를 지도하려는 이유가 무엇인가요? 책 읽기에 대한 바른 인식 없이 시작하는 독서교육은 아이가 책에서 멀어지는 역효과를 불러옵니다. 여러분이 독서지도를 하려는 분명한 이유가 없으면 옆집 엄마의 말에, 같은 반 친구의 말에 흔들리게 됩니다. '내 교육관은 무엇인가? 학원과 독서 중에 무엇이 우선인가? 사교육과 독서를 몇 대 몇의 비율로 할 것인가? 독서지도를 왜 하려고 하는가?' 부모의 교육관이 분명해야 합니다. 그렇지 않으면 아이가 아니라 부모가 흔들립니다.

하루 한 권
책밥이 필요한 이유

왜 아이에게 독서를 가르쳐야 할까요? 저는 독서를 선택한 분명한 이유가 있습니다.

: 첫째, 문해력이 먼저다

문해력은 '글을 읽고 이해하는 능력'입니다. 2016년에 《경향신문》*에서 OECD 22개국의 실질적 문해율을 조사한 적이 있습니다. 실질적 문해율 1단계는 '생활 정보가 담긴 각종 문서에 매우 취약한 해독 수준', 2단계는 '새로운 직업이나 기술에 필요한 정보를 얻기는 힘든 단계', 3단계는 '사회의 복잡한 일상에 대처할 수 있는 최소한의 문서 독해 수준', 4단계는 '전문적인 정보기술(IT)과 새로운 기술, 직업에 자유자재로 적응할 수 있는 고도의 문서 독해능력을 지닌 단계'를 말합니다.

단계	문해율 수준	비율	비고
1단계	생활 정보가 담긴 각종 문서에 매우 취약한 해독 수준	38%	OECD 평균 22%
2단계	새로운 직업이나 기술에 필요한 정보를 얻기는 힘든 단계	37.8%	
3단계	사회의 복잡한 일상에 대처할 수 있는 최소한의 문서 독해 수준	21.9%	
4단계	전문적인 정보기술(IT)과 새로운 기술, 직업에 자유자재로 적응할 수 있는 고도의 문서 독해 능력을 지닌 단계	2.4%	노르웨이 29.4% 덴마크 24.5% 핀란드 · 캐나다 25.1% 미국 19%

출처: 경향신문, 2016년 10월 30일

우리나라는 실질적 문해율이 가장 낮은 1단계가 38퍼센트 비중을 차지합니다. OECD 22개국 중 문해율 1단계에 속하는 이가 차지하는 비율이 평균 22퍼센트인데, 이와 비교하면 한국은 OECD 22개국 중에서 1단계의 문해율에 속한 사람이 가장 많은 나라입니다. 반대로 문해율이 가장 높은 '고도의 문서 독해능력을 지닌 단계'인 4단계에 속한 이가 많은 국가는 어디일까요? 노르웨이 29.4퍼센트, 덴마크 24.5퍼센트, 핀란드 25.1퍼센트, 캐나다 25.1퍼센트, 미국 19퍼센트 순으로 나타났습니다. 이에 비해서 한국은 고작 2.4퍼센트입니다. 문해율이 낮은 사람이 가장 많고 고도의 문해율을 가진 사람은 매우 적다는 뜻이죠.

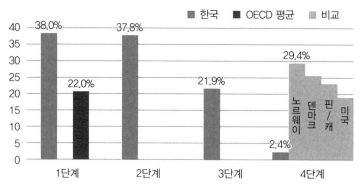

| OECD 실질적 문해율 조사 |

출처: 경향신문, 2016년 6월 30일

한편 한국의 문맹률은 0.2퍼센트로 전 세계에서 가장 낮습니다. 그런데 대학을 졸업한 고학력자들의 문서 독해 능력을 다른 나라 성인들과 비교하면 결과가 놀랍습니다. 국제 성인 문해 조사에서 우리나라는 258.9점으로 조사 대상인 22개국 중 꼴찌를 기록했습니다. 전문가들은 대한민국 사람들이 글을 읽을 줄은 알지만, 책을 읽지 않아서 실질적 문해율이 낮다고 분석합니다. 대학을 졸업한 고학력자 이상 성인들만 이런 걸까요?

초등 하루 한 권 책밥 독서법

한국학습장애학회 조사에 따르면 그렇지 않습니다. 글을 정확하고 유창하게 읽지 못하고 철자를 정확하게 쓰기 어려워하는 학습장애의 한 형태인 '난독증'을 가진 아이는 전체 아이들 중 5~10퍼센트로 추정됩니다. 또한 난독증은 아니지만 글을 읽고 쓰기 어려워하는 심각한 수준의 문해력을 가진 아이들을 7~8퍼센트로 추정하니, 전체 아이들 중 15퍼센트 내외의 아이들은 읽기에 어려움을 느끼고 있습니다.

중학생들도 읽기를 어려워합니다. 2015년 국제학업성취도평가(PISA)에 따르면 만 15세 학생 세 명 중 한 명은 일상생활이나 학업을 위한 최소한의 읽기 능력조차 갖추지 못했다고 합니다. 기초읽기 능력의 6개 수준 중에 가장 하위인 1~2단계 수준을 차지한 학생이 전체의 33퍼센트나 된다고 합니다. 이런 현상은 2006년 이후 지금까지 지속되고 있습니다.

전문가들은 실질적 문해율이 낮은 현상을 어떻게 해석할까요? 우선 읽고 이해해야 하는 교과서나 문제집 등에서 요구되는 문해력의 수준이 높아져서 아이들이 이를 어려워합니다. 그리고 미디어 학습 환경이 발달하면서 글보다 영상으로 정보를 습득하는 환경 때문에 실질적 문해율이 낮아졌다고 봅니다. 정보 습득 과정에서 글을 읽고 이해하는 과정 없이 정보의 결과만 나오다 보니, 문자언어와 음성언어가 함께 발달하지 못해서 이런 현상이 나타납니다.

미국의 소설가 마크 트웨인이 말하길, "책을 읽지 않는 사람은 읽지 못하는 사람과 다를 바가 없다"라고 했습니다. 문해력이 낮은 아이는 책을 읽지만 읽지 못하는, 실질적인 문맹입니다.

: 둘째, 독서의 신이 곧 공부의 신

2020년 2월 한국교육과정평가원이 발간한 보고서에 따르면, 학업성취도평가에서 중고생 모두 수학과 영어의 평균 점수가 2016년 이후부터 지속적으로 하락하는 경향을 보이고 있습니다. 중학생은 수학과 영어뿐만 아니라 국어 점수도 하락하고 있습니다. 반대로 배운 내용을 20퍼센트도 이해하지 못하는 '기초학력 미달' 학생은 매년 증가하는 추세입니다. 기초학력이 미달되고 학업성취도가 낮은 학생의 학력을 어떻게 해야 향상시킬 수 있을까요? 학원을 보내야 할까요, 과외를 해야 할까요?

모든 학습의 바탕은 읽기를 통한 이해입니다. 독서를 하면 배경지식이 생겨서 공부에 대한 시작점이 달라집니다. 또 새로운 정보에 대한 이해가 빨라집니다. 책을 읽어야만 넓고 깊은 사고력이 생기기 때문에 독서는 모든 공부의 시작이자, 기초체력이라고 할 수 있습니다. 어느 초등 현직 교사도 이렇게 말합니다.

"다독한다고 당장 성적이 오르진 않는다. 하지만 독서를 하면 읽는 시간뿐만 아니라 생각할 시간도 필요하다. 글자의 의미를 깨닫고 문장을 해석하는 과정에서 새로운 지식과 머릿속의 지식이 합쳐져서 진정한 공부의 신이 된다. 결국 독서의 신이 공부의 신이다."

언어능력은 모든 학습의 기초소양입니다. 그래서 언어능력이 뛰어난 아이가 학업성적도 우수합니다. '언어가 학습의 배경지식이다'라는 주장의 근거가 되는 실험이 있습니다. 2011년에 EBS에서 방영하고 2014년에 책으로도 나온 EBS 다큐프라임 《언어 발달의 수수께끼》에 이 실험이 등장합니다. 중학교 1학년 아이들에게 아무런 설명 없이 사진 한 장을 보여주고, 각자가 판단한 상황에 맞춰서 짧은 글을 짓도록 합니다. 그런 다음 아이들의 상황 해석력과 어휘 수를 평가했습니다. 평가 결과, 평소 학업성적이 우수한 아이들은 상황 해석력과 어휘 수에서 모두 높은 점수를 받았고, 학업성적이 낮은 아이들은 상황 해석력과 어휘 수에서 모두 낮은 점수를 받았습니다.

독서가 공부는 아닙니다. 다이어트 책을 많이 읽는다고 살이 저절로 빠지지 않듯, 책을 많이 읽는다고 성적이 오르진 않습니다. 다만 다이어트 책을 많이 읽으면 다이어트에 효과적인 검증된 방법을 알게 되고 그중에서 나에게 맞는 방법을 찾을 수 있습니다. 또 잘못된 정보에 현혹되지 않을 수 있죠. 독서도 그렇습니다. 책을 읽으면 글을 읽고 이해하는 문해력이 좋아지고 이러한 언어능력을 바탕으로 아이는 더 큰 지식을 쌓게 됩니다.

요즘 아동·청소년은 글로 검색하는 포털 사이트에서 정보를 검색하지 않고, 유튜브와 같은 영상으로 검색하는 채널에서 정보를 찾습니다. 글로 된 정보는 이해하지 못하지만 영상으로 된 정보는 이해할 수 있기 때문이라고 합니다. 그러나 아이들이 공부하는 교과서도, 시험 문제도 글로 되어 있기 때문에 글을 읽고 이해하는 능력은 필수입니다.

저희 아이들도 독서를 시작하고 성적이 올랐습니다. 아이들이 똑똑해져서가 아닙니다. 교과서를 읽고 이해력이 전보다 향상됐고 시험 문제를 읽고 이해하는 능력이 좋아져서 시험을 잘 봤기 때문입니다. 그렇다고 국어 점수가 오르지는 않았어요. 오히려 스토리텔링으로 문제가 길어서 이해하기가 힘들어했던 수학에서 점수가 더 많이 올랐습니다. 모든 학습의 바탕은 읽기를 통한 문해력이 우선입니다.

셋째, 시대의 변화

교육의 성공 기준이 바뀌고 있습니다. 한국교육개발원에서 2019년 교육여론조사 결과를 발표했습니다. 전국 만 19~74살 남녀 4,000명을 대상으로 실시한 '우리 사회에서 자녀 교육에 성공은 무엇을 의미한다고 생각하는가?'를 묻는 여론조사에서 '자녀가 하고 싶은 일, 좋아하는 일을 하게 됐다'는 대답이 25.1퍼센트로 1위를 차지했습니다. 2위는 '인격을 갖춘 사람으로 컸다'이고 22.4퍼센트를 차지했습니다. '좋은 직장에 취직했다'는 대답은 21.3퍼센트로 3위, '경제적으로 잘 산다'가 14.4퍼센트로 4위, '명문 대학에 들어갔다'가 10.8퍼센트로 5위입니다.

앞선 2015~2018년 조사에서도 같은 질문을 했습니다. 그때는 1위가 '좋은 직장에 취직했다'였는데 이번에 처음으로 '하고 싶은 일, 좋아하는 일을 하게 됐다'는 대답이 가장 많이 나왔습니다. 이를 두고 보고서는 "교육의 가치에 대한 국민의 인식이 사회적 위세와 더불어서 주관적 성취와 안녕 등으로 다변화되어 가고 있음을 읽을 수 있다"라고 풀이했습니다.

이렇듯 어른들의 생각도 점차 바뀌고 있는데요. 우리 아이들이 사회인이 되는 10~20년 뒤는 지금과 무엇이, 어떻게 달라질까요? 누구도 정답을 말할 수는 없지만, 확실한 사실은 아이가 지금 배운 지식을 성인이 됐을 때도 사용할 수 있는 가능성이 매우 낮아진다는 점입니다. 너무 빠른 속도로 새로운 정보가 쏟아지고 있으니까요.

4차 산업혁명 시대가 오면서 더 이상 암기식 공부로는 승부를 볼 수 없습니다. 인터넷에서는 새로운 정보가 넘쳐나고 있습니다. 정보가 없어서가 아니라 정보가 너무 많아서 어려운 시대입니다. 무엇이 진짜 정보이고 무엇이 가짜 정보인지 판단해서, 의미 있고 새로운 정보를 창출해야 하는 시대가 되고 있습니다. 앞으로는 책이나 시험에서 정답을 찾는 공부보다 자기주도적이고 능동적인 학습이 훨씬 중요합니다. 그리고 새로운 콘텐츠를 만들어낼 수 있는 창의력이 더 중요해지고 있습니다.

미국 델라웨어대학교 심리학 교수인 로베르타 골린코프가 『최고의 교육』이라는 책에서 미래 세대에 필요한 역량으로 6C를 꼽았습니다. 6C란 협력(Collaboration), 의사소통(Communication), 콘텐츠(Content), 비판적 사고(Critical Thinking), 창의적 혁신(Creative Innovation), 자신감(Confidence)을 말합니다. 요즘 아이들이 가장 되고 싶어 하는 직업

1위가 1인 크리에이터입니다. 수많은 크리에이터 중에서 유명해지고 끝까지 살아남는 사람은 자신만의 독특한 콘텐츠를 가진 사람이라는 사실을 아시나요? 그들은 기존의 정보를 수동적으로 받아들여 구현하기에 그치지 않고 새로운 가치를 만들어낼 줄 아는 이들입니다.

아이돌도 남들이 만들어놓은 노래와 춤을 배워서 무대에 오르는 사람은 오래가지 못합니다. 인기가 떨어지면 곧장 사라집니다. 그렇지만 작사나 작곡을 하고 안무를 만드는 사람은 다릅니다. 콘텐츠 능력이 있는 사람은 진짜 실력자로 인정받고 새로운 영역에서 활동을 이어 나갑니다.

일본의 아라이 노리코 교수*가 2011년부터 2020년까지 10년간, AI인 '도로보 군'을 대학에 보내는 프로젝트를 진행했습니다. 아라이 노리코 교수가 만든 AI 도로보 군은 상위 20퍼센트 정도의 실력으로 일본 유수의 대학들에 합격을 했습니다. 그런데 이 프로젝트로 밝혀진 재미있는 사실이 있습니다. 바로 'AI는 문해력이 없다'입니다. 기존에 알고 있던 지식을 암기했다가 입력된 정답을 출력할 수는 있지만 알고 있던 지식을 조합해서 새로운 답을 내놓아야 하는 문제는 풀지 못했습니다. 글을 읽고 이해하는 문해력이 없기 때문입니다.

아라이 노리코 교수는 이 프로젝트에서 착안해서 일본 중고교생을 대상으로 전국 단위의 문해력 조사를 실시했습니다. 조사 결과 수많은 중고교생이 AI인 도로보 군처럼 문맥을 이해하지 못한 채 단순 계산과 암기로만 공부를 하고 있었습니다. AI를 대학에 보내는 프로젝트에서 명확하게 밝혀진 점이 있습니다. 인간이 AI보다 더 뛰어난 점은 문해력이었습니다.

책이 좋다는 건 우리 모두가 알고 있습니다. 그런데 아이를 위해서 사교육보다 독서가 더 좋다는 말에는 고개를 갸우뚱합니다. 부모님 생각에는 독서보다 공부가 더 중요하죠? 하지만 그렇지 않습니다. 암기식 공부로는 콘텐츠를 만들어낼 수 있는 창의력이 생기지 않습니다. 앞으로 우리 아이들은 일자리를 놓고 AI와 경쟁해야 하는 시대라고 우려를 표합니다. AI를 이길 수 있는 힘이 바로 문해력입니다. 지금은 유행을 따라가지 않고 직접 트렌드를 만드는 인재가 필요한 시대입니다. 운명을 스스로 만들 수 있는 힘은 책 속에 있습니다.

⁝ 넷째, 채용 방식의 변화

제가 다니는 기관에서는 2년 전부터 블라인드 채용을 하고 있습니다. 블라인드 채용은 외모, 출신 지역, 학력 등 편견이 개입될 수 있는 정보를 요구하지 않고 직무 수행에 필요한 지식과 기술만 평가합니다. 따라서 블라인드 채용에서는 성별을 묻지 않고 출신 학교나 연령, 가족관계 등의 개인정보를 알 수 없고 증명사진도 없습니다.

이러한 변화는 무엇을 의미할까요? 아이가 아무리 좋은 대학을 나와도 학력을 쓰는 칸이 없습니다. 아무리 잘생기고 예뻐도 사진을 붙이지 않습니다. 여러분이 아무리 사회적으로 영향력 있거나 유명해도 가족에 대한 정보를 쓰지 않습니다. 직무와 관련된 자격이나 전문성 여부만 파악합니다. 그 결과 서류심사는 간단해졌고 자기소개서와 면접이 더 중요해졌습니다.

자기소개서와 면접은 결국 말하기와 글쓰기에 관한 능력을 봅니다. 족집게 과외로 준비했던 자기소개서나 외워서 보는 면접이 더 이상 통하지 않습니다. 이제는 블라인드 채용과 함께 AI가 서류를 심사하고 면접을 본다는 뉴스가 나오고 있습니다.

말하기와 글쓰기를 잘하는 비결은 바로 독서입니다. 평범한 워킹맘이던 제가 강사와 작가가 된 비결은 말하기 과외를 받거나 글쓰기 학원에 다녀서가 아닙니다. 하루 한 권 책 읽기를 하면서 말하기와 글쓰기 능력을 꾸준히 길렀기 때문입니다. 낭독으로 소리 내어 책을 읽고 좋은 문장을 필사하다 보니 어느새 강사가 되고 작가가 됐습니다.

말하기와 글쓰기 능력은 취업한 이후에도 중요합니다. 제가 17년간 일하면서 직원들을 보면, 결국 말하기와 글쓰기를 잘하는 사람이 업무에서 인정받고 승진도 빨리 합니다. 취업을 잘하고 회사에서 살아남으려면 독서를 기반으로 말하기와 글쓰기 능력을 길러야 합니다.

⫶ 다섯째, 우리 아이의 행복과 성장을 위하여

저는 교육열이 높은 지역에 살고 있습니다. 뉴스를 통해 시험을 망쳐서 자살했다는 학생의 소식을 들을 때마다 깜짝 놀랍니다. 먼 이야기처럼 들리지 않기 때문입니다. 2011년 한림대학교 성심병원 소아청소년정신과에서 초등학교 1학년 761명을 대상으로 연구한 결과*를 볼까요? 하루 4시간 이하 사교육을 받은 아이가 10퍼센트의 우울 증상을 보인 반면, 하루 4시간 이상 사교육을 받은 아이는 30퍼센트 이상이 우울 증상을 보였다고 합니다. 사교육을 많이 받은 아이가 적게 받은 아이보다 3배 이상이나 우울 증상을 보인다고 합니다.

우리나라에서 자살한 청소년이 겪고 있던 문제 중에서 가장 큰 고민이 성적 문제이고 그다음이 우울감입니다. 사회복지사로서 돌아보면 어린 시절 우울증은 성인이 된 이후에도 재발하는 경우가 많습니다. 아이가 지금 학원을 열심히 다니는 듯 보이지만 앞으로도 그럴까요? 사회에 나오지 못하고 집에만 있는 아이가 될 수도 있고 자살을 시도할 수도 있습니다.

'헬조선'이라는 말이 있을 정도로, 지금은 어른뿐 아니라 아이도 힘든 시대입니다. 여러분은 하루의 스트레스를 어떻게 해소하나요? 술이나 게임, 쇼핑으로 해소하나요? 아이는 스트레스를 어떻게 풀까요? 저는 독박육아와 독박가사에서 오는 극심한 스트레스를 하루 한 권 책 읽기로 풀었습니다. '책을 읽으면 스트레스가 더 쌓인다'고 생각하시나요? 아닙니다. 제가 100명의 성인에게 책을 왜 읽는지 물어보았을 때 가장 많은 대답이 "스트레스 해소와 휴식"이었습니다.

책을 읽으면 긴장이 풀리고 책에 집중하면서 감정이 해소되는 경험을 할 수 있습니다. 독서에는 심리치료 효과가 있고 실제로 독서치료라는 분야가 있습니다. 마음을 치료하는 데 책을 이용합니다. 정해진 책을 읽고 독서치료사와 읽은 책에 관해서 대화하면서 정서적인 교류, 동일시, 투사 등의 감정적인 변화를 다루죠. 이 과정에서 심리적인 문제를 찾아내고 해결할 수 있습니다. 아이들도 재미있는 책을 읽으면서 마음이 차분해지고 스트레스가 해소될 수 있습니다. 저는 우리 아이가 스트레스가 쌓이면 풀어내고 편안하고 행복하게 하루하루를 살았으면 좋겠습니다.

그러면 장기적인 행복과 독서는 무슨 관련이 있을까요?《서울신문》*에서 '독서 작문 능력이 우수한 고교생 50년 뒤 높은 소득 수준 유지'라는 제목의 기사를 보았습니다. 이 기사에 따르면 첫 직장을 잘 잡거나 노후에 안정적인 삶을 살기 위해서는 책임감, 독서력, 작문 능력이 중요하다고 합니다. 우리가 우스갯소리로 말하는 '엄마의 정보력, 아빠의 무관심, 할아버지의 재력'이 우선순위에 있지 않았습니다. 학교 성적, 지능지수, 부모의 경제적 지위 등은 장기적 행복과 성공에 미치는 영향력이 매우 낮았습니다. 지금부터 50년 후에 우리 아이가 장기적으로 행복하고 성공하려면 '독서와 작문 능력'이 필요합니다.

2013년 문화체육관광부에서 '국민 독서 실태 조사'*를 했습니다. 응답자의 70퍼센트가 본인의 독서량에 대해서 "독서량이 부족하다"라고 대답했습니다. 재미있게도, 독서량이 많은 사람일수록 "독서가 유용하다"라고 응답했고 학력이 높고 소득도 높다는 결과가 나왔습니다. 독서량이 많은 사람이어서 학력이 높고 소득이 높은지, 학력이 높고 소득이 높아서 독서량이 많은지는 잘 모르겠습니다. 하지만 독서와 학력, 소득이 서로 유의미한 관계가 있음은 분명합니다.

저는 우리 아이들이 좋은 대학에는 가지 못하더라도 장기적으로 행복하고 성공했으면 좋겠습니다. 아이의 장기적 행복을 위해서 책 읽기를 통한 글쓰기와 말하기 능력을 키워주고 싶습니다. 공부를 위해서가 아닌, 행복을 위해서 책을 읽히려고 합니다.

저는 독서가 우리 삶의 뿌리라고 생각합니다. 뿌리 깊은 나무는 바람에 흔들리지 않습니다.

학원을 꼭
보내야 할까?

한국에서 사교육을 시작하는 평균 나이는 2.6세입니다. 한국교육개발원이 2019년 만 19~74세 남녀 4,000명을 대상으로 조사한 결과*에 따르면 초·중·고 학부모 97.9퍼센트가 자녀에게 사교육을 시킨다고 응답했습니다. 10명 중 9.8명이니, 사실상 거의 다 시키는 거라고 봐야겠지요? 학생 1인당 사교육비는 얼마나 들까요?

교육부가 2018년 초·중·고 사교육비를 조사한 결과 학생 1인당 사교육비는 월 29만 원으로, 초등학생은 26만 원, 중학생 31만 원, 고등학생 32만 원이었습니다. 초등학생들의 공부 시간은 대학생 공부 시간보다 많고, 주 40시간을 근무하는 직장인이 일하는 시간보다 많습니다.

저의 교육 철학은 '아이들 학원에 보내지 않고 키우기'입니다. 두 아들이 학원에 다닌 기간은 피아노 학원을 다닌 2년이 전부입니다. 주 1회 축구 교실까지 포함해도 각각 1년입니다. 심지어 유치원도 다니지 않았습니다. 맞벌이로 엄마 아빠와 함께 있는 시간이 적은 우리 아이들에게는 유치원 교육보다 사랑을 듬뿍 줄 수 있는 어린이집이 더 좋다고 생각했기 때문입니다. 다행히 아이들을 예뻐하는 선생님을 만나서 행복한 영유아기를 보냈습니다.

⠿ 사보육 VS 사교육

학원을 무조건적으로 싫어하거나 터부시하지는 않습니다. 아이들은 학원에 다니지 않지만 저는 오히려 영어학원을 가서 영어를 배우고 때로는 비싼 돈을 내고 다양한 교육을 들으러 다닙니다. 돈이 아까워서 아이를 방임하는 게 아닙니다. 다만 아이가 원하지 않는데 억지로 무엇을 시키지 않으려고 합니다.

피아노 학원은 첫째 아이가 가고 싶다고 해서 2년을 다니다가 다니기 싫다고 해서 그날로 중단했습니다. 저도 워킹맘이고 맞벌이를 하고 있어서 방과 후에 아이를 혼자 있게 할 수가 없어서 '사보육' 차원에서 학원에 보낸다는 엄마들에게 공감합니다. 하지만 저는 학원을 통한 보호보다 아이 스스로 자립심을 키우는 방향이 옳다고 생각했습니다.

첫째 아이가 초등학교에 입학해서 수업이 끝나면 오후 1시인데, 제가 퇴근해서 집에 오는 시간은 오후 6시입니다. 아이가 5시간을 어떻게 보내야 할지 고민했습니다. 그래서 아이와 대화를 했습니다.

"은규야, 네가 혼자 있는 다섯 시간 동안 혼자 집에 있어도 되고 학원에 가도 되는데 너는 어떻게 하고 싶니?"

"학원은 싫고 집에 혼자 있을래."

아이가 대답했습니다. 그래서 아이와 함께 머리를 맞대고 여러 차례 의논했습니다.

엄마와 아들의 대화

"혼자 있으면 무섭지 않을까?" → "그럴 수도 있지."

"무서우면 어떻게 할 거야?" → "텔레비전 소리를 크게 키우고 있을게."

"그래도 무서우면?" → "엄마한테 전화할게."

"엄마가 회사에서 일하다 보면 전화를 못 받을 수도 있는데?" → "그러면 아빠한테 할게."

"혼자 집에 5시간 동안 있는 건 너무 길어. 방과후수업 듣고 싶은 거 있어?" → "생각해볼게."

"뭐 듣고 싶어?" → "건축 교실이랑 비즈랑 요리."

"너 학원도 안 다니는데 공부에 도움이 되는 수학, 한자, 한국사는 싫어?" → "싫어."

"알았어. 그러면 네가 신청서 쓰고 내일 학교에 내." → "응."

이렇게 우리 아이들의 초등학교 생활이 시작됐습니다. 학원 대신 건축, 비즈, 요리 수업을 해주는 방과후교실과 학교에서 내준 숙제, 매일 푸는 학습지 두 장, 그리고 하루 한 권 독서로 혼자 있는 시간을 채웠습니다. 초등학교 3학년이 돼서 학부모 상담을 가니 같은 반 아이 30명 중에 학원을 안 가는 아이는 두 명이었습니다. 그중 하나가 우리 아이였죠. 초등학교 4학년이 되자 30명 중에 학원에 안 가는 아이는 한 명이었습니다. 우리 아이 빼고는 모두 학원을 다니고 있었습니다. 초·중·고 학부모 97.9퍼센트가 자녀에게 사교육을 시킨다고 답했으니, 아이가 초등학교 5학년인 지금은 학원에 안 가는 아이는 전교에서 우리 아이뿐일지도 모르겠습니다.

첫째 아이가 처음 학교에 갔을 때 적응을 잘하지 못했습니다. 어린이집에만 다니다가 학교에 갔기 때문입니다. 처음에는 받아쓰기도 50점을 받았고 발음이 부정확해서 언어치료를 받았으면 좋겠다는 담임 선생님의 전화를 받았습니다. 그때는 마음이 무너지는 것 같았습니다.

그런데 하루 한 권, 낭독 책 읽기를 한 지 3개월이 지나자 조금씩 효과가 나타나기 시작했습니다. 책 읽기를 통해 성공을 경험했기 때문인지 아이의 자신감이 상승했습니다. 글을 읽고 이해하는 문해력이 좋아졌고 학업 성취도가 높아졌습니다. 아이는 친구들이 매일 저녁마다 밤 10시까지 학원을 다니고 학원 숙제를 하느라 너무 힘들다는 이야기를 저에게 했습니다. 제가 "너도 학원 다닐래?"라고 묻자 고개를 절레절레 젓습니다.

● 공부의 기초체력을 키우는 독서의 힘

한국교육개발원 연구보고서*를 보면 전국 중고교생을 대상으로 한 독서 환경과 학업 성취도 사이의 상관관계를 밝힌 설문 조사가 있습니다. 성적 상위 10퍼센트의 학생의 35.1퍼센트는 매일 신문을 읽는다고 답했습니다. 그리고 다른 그룹 학생보다 한 달간 읽은 책의 권수가 많았습니다. 집에는 100권 이상의 교양, 전문 서적을 소장하고 있다고 합니다. 상위 20퍼센트의 학생들은 대부분 부모와 함께 서점을 자주 드나들고 어려서부터 책 읽기를 좋아했다고 대답했습니다. 반대로 심각한 학습부진을 보이는 아동의 경우, 독서 능력이 부족할 경우 학습부진의 원인이 되었습니다. 초등학교 1학년은 99퍼센트, 2학년은 90퍼센트, 3학년은 70퍼센트가 독서 능력이 부족해서 학습부진을 겪는 것으로 밝혀졌습니다.

독서법에 관한 강의를 하면 종종 이런 질문을 하는 부모님을 만납니다.

"아이가 책 읽는 걸 좋아하는데 글쓰기, 말하기, 어휘력, 발표력이 안 좋아서 걱정입니다."

"책을 많이 읽는데 국어는 잘 못 합니다. 우리 아이가 독서를 잘못하고 있는 걸까요?"

책만 읽는다고 글쓰기, 말하기, 어휘력, 발표력이 저절로 생기거나 성적이 무조건 올라가진 않습니다. 저는 하루 한 권 책 읽기를 시작한 지 8년이 됐고 2,000권의 책을 읽었습니다. 그런 제가 지금 수능모의고사를 본다면 언어영역을 만점을 받을 수 있을까요? 확신하건대 제 대답은 "아니요."입니다. 책을 읽으면 배경지식이 많아지고, 사고력과 창의력이 생깁니다. 책 읽는 속도가 점점 빨라지고 다양한 책에 관심을 가지고 이해력이 좋아지고 글쓰기 실력도 좋아집니다. 하지만 국어 시험은 문제 출제자의 의도에 맞는 정답을 찾아야 좋은 점수를 받습니다. 그렇기 때문에 지금 당장 국어 점수를 올리려면 책을 한 권 읽기보다 문제지를 한 권 풀면 더 효과적일 것입니다.

그렇지만 초등학교 선생님이 쓴 책을 보면 공통적으로 하는 말이, 초등학교 시절 공부를 잘하지 못해도 폭넓은 독서를 꾸준히 한 아이는 중고교에 가서 상위권으로 치고 나가는 경향이 있다고 합니다. 즉 독서는 족집게 과외처럼 당장 이번 시험의 정답을 알려주지 않지만 공부의 기초체력을 키워줘서 중장기적인 효과를 발휘한다고 이해하면 되겠습니다.

：학원비 대신 아이의 책값에 투자하라

학원에 가면 아이가 공부를 많이 해서 성적이 오른다고 생각하나요? 실제로 학원에서 보내는 광고지를 보면 저도 흔들릴 때가 있습니다. 그런데 같은 시간을 학원에서 공부한 아이와 혼자 공부한 아이가 있다면 둘의 성적 향상 차이는 어떨까요? 『이것이 진짜 공부 스타일이다』라는 책에 학원 학습과 자습을 비교한 실험이 실렸습니다. 이 책에서는 사교육의 착시효과라고 소개하는데요. 사교육 시간이 1시간 증가하자, 수능 백분위가 1.5퍼센트 상승했습니다. 그런데 혼자 공부한 시간이 1시간 증가하자, 수능 백분위가 4.6퍼센트 상승했습니다.

아이가 사교육을 받는다고 성적이 오르지 않습니다. 공부 시간이 늘어서 성적이 올랐을 뿐입니다. 같은 시간을 투자한다면, 학원보다 혼자 공부한 아이가 성적이 더 많이 오른다는 사실을 기억하세요. 학원비를 자녀 책값으로 쓰세요. 학원보다 독서입니다.

인터넷 시대,
책을 읽어야 하는 이유

: 인터넷 검색과 보고서 작성 실험

책 읽기를 힘들어하는 사람들이 많습니다. 그래서 책도 직접 읽지 않고 독서 리뷰 영상으로 독서를 대신하는 사람들이 많습니다. 독서 리뷰 영상은 책을 고르는 과정에서 예고편처럼 활용하거나, 책을 읽기 전후에 배경지식을 얻는 차원에서는 도움이 됩니다. 그러나 독서 리뷰 영상은 영상 콘텐츠일 뿐 독서가 아닙니다. 먹방이 실제 식사가 아닌 것처럼요.

『책을 읽는 사람만이 손에 넣는 것』이라는 책에는 재미있는 실험이 실려 있습니다. 대학생을 여러 그룹으로 나누어서 한 그룹은 인터넷 검색을 이용해서 보고서를 쓰도록 하고 다른 한 그룹은 도서관에 가서 책을 보고 보고서를 쓰도록 했습니다.

저는 인터넷 검색으로 보고서를 작성한 그룹이 손쉽게 다양한 정보를 찾아서 멋들어진 보고서를 작성할 줄 알았습니다. 반면에 책을 활용해서 보고서를 작성한 그룹은 책을 읽고 정리하느라 힘들어서 빈약한 보고서를 쓸 거라고 생각했습니다. 결과는 인터넷에서 자료를 검색해서 만든 보고서는 정보를 붙여 넣기만 해서 짜깁기식 보고서였습니다. 이와 대조적으로 책을 활용해서 만든 보고서는 책 속 지식을 조합해서 새로운 주장을 내세우고 그에 따른 근거를 제시한 훌륭한 보고서였다고 합니다.

이 실험은 인터넷에 있는 정보와 책에 있는 지식의 차이를 명확히 보여주는 실험이라고 생각합니다. 인터넷 정보를 많이 접할수록 손쉽게 정보를 파악하게 됩니다. 하지만 직접 생각하는 과정 없이 결과로만 얻어지는 정보는 금방 잊어버립니다. 단적으로 우리가 스마트폰을 사용하기 전에는 몇백 개의 전화번호를 기억할 수 있었습니다. 그러다가 스마트폰에 서로의 번호를 입력하는 순간부터 우리는 더 이상 전화번호를 기억하지 않아도 됩니다. 또 자동차 내비게이션이 있기 전에 우리는 주소만으로 집을 찾아다녔는데 이제는 내비게이션 없이는 우리 집도 못 찾는 시대가 됐습니다.

⦂ 정보가 너무 많아서 생각하지 않는다

정보가 많고 쉽게 찾을 수 있는 인터넷은 우리의 뇌와 행동에 어떤 영향을 미칠까요?

『생각하지 않는 사람들』의 저자 니콜라스 카는 말했습니다.

"정보를 머릿속에 저장하지 않아도 되는 인터넷 시대에는 정보를 따라서 흘러 다니는 우리의 사고가 깊이 있는 사고를 하지 않게 된다. 그에 따라 뇌 구조까지도 물리적으로 변화했다."

카는 이렇게 주장합니다.

"질문과 답변까지 이르는 시간이 너무 짧아서 호기심이 숙성할 시간을 주지 않는다. 따라서 하나의 생각에 집중하지 못하고 새로운 정보를 계속 찾아다니면서 집중력과 사고력을 잃어버린다."

경영 컨설턴트이자 작가인 켄 블랜차드도 말했습니다.

"정보가 많은 인터넷 시대에는 역설적으로 정보가 너무 많고, 지식을 쉽게 얻기 때문에 정작 행동은 크게 변하지 않는다. 아는 것과 실천하는 것 사이에는 엄청난 차이가 존재한다."

스마트폰과 인터넷으로 세상의 모든 정보를 쉽게 얻는 바람에 오히려 우리는 생각하지 않게 됐습니다.

앞에서 말한 '인터넷 검색과 책을 활용한 보고서 작성 실험'에서도 인터넷을 활용한 그룹은 정보의 양이 많았음에도 스스로 생각하지 않았습니다. 다른 사람들의 정보를 짜깁기해서 보고서를 제출했죠. 책을 활용한 그룹은 책을 통해서 풍부하게 생각했기 때문에 새로운 주장을 만들어낼 수 있었습니다. 즉 우리 안에서 생각이나 아이디어가 나오기 위해서는 어느 정도의 마중물이 필요한데, 그런 마중물 역할을 인터넷의 정보는 해줄 수 없습니다.

사람들은 인터넷 검색으로 나온 정보를 사실상 정확히 읽지 않습니다. 인터넷 기사를 읽을 때 사람의 눈동자를 따라가 보니, F자 형으로 움직였다고 합니다. 제목과 첫 문장, 간략의 첫 문장 위주로 본 후 다음 기사로 바로 넘어가 버립니다. 이런 식으로 대충 훑고 지나가면서 정보를 많이 얻었다고 착각합니다. 예일대학교의 심리학자 그룹은 이 문제를 '아웃소싱한 지식을 내부의 지식으로 착각하는 것'이라고 표현했습니다.

그러면 인터넷을 쓰지 말아야 할까요? 그렇지는 않습니다. 칼을 위험하게 쓰면 다른 사람을 다치게 하지만 안전하게 사용하면 맛있는 음식이나 멋진 작품을 만들 수 있습니다. 인터넷도 사용자가 어떻게 활용하느냐가 문제이지, 도구 자체가 문제는 아닙니다.

⁝ 스마트폰 사주지 않기 운동

미국에서는 '아이가 8학년이 될 때까지 스마트폰을 사 주지 않는다'는 뜻으로 'Wait until 8th Grade' 캠페인이 확산되고 있습니다. 혼자서는 지키기 어려우니 모두 함께 아이가 8학년(한국에서는 중학교 2학년)이

될 때까지 스마트폰을 사주지 말자는 것입니다.

뇌 과학자나 IT업계의 거장은 아이에게 스마트폰을 사주지 않습니다. 왜 이들은 정작 자신의 아이에겐 스마트폰 사용을 제한할까요? 스마트폰이 생긴 후로 가족과의 대화가 단절되고 아이는 책이 아닌 스마트폰만 봅니다. 아이는 아직 자신의 행동과 사고를 절제할 수 있을 만큼 성장하지 못했습니다. 부모가 먼저 본보기를 보이지 않으면 아이가 절제하기는 어렵습니다. 부모가 아이 앞에서 스마트폰을 사용하지 않는 모습을 보여주면 아이도 어렵지 않게 실천할 수 있을 거예요.

여러분과 자녀는 얼마나 책을 읽고 얼마나 인터넷을 하나요? 인터넷 시대에도 책을 읽어야 하는 이유는 '생각하지 않으면 행동하는 대로 살게 되기 때문'입니다.

하루 한 권 책을 읽으면 아이의 성격부터 성적까지 바꾼다

독서교육을 하면 어떤 효과가 있을까요? 실제 사례를 통해서 이야기 해보겠습니다.

: 첫째,
책으로 시작해 책으로 성공한 전안나 이야기

저는 흙수저입니다. 학원을 다닌 적도 없고 좋은 대학도 나오지 못했습니다. 고액 연봉을 받는 직업도 갖지 못했습니다. 여든이 넘은 부모님은 저에게 물려줄 재산이 하나도 없습니다. 빚만 물려주지 않기를 바랄 뿐인데요. 딱 한 가지 저희 부모님이 저에게 물려준 가장 큰 재산이 있습니다. 바로 독서하는 습관입니다.

저는 초등학교 1학년 여름방학 때 처음 독서를 시작했습니다. 교통사고로 오른쪽 팔이 부러졌는데 지금처럼 스마트폰이나 케이블 채널이 있는 것도 아니어서 너무 심심했습니다. 제가 심심해하자, 아버지가 집에 있던 책을 몇 권 들고 병원에 왔습니다. 한 달 동안 아버지는 매일 제가 읽은 책을 가져가고, 새로운 책을 갖다주기를 반복하셨습니다. 아침에 일어나서 책을 읽고, 아침밥 먹고 읽고, 낮잠 자고 일어나서 읽고, 점심 먹고 읽고, 자기 전에 읽고, 그렇게 읽고 또 읽다 보니 한 달이 지나갔습니다. 퇴원은 했지만 어느새 독서가 습관이 됐습니다.

어린 시절 저희 집은 부유했습니다. 그런데 초등학교 6학년 때 아버지 사업이 실패하고 나서는 재기하지 못했고 부모님은 매일 부부 싸움을 했습니다. 저는 아동학대에 해당하는 정서적, 신체적, 언어적 폭력을 당했습니다. 결코 좋은 환경이 아니었습니다. 하지만 책을 편하게 읽을 수 있는 독서 환경만큼은 최고였습니다. 초등학생인 제가 책을 읽도록 부모님이 해준 것은 딱 한 가지입니다. 제가 읽고 싶은 책을 계속 제공해주었습니다. 책을 읽으라고 잔소리하지도 않고, 왜 안 읽느냐고 혼내지도 않았습니다. 그냥 다양한 책을 주셨습니다. 책의 내용을 캐묻지 않고 독후감을 써서 내라고 하지도 않았습니다. 다 읽은 책을 다시 읽으라고 하지 않았고요, 재미없어서 안 읽는 책이 있어도 혼내지 않았습니다.

중고교생 때부터는 혼자 책을 찾아서 읽었습니다. 남들은 한창 치열하게 공부할 시기에 저는 사춘기의 방황을 달래고자 종교 서적과 철학 책을 읽었습니다. 저에게 책을 읽으라고 말하는 사람은 없었습니다. 오히려 선생님이나 친구가 책을 읽지 말고 공부를 하라고 했습니다. 하지만 저는 그 말을 듣지 않았습니다. 그때 책을 읽지 않았다면 제 인생은 암울했을 거예요. 저는 종교 서적과 철학 책을 읽으면서 신은 있는지, 있다면 어디 있는지, 나는 왜 태어났는지, 왜 나에게 이런 삶을 준 것인지 묻고 또 물었습니다. 내가 죽지 않고 살아야 하는 이유를 찾고 싶었습니다. 책에 마음을 의지하고 삶을 견뎌낼 수 있었습니다. 책은 내가 가장 힘들었던 사춘기 때 하늘에서 내려온 동아줄이었습니다.

대학생 때는 등록금을 벌어서 대학에 다녀야 했습니다. 저는 책을 읽고 싶어서 학교 도서관에서 아르바이트를 했습니다. 책으로 가득한 도서관이 너무 좋았습니다. 분야에 상관없이 마구잡이로 읽었습니다. 대학교 3학년 때 학생, 교직원, 교수를 포함한 전체 도서관 회원 중에서 대출을 가장 많이 한 사람으로 선정돼 교내 소식지에 소개되기도 했습니다.

우연히 시작한 독서는 수십 년 동안 제 삶의 즐거움, 그 자체였습니다. 누구도 저에게 책을 읽으라고 강요하지 않고 무슨 책을 읽었는지도 물어보지 않고 독후감을 쓰라고 강요하는 사람도 없었거든요. 책을 많이 읽은 경험은 저를 책 읽는 어른으로 성장하게 했습니다. 사람에게 받은 상처가 많은 저에게 책은 유일한 친구였습니다. 제 삶을 포기하려고 했던 순간에도 다시 살아갈 힘을 주는 멘토 역할을 했습니다.

또 독서에 얽힌 즐거운 기억, 칭찬은 제가 힘든 순간마다 저를 다시 책 앞에 앉도록 했습니다. 많이 읽어본 사람이 잘 읽고, 더 많이 읽고, 좋은 책을 읽습니다. 결국, 저는 책으로 시작해서 책으로 성공했습니다.

⠿ 둘째,
스스로 책 읽는 즐거움을 깨달은 초등 방과후교실

대학교 4학년 때 저는 아르바이트로 초등학생 방과후교실에서 1년간 보조교사로 일을 했어요. 제가 만난 초등학교 아이들은 한부모가정에서 자랐거나 조부모님과 살아서 독서지도를 받은 적이 없었습니다. 초등학교 시절 저에게는 독서가 놀이였습니다. 그래서 내가 만나는 이 아이들에게도 독서는 책놀이임을 가르쳐주고 싶었습니다. 그런 마음으로 초등학생 20명에게 독서 기초단계인 '읽어주기 독서'와 '책놀이'를 1년간 해보니 이런 효과가 있었습니다.

- 초 1~4학년 20명의 아이가 주 2~3회 스스로 책을 읽게 됐습니다.
- 아이들이 독서를 공부라고 생각하지 않게 됐습니다.
- 책으로 놀이를 하니 독서도 놀이가 됐습니다.
- 책 읽기를 좋아하거나, 최소한 싫어하지는 않게 됐습니다.
- 더는 책 읽기에 어려움을 느끼지 않았습니다.

- 독서가 하루 일과로 자리 잡았습니다.
- 나이에 맞는, 수준에 맞는 책을 스스로 골랐습니다.
- 읽고 싶은 책 목록이 생겼습니다.
- 좋아하는 책이 생겼습니다.
- 친구들이 읽는 책에도 관심을 가지고 같이 읽습니다.
- 친구들이 책을 읽을 때 장난치거나 방해하지 않습니다.
- 아이들이 책을 활발하게 읽자 낡은 책을 버리고 새로운 책을 구입하는 등 독서 환경에도 변화가 생겼습니다.
- 책 읽는 습관을 쉽게 만들어줄 수 있었습니다.

셋째, 인생까지 바꾼 두 아들 이야기

저의 두 아들에게 4년째 독서교육을 시키니 이런 효과가 나타났어요.

- 잔소리하지 않게 됩니다. 아이들에게 좋은 습관을 심어주고 싶을 때는 책을 추천하면서 자연스럽게 유도합니다.
- 책으로 인성교육, 성교육, 생활 규칙 교육을 할 수 있습니다.
- 함께 있는 시간의 질이 올라갔습니다. 책을 읽는 시간은 즐거운 시간, 스킨십하는 시간, 칭찬해주는 시간이고 아이들과 대화하는 시간도 늘었습니다.
- 형제가 함께 책을 읽으며 서로에게 지적인 자극을 주고 우애가

돈독해집니다.

- 온 가족이 독서하는 분위기가 생겼습니다.
- 독서를 통해서 대화하는 양이 늘고 가족관계가 돈독해집니다.
- 자녀의 자존감과 가족애가 커집니다.
- 초등학교 저학년 숙제인 일기와 독서 감상문 쓰기가 쉬워집니다.
- 거실에서 텔레비전이 사라지고 책장과 책이 많이 생겼습니다.
- 아이들이 책을 읽는다고 주변 사람들에게 칭찬과 부러움을 받습니다.
- 독서를 3년 이상 꾸준히 했더니 아이들의 성적이 향상됩니다.
- 책 읽기라는 평생 과업을 아이들에게 유산으로 남겼습니다.

독서 1~2년 차는 생활이 바뀐다

- 초등학교 1~2학년의 학교 숙제에 도움이 됩니다. 이때는 독서와 독서록 쓰기가 매일의 숙제인데요, 독서를 어려워하지 않으니 숙제를 수월하게 할 수 있습니다.
- 자발적 책 읽기가 됩니다. 남자아이는 책 읽기를 싫어하고, 독서 토론을 싫어한다는 선입견이 있는데 책 읽기를 좋아하는 남자아이가 됐습니다.
- 아이가 책을 직접 고르는 안목이 생깁니다. 독서 초기에는 엄마가 구매한 책 중 글밥이 적은 책부터 읽었어요. 지금은 본인이 읽

은 책 중에 재미있었던 책과 관련된 책을 사달라고 의사를 밝히고, 혼자서 직접 책을 고릅니다. 엄마가 사준 책보다, 스스로 고른 책에 흥미를 느낍니다.

- 자신감이 커집니다. 책을 잘 읽는 성공적인 경험이 학습의 기반이 됩니다. 초등학교 5학년인 첫째는 현재 850권, 초등학교 2학년인 둘째는 현재 450권의 책을 읽었습니다.

	독서 1년 차	독서 2년 차	독서 3년 차	독서 4년 차 현재 5월 기준
첫째	초2 380권	초3 270권 총 650권	초4 130권 총 780권	초5 70권 총 850권
둘째	6세 70권	7세 80권 총 150권	초1 250권 총 400권	초2 50권 총 450권

- 생활 습관이 교정됩니다. 텔레비전과 스마트폰 보는 시간이 줄고 책 읽는 시간이 늘었습니다. 예전에는 자기 전에 스마트폰 보는 습관 때문에 아이들이 잠드는 데 1시간 이상 걸렸습니다. 이제는 자기 전에 스스로 책을 읽거나, 엄마가 베갯머리에서 책을 읽어주니 잠이 빨리 듭니다.
- 책을 읽으면서 용돈을 모았습니다. 용돈은 한 권당 100원 수준인데요. 아이들은 책을 읽고 받은 용돈을 모아서 장난감을 샀습니다. 이렇게 하면 장난감을 분별없이 사달라고 조르는 일이 줄어듭니다.

초등 하루 한 권 책밥 독서법

- 형제가 경쟁하기보다 서로 칭찬하며 책을 읽었더니 형제간에 우애가 깊어졌습니다.
- 읽은 책을 기억하고 경험하고 체험하게 했습니다. 일상의 사건을 책으로 간접 경험하게 하거나, 실제 경험 후에 관련된 책을 읽어주며 체험하도록 했습니다. 책에서 접한 내용을 현실과 학업에서 체험하면서 아이들이 책을 더 좋아하게 됐습니다.
- 발표력이 향상됩니다. 첫째는 반에서 열린 낭독 대회에 나갔는데 친구들의 투표 결과 1등에 선정됐습니다. 낭독 덕분에 발음도 교정되고 자신감이 생겨서 발표도 잘하게 되었습니다.
- 책을 읽어주고 읽은 책의 문장으로 받아쓰기를 했습니다. 둘째는 책 읽어주기와 받아쓰기로 한글을 익혔습니다. 첫째는 받아쓰기 50점에서 100점으로 쓰기 실력이 좋아졌습니다.

: 독서 3년 차는 성적이 바뀐다

- 책의 수준이 점점 올라갑니다. 처음 독서를 시작할 때는 학습만화, 그림이 많은 책, 글씨가 적은 책만 골라서 읽었습니다. 그러다가 학년별 필독서, 글만 있는 책, 다양한 분야의 책으로 수준이 올라갑니다. 첫째는 초등학교 3학년 겨울부터 청소년용 도서에 도전했습니다. 청소년용 독서를 시작하자, 초등학교 3학년 책은 시시하다고 했습니다. 『해리포터』 시리즈를 다 읽었고, 명작 『프랑

켄슈타인』, 『오페라의 유령』, 『지킬 박사와 하이드』, 『돈키호테』 등을 읽습니다.

- 독서모임이나 독서토론에 관심을 가집니다. 초등학교 3학년 때 어린이 독서모임에 처음 가보고 무척 즐거워했습니다. 책 읽기에서 끝나지 않고 말하기와 쓰기로 이어지는 경험을 했습니다.

- 학업에 도움이 됩니다. 시험 문제가 스토리텔링 형식으로 길어서 아이들이 이해하기 어려웠습니다. 문해력이 향상되자, 시험 문제를 이해하기가 수월해졌고 시험 점수가 올랐습니다.

- 독서로 집중력이 향상됐습니다. 경청하는 자세를 배웁니다.

- 말을 잘하게 됩니다. 말하기도 연습으로 향상될 수 있습니다. 말하기 발달이 느린 남자아이가 말 잘하는 남자아이가 됐습니다.

- 처음 독서 시간은 5분 내외였는데 독서 3년 차가 되자, 책 읽는 시간이 최대 40분으로 길어졌습니다.

- 독서로 배경지식이 많아지니 이를 바탕으로 창의력을 발휘하게 됐습니다.

- 책을 읽다가 모르는 낱말이 나오면 사전으로 정확한 뜻을 찾아보게 됩니다. 그러자 어휘력이 향상되어 3학년 때 교내 우리말 겨루기 대회에서 100점을 받았습니다.

- 1학년 때는 성적이 좋지 않았는데 4학년 때는 모든 과목에서 '매우 잘함'을 받았습니다. 선생님께 '늘 진지하고 바른 자세로 학습에 임해 모든 교과 성적이 우수하며 특히 수학과 과학 문제 해결 능력이 탁월함', '톡톡 튀는 아이디어가 있고 독서를 많이 해서

상상력이 풍부하며 독창적인 글쓰기를 잘함'이라고 평가를 받았습니다.

2장

아이 스스로 책 읽는 독서 환경 만들기

01 책을 읽을 수밖에 없는 세 가지 환경

⦂ 물리적 환경

'엄마가 책을 읽으면 아이가 저절로 책을 읽는다'는 말이 있어요. 여러분은 이 말에 얼마나 동의하나요? 제 경험으로 보면 이 말은 거짓말입니다. 제가 하루 한 권 책 읽기를 하느라 책 읽는 모습을 몇 년간 보여줬지만, 아이들도 남편도 책을 읽지 않았습니다. 아직 책을 읽을 분위기가 조성되지 않았기 때문입니다.

1) 거실의 서재화

온 가족이 책을 읽으려면 가장 먼저 거실을 서재로 만들어야 합니다. 돈이 많이 들지 않습니다. 소파와 텔레비전을 치우고 책상, 의자, 책장만 있으면 됩니다.

'독서의 3대 적이 스마트폰, 텔레비전, 아빠'라는 우스갯소리가 있는데요. 저희 집도 그랬습니다. 거실에 소파와 텔레비전을 없애겠다고 하자 남편이 거세게 반대해서 당장 없앨 수가 없었습니다. 그래서 이사를 하면서 소파를 버리고 텔레비전을 방으로 옮기면서 자연스럽게 거실을 비웠습니다. 소파가 있던 자리에 책상과 의자를 놓고 텔레비전이 있던 벽면에 책장 두 개를 넣었습니다.

거실을 서재화한 후에는 텔레비전과 스마트폰 사용을 통제해야 합니다. 아이는 스스로 텔레비전과 스마트폰 사용 시간을 조절하지 못합니다. 어른들도 절제하기 어려운데 아이가 스스로 할 리가 없죠. 저는 스마트폰을 사주면서 하루에 스마트폰을 얼마나 할지 아이들과 정했습니다. 하루에 30분만 사용하기로 정하고 스마트폰 사용 시간을 자동으로 계산해주는 모바일앱을 설치했습니다. 물론 저도 아이들과 같은 모바일앱을 쓰고 있습니다.

텔레비전, 유튜브, 케이블 방송도 마찬가지입니다. 아이와 어떤 프로그램을 볼지 정하고 약속한 프로그램만 시청해야 합니다. 시청이 끝나면 스스로 끄고 일어나도록 자제력을 키워주세요. 아이를 심심하게 만들어야 책을 읽을 수 있습니다. 스마트폰은 책보다 재미있습니다. 그래서 사용 시간을 정하고 일관성 있게 훈육해야 합니다. 그래야 아이가 책을 읽을 수 있고 자제력도 기를 수 있습니다.

2) 책 읽는 시간 만들어주기

사람들은 책을 읽지 못하는 이유를 이렇게 말합니다.

"읽고 싶은데, 시간이 없어서……"

정말 우리에게 책을 읽을 시간이 없을까요?

2020년 3월 11일 자《서울신문》*에 보도된〈책 안 읽는 어른들〉이라는 기사를 보면 독서를 하지 못하는 이유가 '시간이 없어서'입니다. 성인도 학생도 마찬가지입니다. 아이가 시간이 없는 이유는 '학교나 학원 때문에 책 읽을 시간이 없다'가 전체 응답자 중에 29.1퍼센트를 차지했습니다.

그런데《2019년 국민독서 실태조사》*에서는 변화가 있었습니다. 성인의 경우 독서하기 어려운 이유가 '시간이 없어서'보다 '책 외에 다른 콘텐츠를 이용하느라'가 제일 높은 응답을 보였습니다. 반면 학생이 책을 읽지 못하는 이유는 여전히 '학교나 학원 때문에 시간이 없어서'였습니다.

저는 초등학생은 학원보다 독서라고 생각합니다. 왜 학원보다 독서인지는 앞에서 말씀드렸습니다. 중학생도 공부 시간 70퍼센트에 책 읽는 시간을 최소 30퍼센트는 확보해주면 좋겠습니다. 아이가 책을 언제 읽어야 할지 모를 수 있습니다. 책은 언제든지 읽을 수 있습니다. 아침에도 학교에 가서도 읽고 점심시간에도, 오후에도, 매일 저녁, 주말마다, 방학마다, 여행 가서, 버스나 전철에서도 책을 읽을 수 있습니다. 아이가 책을 읽을 수 있도록 시간을 만들어주시고 함께 읽으세요.

3) 적절한 책 구비하기

집에 꼭 책이 있어야 할까요? 도서관에 가면 책이 다 갖춰져 있는데요. 그래서 굳이 집에 책을 둬야 할 필요를 느끼지 못하는 부모님이 많습니다. 책은 자리도 많이 차지하고 미니멀 라이프를 추구하는 트렌드와 맞지 않죠. 그래서 집에 책을 두지 않는 부모님들이 있는데요, 결론부터 말씀드리면 청소년 시기까지는 집에도 책이 있어야 합니다.

OECD 22개국 나라를 대상으로 청소년기에 집의 책 보유량과 관련된 연구를 했습니다. 연구자들은 16세 때 책 보유량과 성인이 된 후에 갖게 된 문제 해결 능력의 상관관계를 알아봤습니다. 그 결과 집에 책이 많았던 사람의 문제 해결 능력이 높았습니다. 언어능력, 수리능력, 기술, 문제 해결 능력 모두 책의 보유량이 많을수록 함께 높아집니다. 또 책 보유량과 평생 소득의 연관성도 조사했습니다. 책 보유량이 10권 미만인 그룹은 평생 소득이 5.2퍼센트 증가한 것에 비해서 집에 책이 11권 이상, 200권이 있었던 그룹은 21.1퍼센트 증가했습니다.

따라서 청소년기까지는 집에 책을 구비해두면 좋겠습니다. 엄청 많은 책이 필요하지 않습니다. 아이가 읽기 적절한 책으로 65권에서 300권 정도를 추천합니다. 65권이면 책장 한 줄 정도, 300권이면 책장 한 개가 가득한 정도입니다. 이 정도 공간은 독서를 위해서 아이에게 양보해주세요.

: 심리적 환경

1) 긍정적인 관계 만들기

《EBS가 선택한 최고의 학교》에서 '최고의 교사는 학생을 단순히 가르치는 대상이 아니라 인격체로 대합니다. 아이와의 돈독한 관계는 최고의 교사가 갖는 첫 번째 덕목입니다'라고 말합니다. 담임선생님이 이런 분이면 참 좋겠죠? 부모님에게 요구되는 덕목도 교사에게 요구되는 덕목과 같다고 생각합니다.

《SBS 영재발굴단》에 삼남매를 스탠퍼드, 하버드, 존스홉킨스 대학교에 진학시킨 슈퍼 아빠로 김병철 씨가 출연했습니다. 김병철 씨는 차로 등하교시키는 짧은 시간에도 농담으로 아이들과 소통을 했습니다. 퇴근하고 자녀와 함께할 수 있는 시간을 오롯이 아이에게 집중합니다. 그는 집에 오면 스마트폰을 끕니다. 그리고 아이와 텔레비전 프로그램을 같이 보고, 함께 식사하고, 즐겁게 대화하는 데 하루 5분을 매일 투자한 것이 비법이라고 밝혔습니다.

그는 아이가 말을 안 듣고 울고 생떼를 부리는 게 '나 안아주세요.', '사랑해주세요.'의 표현이라고 합니다. 그는 이렇게 말합니다.

"아이가 울 때 그냥 말없이 안아주세요. 토닥토닥 아이의 숨소리에 맞춰서 안아주세요. 아이를 안아주고 스킨십해주고 사랑스런 눈으로 봐주세요. 아이가 좋아하는 텔레비전 프로그램을 같이 봐주고, 좋아하는 음식을 같이 먹고, 아이에게 농담을 하면서 부모님과 있는 시간이 즐겁게 해주세요."

2) 책놀이

우리는 책 읽기를 공부나 학습처럼 생각하는 경향이 있습니다. 그러지 말고 독서를 '책놀이'로 여기면 좋겠습니다. 제가 말하는 책놀이는 정말 책으로 노는 게임을 말합니다. 부록 책놀이 50가지 방법을 활용해서 아이와 놀아주세요.

책을 깨끗하게, 거룩하게 보면 안 됩니다. 책은 지저분하게 봐야 합니다. 아이가 어릴 때 책에 낙서하고, 찢고, 물어뜯으면 부모님이 기겁하죠. 그런데 그렇게 하는 게 책과 친해지는 과정입니다. 독서에 대한 흥미는 독서에 대한 태도, 독서력으로 연결됩니다.

3) 독서상

책을 읽는 환경을 만들기 위해서 쓰는 마지막 방법은 독서상입니다. 10권, 50권, 100권을 읽을 때마다 동기부여를 해주세요. 칭찬, 상장, 용돈, 파티, 무엇이든 좋습니다. 아이의 1년 독서 목표와 원하는 선물은 무엇일까요? 초등학생부터 중고교생을 상대로 강의를 하면서 아이들에게 물었습니다.

"1년에 독서 목표는 몇 권이니?"

"목표를 달성하기 위해서 동기부여가 될 만한 보상으로 무엇을 원하니?"

아이들의 1년 독서 목표는 초등 저학년은 100~200권이 가장 많았습니다. 초등 고학년부터 중학생은 1년에 50권이 가장 많았고 1년에 100권은 그다음이었습니다. 목표를 달성하면 받고 싶은 선물은 나이

별로 달랐습니다.

미취학 아동은 엄마와 둘이 할 수 있는 활동을 원합니다. 엄마와 단둘이 데이트하기, 서점 가기, 놀아주기, 맛있는 음식 해주기 등이 많았습니다. 초등 저학년은 10권을 읽으면 용돈 천 원, 100권을 읽으면 장난감 한 개가 가장 많았습니다. 초등 고학년은 50권이나 100권을 읽으면 문화상품권이나 스마트폰 한 시간 쓰기 등의 대답이 많았습니다. 그리고 중학생은 용돈 5만 원에서 10만 원을 받고 싶다는 대답이 가장 많았고 연예인 굿즈가 그다음으로 많았습니다.

상을 줄 때는 너무 과도한 보상에 주의하세요. 독서보다 보상 자체가 목적이 되지 않도록 해야 합니다. 스마트폰이나 자전거처럼 고가의 선물을 받고 싶다고 쓴 아이도 있습니다. 대체로 책 읽기 목표가 낮은 아이들이 오히려 더 고가의 제품으로 보상받고 싶어 합니다. 어차피 목표를 달성하지 못할 거라고 생각해서 무리한 선물을 적은 것이 아닌가 싶습니다.

• 맞춤형 환경

집마다 책 때문에 하는 걱정이 다 다릅니다. 어느 아이는 너무 안 읽어서, 어느 아이는 너무 많이 읽어서, 어느 아이는 만화책만 읽어서 걱정이죠. 어느 아이는 어른들 책을 읽겠다고 고집해서 어려움을 호소하는데요. 책 읽기 규칙을 아이와 함께 정하면 좋겠습니다.

책 읽는 시간을 언제로 할지, 책을 어떻게 골라서 읽을지, 무엇을 상으로 받을지 등을 부모님이 일방적으로 정하지 마세요. 아이들과 같이 논의해서 함께 정하면 좋겠습니다.

여러분이 상사나 남편에게 규칙을 일방적으로 통보받으면 기분이 좋을까요? 별로 좋지 않겠죠. 아이도 그렇습니다. 독서에 대한 규칙도 함께 정해야 아이가 지킬 확률이 더 높아집니다.

맞춤형 독서규칙

❶ 중학생 두 명과 초등 고학년 한 명, 딸 세 명인 집

1년 동안 다 같이 책 100권 읽기를 목표를 정합니다. 100권을 읽은 사람은 아빠가 스마트폰을 사주기로 상을 정해요. 얇은 책만 읽지 않도록 100쪽마다 한 권으로 집계합니다. 1년째 실천하는 중입니다.

❷ 초등 2학년 남자 한 명인 집

아이가 책을 너무 많이 읽고 공부는 뒷전이어서 걱정인 집입니다. 하루에 책을 다섯 권 이내로만 읽기로 약속합니다. 책은 숙제나 공부 후에 읽기로 규칙을 정해요. 책 종류는 아이가 원하는 책과 공부에 도움이 되는 교과목 독서나 학년별 추천 도서를 반씩 읽기로 했습니다.

❸ 초등학생 두 명인 집

읽는 분량은 하루 한 권으로 10권마다 선물을 주기로 했습니다. 책은 낭독으로 소리 내어 읽기로 정했습니다. 아이가 원하는 책을 스스

로 골라서 읽되 두 권은 아이가 고르고 한 권은 엄마가 골라서 균형을
맞춥니다.

아들 두 명 집	딸 세 명 집	아들 한 명 집
하루 한 권 낭독 독서 2 더하기 1 독서	100쪽마다 한 권으로 인정 100권 읽으면 스마트폰 선물	교과목 독서 하루 다섯 권으로 제한 공부 / 숙제 후 독서

아이에게 딱 맞는
책 고르는 법

아이의 책을 고를 때 두 가지만 기억하세요.

바로 흥미와 독서 나이입니다.

⦂ 첫째, 흥미에 맞는 책

유시민 작가는 "어린이는 무슨 책이든 재미있는 책을 많이 읽으면 좋다"라고 말했습니다. 초등학생은 물론이요, 중학생도 추천 도서는 의미가 없다는 뜻인데요, 지금 당장 아이가 읽을 책을 골라야 하는 엄마로서는 무책임한 말처럼 들리기도 합니다. 하지만 결국 아이의 흥미에 따라서 책을 고른다는 점에서 보면 틀린 말도 아닙니다.

제가 아이들에게 강의하면서 책을 언제 읽고 싶은지, 반면에 책을 언제 읽기 싫은지 물은 적이 있습니다. 책을 읽고 싶을 때 1위는 '심심할 때'였고 2위는 '읽고 싶은 책이 있을 때'였습니다. 아이들이 책을 읽기 싫을 때 1위는 '게임과 스마트폰 할 때', 2위는 '읽기 싫은 책을 읽어야 할 때'라고 답했습니다.

'읽고 싶은 책이 있다면 책을 읽겠다'라는 답을 봤을 때 이런 생각이 들었습니다.

'평소에 읽기 싫은 책을 학원이나 학교에서 억지로 읽은 적이 얼마나 많았을까.'

집에서만큼은 아이가 원하는 책, 흥미에 맞는 책을 읽도록 해주세요. 여러분도 스스로 원하는 책을 골라서 읽을 때와 직장 상사가 정해주거나 공부 때문에 싫은 책을 억지로 읽을 때 태도가 달라지는 경험을 해봤죠? 아이도 그렇습니다.

여러분은 아이가 어떤 책에 흥미를 갖는지 알고 있나요? 저는 아들만 두 명 키우고 있는데 둘은 좋아하는 책도, 책의 종류도, 심지어 선호하는 출판사도 다릅니다. 첫째는 감수성이 풍부해서 소설이나 이야기를 좋아하고 동물이나 식물, 과학에 관련된 책도 사진보다 그림이 그려진 책을 좋아합니다.

둘째는 추상적인 이야기보다 사실을 전달하는 책을 좋아합니다. 그림보다는 사진이 들어가 있는 책을 더 좋아하고요. 단순히 나이에 따른 차이라기보다는 흥미를 느끼는 분야가 다르다는 생각이 듭니다.

： 둘째, 독서 나이에 맞는 책

미취학	초등 1~2학년	초등 3~4학년	초등 5~6학년	중·고등학생
정보 이야기	문학	사회 과학 인성 지식정보	예술 역사 고전문학	교과연계 비문학 문학

독서지도사가 추천하는 학령기별 추천 도서가 있습니다. 미취학 아동은 정보나 이야기, 초등학교 1~2학년은 문학을 추천합니다. 초등학교 3~4학년은 사회, 과학, 동화, 명작, 인성, 지식정보 책을 추천하고 초등학교 5~6학년은 예술, 역사, 고전문학을 추천합니다. 중고교생은 교과연계 비문학이나 문학을 추천합니다. 그런데 추천 도서보다 먼저 알아야 할 사항이 있습니다. 바로 아이의 '독서 나이'입니다.

아이의 나이는 몇 살인가요? 그리고 독서 나이는 몇 살일까요? 독서 나이와 실제 나이는 다릅니다. 책을 많이 읽은 아이는 자기 학년 책을 거뜬히 읽고 더 높은 학년이 읽을 책도 읽습니다. 하지만 책을 읽지 않은 아이는 자기 학년 책을 읽기도 힘들어합니다.

하루에 출판되는 책은 얼마나 될까요? 2019년 한국출판연감에 따르면 2019년 한 해 동안 출판된 책만 6만 3,476종에 달한다고 합니다. 하루에 새로운 책이 200종 넘게 나옵니다. 이렇게 많은 책 중에서, 어떻게 하면 실패 없이 책을 고를 수 있을까요?

서점에 가면 책이 너무 많아서 무엇을 사야 할지 모르겠습니다. 선물받거나 광고에 혹해서 읽은 베스트셀러가 취향과 맞지 않아서 짜증 났던 경험은 누구에게나 있습니다. 이렇듯 잘못 고른 책 한 권 때문에 독서를 포기하는 일이 생깁니다. 어릴 때 엄마가 사준 책이 하필 세로로 써진 옛날 책이어서 그날부터 책 읽기가 싫어졌거나 교과서에 나오는 필독서만 읽다가 책이 싫어진 경험이 있죠?

나에게 딱 맞는 책을 고르는 비법은 간단합니다. 사람마다 좋은 책의 기준이 다 다르지만 공통적으로 고려해야 하는 점은 책이 자신의 수준에 맞아야 합니다. 너무 어려워서 이해하기 힘들거나 다 아는 내용이라서 시시하게 느껴지는 책은 끝까지 읽기 어렵습니다. 따라서 아이의 독서 나이에 맞는 책을 골라야 합니다.

독서를 처음 시작하는 아이에게는 읽기 싫은 책을 골라주지 않아야 합니다. 책을 펼쳤는데 무슨 말인지 모르거나 읽기 싫어하는 책은 건너뛰세요. 그래도 되냐고요? 당연히 됩니다. 저는 어른이지만 지금도 잘 모르거나 읽기 싫은 책은 읽지 않습니다. 새로 나오는 책이 6만 종이 넘는데 싫은 책 한 권을 읽지 않는다고 무슨 일이 생기지 않습니다. 이해하기 어렵거나 읽기 싫은 책이 있으면 작가가 책을 잘못 썼다고 생각해도 됩니다.

독서를 처음 시작한다면 아이의 실제 나이보다 2살 어린 책부터 시작하시길 추천합니다. 초등학교 6학년이라면 4학년 책부터, 초등학교 2학년이라면 7세용 책, 6세라면 4세용 책으로 시작합니다. 처음 책을 봤을 때 쉬워 보이는 만만한 책으로 시작해야 아이가 부담 없이 읽을

초등 하루 한 권 책밥 독서법

수 있습니다.

'한번 해볼만 한데?'라는 마음이 들 만한 책으로 시작해주세요. 아이가 처음에는 글 없는 책을 읽다가 글 2~3줄짜리 책, 글 5~10줄짜리 책, 그림 없이 글만 15줄이 있는 책, 글이 20줄 넘는 책으로 점차 발전합니다. 신체 나이가 많다고 글이 많은 책부터 시작하지 마세요. 낮은 단계부터 시작해야 높은 단계로 나아갈 수 있습니다. 실제 나이보다 어린 책으로 시작하더라도 하루 한 권씩 1~2년간 꾸준히 읽으며 점차 본인 나이의 책까지 발전합니다. 책 읽는 습관이 생긴 아이는 시간이 지나면 자기 나이를 넘어서는 책을 읽게 됩니다.

이 과정에서 하루 한 권 이하의 부담 없는 양으로 꾸준히 읽는 게 중요합니다. 책놀이로 책을 게임처럼 접하게 하고 상을 주면서 책을 좋아하는 아이로 변하게끔 하세요. 오늘 10권을 읽은 사실이 중요한 게 아니라, 즐거운 경험을 통해서 읽은 책을 기억하고 독서를 체질로 만드는 게 중요합니다. 평생 책을 떠나지 않는 어른이 되도록 삶의 목표로 만들어주세요.

0권부터 1천 권까지
하루 한 권 책밥 독서 순서

독서지도에도 순서가 있습니다. 처음부터 '책을 읽고 독후감을 써라', '책을 읽고 소감을 말하라'고 하면 아이가 책을 싫어하게 됩니다. 독서지도 초급단계는 어른이 읽어주는 단계와 책놀이입니다. 중급단계는 아이가 스스로 읽기입니다. 마지막으로 고급단계는 말하기와 쓰기입니다.

초급부터 고급단계까지 어떻게 발전시킬지는 아이가 읽는 책의 수에 따라서 달라집니다. 지금 말씀드리는 기준은 부모님이나 선생님이 읽어준 책은 제외하고, 아이가 스스로 읽은 책 기준입니다. 0권부터 1천 권까지 독서지도 순서는 이렇습니다.

구분	300권 씨앗 독서	500권 떡잎 독서	800권 개화 독서	1,000권 열매 독서
권장연령	7세～3학년	1학년～4학년	3학년～5학년	5학년～청소년
책	자기 나이보다 −2세, −1세 책	자기 나이 책	자기 나이 책과 +1～2 책	다양한 종류 제공
읽어주기	읽어주기	읽어주기	읽어주기	읽어주기
책놀이	책놀이	책놀이	책놀이	책놀이
읽기분량	1권	1회 50쪽 이내	1회 100쪽 이내	분량 자유
말하기	낭독	낭독 이야기 / 요약	질문 독서 독서토의	질문 독서 독서토론
쓰기	필사 1문장 쓰기	필사 쓰기 + 생각 3줄 쓰기	필사 쓰기 + 10줄 이내 쓰기	독서논술 주 1회 정기적 쓰기

ː 0권부터 300권까지 씨앗 독서

아이가 처음 스스로 책을 읽기 시작한 때부터 300권을 읽을 때까지를 '씨앗 독서'라고 합니다. 책을 읽고 무슨 뜻인지 이해할 수 있는 7세부터, 사춘기가 오기 전인 10세 사이에 씨앗 독서를 시작하는 것이 적절합니다.

책은 아이가 직접 골라 읽되 나이보다 두 살 어리게 시작하면 좋습니다. 7세 아동이라면 5세 책, 초등학교 3학년인 10세 아동이라면 1학년인 8세 책으로 시작해야 부담이 없습니다. 제가 하루 한 권만 읽도록 권유했는데요. 씨앗 독서 시기에 두 살 어린 수준의 책이라면 최대 세 권까지 읽어도 됩니다. 부모님이 세 권 읽으라고 정하지 말고 하루에 한 권부터 세 권까지 읽을 수 있는데 한 권을 읽어도 된다고 지도해주세요.

두 살 어린 나이의 책을 6개월 동안 잘 읽었다면 그다음은 한 살 어린 나이의 책을 6개월 동안 읽도록 해주세요. 아이는 책의 내용 자체보다 글자가 많으면 어렵다고 생각하니 글밥이 적은 책으로 골라주세요. 이렇게 1년을 하면 1년간 천천히 책의 나이를 올리게 됩니다. 책놀이를 활용해서 주 1회 정도 책으로 게임을 해서 아이가 책을 어렵게 생각하지 않게 도와주세요. 아이가 책을 읽을 줄 알아도 어른이 책을 계속 읽어주는 것이 좋습니다. 읽어준 책을 나중에 스스로 읽게 하면 더 쉽겠죠?

책을 읽을 때는 소리 내어 낭독하도록 하세요. 그리고 이 시기에는 책 내용에 관해 묻거나 독후감을 쓰게 하지 마세요. 몇 권 읽었는지 확인할 수 있게 제목만 적으면 됩니다. 제목을 적은 리스트를 가지고 상을 주면 아이가 더 열심히 읽습니다. 아이가 10권, 50권, 100권을 읽을 때마다 크게 칭찬해주세요. 쓰기는 책에서 가장 마음에 드는 문장 한 개를 똑같이 따라 쓰면 충분합니다.

씨앗 독서 시기에는 언제든지 책을 읽기 전 상태로 돌아갈 수 있음을 잊지 마세요. 중간에 힘든 책을 만나면 흥미를 잃어버리기도 하고요. 보상을 제때 하지 않으면 또 흥미를 잃어버릴 수 있습니다. 아니면 너무 과한 보상으로 보상 자체가 목적이 되고 책 읽기가 도구가 될 위험이 있습니다.

어른도 새해 목표를 작심삼일로 끝내기 쉽죠? 아이도 그럴 수 있습니다. 중단하면 처음부터 다시 한 권으로 시작하지 말고 30권, 70권, 150권 계속 이어갈 수 있도록 격려해주세요. 아이가 읽기 힘들어할 때는 읽어주기와 책놀이만 반복해도 됩니다. 100권, 200권, 300권을 읽으면 파티를 준비해주세요. 치킨 파티도 좋고 떡볶이 파티도 좋습니다. 매우 크게 칭찬해주세요.

⫶ 300권부터 500권까지 떡잎 독서

씨앗 독서 시기가 지나면 아이가 보상에는 관심이 없습니다. 제 경험으로는 300~400권 읽기 전까지는 보상이 달콤합니다. 300~400권이 지나면 책 읽기 자체를 재미있게 생각하는 시기에 접어듭니다.

읽은 책이 300권이 넘으면 나이에 맞는 책을 하루 한 권만 읽도록 해주세요. 책마다 분량이 다 다른데요. 한 번에 50쪽만 읽으면 한 권으로 인정해주세요. 예를 들어서 100쪽짜리 책이라면 오늘 50쪽, 내일 50쪽 읽도록 나눠주거나, 아이가 한 번에 다 읽겠다고 하면 두 권을 읽었다고 기록하세요. 초등학교 3학년 미만은 낭독으로 읽게 하다가 글밥이 많아지는 4학년부터 묵독을 시작해도 좋습니다. 이때도 부모님은 읽어주기와 책놀이는 계속해주세요.

아이가 독서에 흥미를 느낀다면 책 대화를 시도해도 좋습니다. 책을 읽고 대화를 하라고 하면 시험을 보려 하는 경우가 많은데요. 대화는 구두시험이 아닙니다. 시간도 길게 잡을 필요가 없습니다. 1~2분 정도만 할애해서 점수 주기, 가장 재미있던 부분 이야기하기, 이 책으로 처음 알게 된 점 말하기만으로 충분합니다. 책 내용을 생각하고 기억하도록 해주세요. 쓰기는 한 문장을 똑같이 따라 쓰던 걸 더 많이 쓰게 해도 됩니다. 생각 쓰기는 세 줄만 적도록 해주세요. 세 줄 이상 요구하지 않기로 해요.

500권을 읽으면 상을 거창하게 준비해주세요. 우리 집 독서 규칙은 100권당 1만 원인데요, 500권을 읽었을 때는 특별히 상금 5만 원과 엄마가 직접 만든 독서왕 상장, 그리고 시상식까지 준비합니다.

⁝ 500권부터 800권까지 개화 독서

스스로 500권을 읽었다면 독서습관 만들기의 주요한 고비는 다 넘겼습니다. 500권 이후에는 자기 학년 책과 함께 해당되는 학년보다 어려운 책을 제시합니다. 대신에 어려운 책, 두꺼워서 읽기 싫어하는 책은 엄마가 읽어주면 좋습니다. 저는 아이가 글밥이 많아서 읽기 싫다고 하는 책은 자기 전에 목차 1개씩만 읽어줍니다. 이렇게 2~3일 읽어주자 뒷이야기가 궁금하다고 아이가 혼자 읽기도 했습니다. 책을 잘 읽게 되어도 하루 100쪽 이상 양을 늘리지 말고 책의 수준을 높여주세요.

저에게도 독서를 지도하며 두 번의 큰 고비가 있었습니다. 첫 고비는 읽은 책이 300권이 넘어가던 시기였고 두 번째 고비는 초등학교 4학년용 책을 읽던 시기입니다. 출판사에서는 초등학교 4학년 책부터 그림이 거의 없고 글자만 꽉 채워 책을 만듭니다. 아이는 글의 내용보다 글이 많으면 어렵다고 생각해요. 4학년 책은 아이들이 펼쳤다가도 글밥이 많아서 읽기를 포기합니다.

그래서 초등학교 4학년은 독서지도에 있어서 매우 중요한 시기입니다. 그림이 없고 글만 많은 책을 읽게 되는 아이는 심화 독서 단계로 넘어갈 수 있습니다. 반면에 이 시기에 글이 많은 책을 포기하면 앞으로 영영 독서와 멀어질 수 있습니다. 갑자기 글밥이 많아지는 4학년용 책은 한 번에 다 읽도록 하지 마세요. 며칠이 걸리더라도 목차별로 나눠서 조금씩 쪼개 읽기를 통해 한 권을 다 읽는 경험을 하도록 해주세요. 힘들게 잡은 독서습관이 한 권의 책 때문에 무너지지 않도록 주의하세요.

책놀이도 이전까지는 몸을 쓰거나 단순한 놀이였다면 이제는 머리를 써도 좋습니다. 외부로 나가는 체험형 책놀이, 여행이나 체험을 통한 책 경험도 좋습니다. 그동안 혼자 책을 읽었다면 또래와 독서모임에 참여하기를 권합니다. 그런데 일주일에 한 권이라도 책을 읽는 습관을 들이려고, 모임을 시작하는 경우가 있습니다. 독서습관에 자극을 주려면 강제적인 요인보다는 자발적인 요인이 좋습니다. 독서모임은 책 읽는 습관이 든 후에 참여해야 말하기, 쓰기 등 이어지는 활동에도 효과적입니다.

초등학교 5학년 이상이라면 독서토론을 참여시켜도 좋습니다. 만약 초등학교 5학년 미만이라면 토론이 아닌 낭독모임이나 책 이야기를 할 수 있는 모임을 추천합니다. 쓰기는 필사를 계속하면서 필사를 포함, 10줄 이내로 쓰게끔 주세요. 모든 책마다 다 쓰기를 함께 할 필요는 없습니다. 아이가 읽은 책 중에서 쓰고 싶은 마음이 드는 책만 쓰도록 해주세요. 600권, 700권, 800권 파티도 잊지 않고 크게 축하해주세요.

⋮ 800권부터 1,000권까지 열매 독서

800권부터 1,000권까지는 열매 독서입니다. 이제 아이는 책 읽기에 거부감이 없고 스스로 책을 읽는 습관을 갖게 됐습니다. 다양한 종류의 책 외에도 신문이나 잡지를 읽게 해주세요. 읽는 분량은 만약 어른용 신문이나 책이라면 하루에 한 쪽만 읽어도 됩니다. 분량은 자유롭게 읽게 하고 책으로 대화를 이어가고 초등학교 5학년 이상이라면 독서토론과 독서논술을 시도해도 좋습니다. 초등학교 5학년부터 비판적인 사고가 가능한 나이입니다. 독서토론과 독서논술을 시작하기에 적절한 연령이죠. 800권, 900권, 1,000권마다 파티를 계속 해주세요.

중고교에 가서도 월 2회 정도 독서토론을 꾸준히 하도록 합니다. 이렇게 하면 학교 공부를 하는 가운데 월 2권 이상 책을 읽을 수 있고 학업에서 오는 스트레스를 풀 수 있습니다. 또 읽고 쓰고 말하는 시간을 휴식처럼, 놀이처럼 느낄 수 있습니다.

: 권장 연령보다 아이의 독서 나이가 중요하다

저희 아들 둘은 서로 다른 나이에 독서를 시작했습니다. 첫째는 초등학교 2학년 때 시작했는데 또래보다 늦게 시작했지만 흥미를 빨리 붙였습니다. 다른 아이들보다 빠른 속도로 독서습관을 만들었습니다. 둘째는 7세에 시작했는데 한글이 익숙하지 않아서 천천히 읽고 흥미도 천천히 붙이고 있습니다.

구분		300권 씨앗 독서	500권 떡잎 독서	700권 개화 독서	1,000권 열매 독서
첫째	신체나이	초2	초3	초4	현재 : 초5
	독서나이	7세 + 초1	초2 + 초3	초4 ~ 청소년용	현재 : 초5 ~ 청소년용
둘째	신체나이	7세~초1	현재 : 초2		
	독서나이	5세 + 6세 + 7세	현재 : 초1 + 초2		

위에 적힌 권장연령은 참고용입니다. 내 아이 맞춤형으로 독서를 시작하고 씨앗 독서, 떡잎 독서, 개화 도서, 열매 독서로 점차 발전시키는 것에 초점을 두면 좋겠습니다. 우리의 목표는 하루 한 권 꾸준히 책 읽는 습관을 들여서 평생 책을 읽는 어른으로 만드는 것임을 잊지 마세요.

독서지도는 아이와 함께 하는 이인삼각 게임입니다. 부모는 아이가 책을 펼치고 읽을 수 있도록 분위기를 조성해야 합니다. 말을 물가에 끌고 갈 수는 있어도 물을 먹게 할 수는 없습니다. 마찬가지로 부모님이 아이를 책 앞에 앉힐 수는 있지만 읽기는 아이의 몫입니다.

독서습관을 만드는
전안나표 3대 독서 원칙

저의 독서지도 원칙은 세 가지로 요약됩니다.

: 첫 번째 원칙, 하루 한 권 독서

"아이들 책은 쉬워서 하루 10권도 읽을 수 있는데 하루 한 권만 읽도록 하는 것은 너무 적지 않나요?"

대부분 부모님이 이렇게 질문하는데요. 저는 다독보다 하루 한 권 제대로 읽기가 더 효과적이라고 생각합니다. 시중에 나온 독서지도에 관한 책은 다독을 강조합니다. 블로그를 보면 하루에 자녀 나이만큼 책 읽기를 시키는 엄마도 있습니다. 자녀 나이가 다섯 살이면 한글책 5권에 영어책 5권까지 읽히는데 이런 경우 염려가 앞섭니다.

아이에게 독서를 과하게 지키면 '초독서증'이 생길 수 있습니다. 초독서증은 두뇌가 미성숙한 아이에게 텍스트를 과하게 주입한 결과, 의미는 모르면서 문자를 기계적으로 암기하는 상태를 말합니다. 서울대학교 의과대학 서유헌 교수는 두뇌가 미성숙한 아이가 독서를 과하게 하면 뇌 신경회로에 과부하가 온다고 했습니다. 그 결과 정상적인 뇌 발달을 저해할 수 있다고 경고합니다.

나이에 비해 매우 어려운 말을 쓰거나 문어체로 말하면 영재처럼 보입니다. 그러나 그 말이 무슨 의미인지 모르고 사용하다가 대인관계와 의사소통에 어려움을 겪을 수 있습니다. 그림책은 괜찮다고 생각할 수 있지만 그림책도 과하게 보면 유사 자폐 증세가 나타날 수 있습니다.

꼭 초독서증까지 가지 않아도 과잉 독서를 하면 책에 질려서 초등학교 3~4학년부터 독서를 포기합니다. 처칠도 '어린 시절부터 책을 너무 많이 읽을 필요는 없다. 일찍 익은 사과는 일찍 상한다'라고 말했습니다. 부모의 강요 때문에 하루에 책을 10권씩 읽는다면 책을 싫어하는 아이가 될 수 있습니다. 하루 10권 읽는 것은 그냥 읽기 연습만 하는 것입니다. 책을 읽고 소화하도록 아이와 어른 모두 하루 한 권 이하로만 읽도록 권합니다.

제가 방과후교실에서 보조교사로 일할 때 처음에는 아이들에게 권수를 제한하지 않았습니다. 그랬더니 아이들이 선물을 받고 싶어서 하루에 책을 10권씩 읽었습니다. 며칠은 아예 질려서 책을 읽지 않다가 선물을 받고 싶으면 또 10권을 읽었습니다. 선물은 매일 책 읽는 습관을 기르기 위한 도구이지 목적이 아닙니다. 그래서 하루에 한 권만 읽도록 규칙을 제안했습니다.

하루 한 권만 읽으라고 했더니 아이들이 부담 없이 책을 읽었습니다. 재미있는 책을 만났을 때는 더 읽고 싶은 마음이 듭니다. 읽지 못하게 하면 더 읽고 싶은 사람의 심리를 활용했습니다. 학기 중에는 하루 한 권만 읽도록 엄격하게 제한하고 방학 때는 최대 세 권까지 읽도록 허락했습니다. 그러자 책을 읽으려고 방학을 기다리게 됩니다. 물론 하루 한 권 외에 부모님이나 선생님이 추가로 더 읽어줘도 됩니다.

어떤 아이는 읽지 않는 날은 한 권도 안 읽다가 한꺼번에 8~10권씩 읽기도 합니다. 저는 그런 아이에게는 읽지 않으려는 날과 읽으려는 날을 구분해서 지도하라고 권합니다. 책을 읽지 않으려는 날은 아이가 좋아할 만한 책을 아주 조금이라도 읽어보라고 권합니다. 많이 읽으려는 날은 한 권 이상 읽지 않도록 지도합니다. 책이 더 읽고 싶어지도록 아이의 독서량을 제한해주세요. 부족하게 읽어야 아쉬워서 계속 읽게 됩니다.

⦙ 두 번째 원칙, 낭독 독서

독서지도는 7세부터 10세 사이에 시작하면 좋은데요. 한글을 배우는 7세부터 초등학교 저학년은 한글이 익숙하지 않고 책을 읽는 습관도

들지 않은 상태입니다. 그래서 아이가 독서를 어렵게 생각합니다. 이때 속으로 읽는 묵독을 하면 집중력이 짧아서 금방 지루해하고, 어디를 어떻게 읽었는지 부모님이 알기 어렵습니다. 반면에 소리 내어 읽는 낭독 독서를 하면 정확한 읽기 훈련이 됩니다.

저는 방과후교실에서 아이들 책을 읽을 때 3학년 미만 아이는 소리 내어 책을 읽는 낭독 독서를 하도록 권했습니다. 이유는 아이들이 눈으로만 읽으면 책장을 빨리 넘깁니다. 다 읽은 후에 내용을 물어보면 아직 조리 있게 대답하는 능력이 부족해서 제대로 읽었더라도 표현을 잘하지 못합니다. 그러면 아이들 사이에 책을 제대로 읽었다, 안 읽었다 하는 시비가 종종 생겼습니다.

그렇다고 20명이나 되는 아이를 한 명, 한 명 다 확인할 수 없는 노릇입니다. 그래서 책을 읽을 때 작은 소리도 괜찮으니 소리 내어 읽기로 아이들과 규칙을 정했습니다. 그러자 시비도 없고 아이들이 집중해서 책을 읽게 됐습니다. 어른도 책 읽다가 딴생각이 드는 일이 많죠? 그런데 책을 소리 내어 읽으면 딴생각을 할 수가 없습니다. 그만큼 집중력에 도움이 됩니다.

그러나 4학년 이상의 아이는 낭독하기엔 글밥이 너무 많습니다. 그래서 낭독 독서를 힘들어하고 창피하게 생각합니다. 1~2학년 아이는 낭독 독서로, 3~4학년 아이는 정독으로, 5~6학년 아이는 통독으로 지도해주세요.

: 세 번째 원칙, 2 더하기 1 균형 독서

저는 책은 자기가 읽고 싶은 책을 골라서 읽어야 한다고 생각합니다. 일단 책이 재미있고 관심을 끌어야 읽지, 재미없어 보이고 매력 없는 책은 읽기 어렵습니다. 그래서 아이에게도 책을 직접 골라서 읽게 했습니다.

독서지도 초기에는 아이가 고른 책으로만 읽게 하세요. 점차 시간이 지나서 아이가 책에 흥미를 느끼기 시작하면, 아이가 고른 두 권과 엄마가 골라주는 한 권을 번갈아 읽으면서 균형을 잡아주세요.

1) 아이가 책을 고르는 경우

먼저 서점에 같이 가서 아이들에게 사고 싶은 책을 고르게 해요. 베스트셀러 코너에 요즘 잘 팔리는 책들도 있고 책장에 꽂혀서 다른 사람들 눈에 잘 띄지 않는 책도 있는데요. 서점에 직접 가서 무작위로 책을 읽으면 남들이 잘 모르는 좋은 책을 만나게 됩니다. 또 평소에 고를 법하지 않은 책을 다양하게 만나게 됩니다.

책을 고를 때 아이와 부모님이 사려는 책이 서로 달라서 난감할 때가 있죠? 아이가 학습만화나 소설처럼 특정 분야만 좋아한다면 미리 규칙을 정하세요. 서점에 가기 전에 구매할 책의 종류나 권수를 정합니다. 아이가 학습만화나 스티커북, 그리기 도감 같은 놀이용 책 중에서 한 권, 그리고 일반 책 한 권씩을 고르게 합니다. 부모님도 아이들이 읽었으면 하는 책 한 권을 정해서 총 세 권을 구매합니다.

온라인서점을 활용하는 경우는, 학년별 필독서 목록을 참고하세요. 학년별 필독서 목록을 보면 책 제목과 책 분야가 함께 제시되어 있는데요. 아이가 제목이나 책 소개를 보고 책을 20권 정도 고르면 부모님이 추가로 10권을 골라서 구입하면 좋습니다. 도착한 책을 보고, 그 중에서 글밥이 적은 책부터 읽게 하고 글밥이 많은 책은 나중에 읽어야 거부감이 줄어듭니다. 이렇게 학년별 필독서를 읽으면 또래의 책 읽기 수준을 알게 되어 좋습니다. 아이가 읽은 책이 시리즈로 나와 있으면 시리즈 전체를 다 구매하고 특정 작가의 책을 재미있어하면 그 작가의 책을 다 읽도록 합니다.

2) 어른이 책을 고르는 경우

아이용 책을 부모님이나 선생님이 대신 구매하는 경우에는 다양한 참고도서목록을 먼저 봅니다. 인터넷에 보면 교과서에 수록된 책목록과 교과연계 도서목록이 있습니다. 학원에 보내지 않는 저는 교과서에 나오는 책을 사서 미리 읽히는 것으로 선행학습을 대신합니다.

또 사설 논술 학원에서 추천하는 독서목록을 인터넷에서 찾아보기도 합니다. 학교 도서관 저널의 추천도서목록, 한국어능력시험 급수별 주제 도서목록을 살펴보기도 합니다. 아이들이 읽을 책을 고를 때 책만 권유하지 말고 다양한 읽을거리를 함께 제시하면 더 좋습니다. 어

초등 하루 한 권 책밥 독서법

린이 신문, 어린이 소식지, 어린이 잡지, 교과서, 친구들이 쓴 글, 엄마와 아빠가 쓴 글 등을 다양하게 읽으며 균형 있는 독서를 할 수 있도록 해주세요.

3장

듣기 독서

듣기 독서,
읽어주기의 힘은 세다

언어 활동의 네 가지 영역은 크게 듣기, 말하기, 읽기, 쓰기입니다. 그중 첫 번째는 무엇일까요? 바로 듣기입니다. 듣기 독서는 제3자가 읽어주는 독서를 말합니다. 듣기 독서의 강점은 무엇일까요?

듣기 독서의 효과를 보여주는 사례가 있습니다. 조지 부시 대통령의 어머니인 바버라 부시는 난독증이 있던 아들 조지 부시에게 플래시 카드를 만들어주었습니다. 매주 카드 읽기 연습을 시켜서 난독증을 극복한 일화는 유명합니다. 다음은 '바버라 부시 가정교육재단'에서 소개한 독서교육 지침서인데 듣기 독서의 힘을 잘 보여줍니다.

1. 책을 읽어준 아이는 그렇지 않은 아이보다 훨씬 쉽게 배운다.

2. 아이에게 책을 읽어주면 호기심, 상상력, 어휘력, 집중력, 사고력을 키우는 데 도움이 된다.
3. 아이에게 책을 읽어주면 대화를 많이 나눌 수 있고 아이의 생각을 공유하며 부모와 자녀의 관계가 긴밀해진다.
4. 무엇보다 아이들은 책 읽어주기를 좋아한다.

⦂ 듣기는 독서 전 단계

듣기 독서는 책 읽기의 전 단계로 독서의 준비 운동, 기초라고 할 수 있습니다. 듣는 독서는 독자인 아이가 한글을 몰라도 읽을 수 있는 놀라운 시간입니다. 읽어주기의 목적은 책 읽는 즐거움을 알게 합니다. 인간의 능력은 30퍼센트 타고났고, 70퍼센트 만들어졌다고 합니다. 부모님과 선생님이 책을 읽어주면 아이는 독서의 방법을 알게 됩니다.

책을 읽어줄 때는 목적이 있습니다.

'세상에는 재미있는 게 정말 많아. 재미있는 것 중의 하나가 책이야. 책은 재미있구나!'

이런 생각을 들게 하는 것이 목표입니다. 영상, 유튜브, 텔레비전은 수용하는 사람이 적극적으로 행동할 필요가 없습니다. 그냥 수동적으로 받아들이면 되지만 독서는 그렇지 않습니다. 독서는 독자가 책의 세계로 들어가야만 하는 적극적이고 능동적인 활동입니다. 하지만 처음부터 적극적이고 능동적인 독서가 어려우므로 책의 세계로 자녀를 이끄는 첫 길은 듣기 독서, 즉 읽어주는 독서입니다. 책의 내용을 100퍼센트 다 가르치려 하지 말고 책장을 넘기는 재미를 알게 해주세요.

⠿ 아이는 이야기 듣기를 좋아한다

아이는 어른이 책을 읽어주면 듣는 것을 좋아합니다. 다만 책 읽어주는 아빠인 오빌 프레스콧이 이렇게 말했습니다.

"저절로 책을 좋아하게 되는 아이는 없습니다. 누군가는 아이를 매혹적인 이야기의 세계로 끌어들여야 합니다. 누군가는 아이에게 그 길을 가르쳐주어야 합니다."

어른이 책을 읽어주면 싫어하는 아이는 거의 없습니다. 글을 읽지 못해도 이야기의 매력에 빠질 수 있습니다. 책 읽기를 싫어하는 아이도 듣기 독서는 잘합니다. 책 읽는 습관의 시작은 어른들이 읽어주는 독서입니다.

⠿ 부모와 사랑이 샘솟는 교감 시간

엄마는 책 읽어주기를 학습으로 생각하는 경향이 있습니다. 그러나 아이에게 책 읽어주기는 매우 정서적인 시간입니다. 엄마와 스킨십을 하면서 말없이 교감하고 엄마를 독차지합니다. 읽어주는 이야기를 듣다

초등 하루 한 권 책밥 독서법

보면 마음이 노곤해지면서 긴장이 풀리기도 합니다. 책을 읽어주는 동안 부모와 아이는 친밀감이 커지고 심리적으로 안정감을 느낍니다. 책을 읽어주는 시간은 독서습관뿐만 아니라 유대감 형성에도 도움이 됩니다.

책을 처음부터 끝까지 다 읽어줘야 한다는 마음을 버리세요. 그보다 책을 통해서 아이와 스킨십하고 질문하고 답하는 데 집중하세요. 부모는 책을 읽어주는 기계가 아닙니다. 공부를 목적으로 책을 읽어주는 것도 아닙니다. 꼭 책을 처음부터 끝까지 다 읽어야 하고 읽은 내용을 아이가 기억해야 한다는 강박을 버리면 좋겠습니다. 책을 읽다가 중단되어도 좋으니까 엄마와 아이가 책을 매개로 스킨십하고, 이야기하고 정서적으로 교감하는 시간으로 목표를 바꾸면 좋겠습니다.

● 자주 읽어줄수록 아이의 이해력이 높아진다

듣기 독서를 하면 청각이 발달하고 그림을 보면 시각이 발달합니다. 듣기 독서를 통해 독자인 아이는 경청하는 능력을 기릅니다. 먼저 아이가 흥미를 느낄 만한 책을 골라주세요. 흥미로운 책을 읽어주면 다음 이야기가 궁금해서 귀를 쫑긋 세우고 듣습니다. 듣기 독서를 통해서 배경지식도 알게 됩니다. 배경지식은 어떤 글을 읽고 이해하는 데 바탕이 되는 경험과 지식인데요. 지식은 우리가 기존에 알고 있던 지식을 바탕으로 새로운 지식을 쌓아가는 형태로 발전합니다. 내가 직접 겪은 경험은 물론, 책을 통해서 내가 겪지 않은 일까지도 배경지식으로 쌓을 수 있습니다. 이해하지 못해도 일단 끝까지 읽으면 도움이 됩니다. 한번 읽음으로써 어느새 배경지식이 생기기 때문입니다.

아이가 처음부터 책을 통해서 이해력을 기를 수는 없습니다. 이야기를 듣고 이해하는 것이 먼저입니다. 이해는 듣기 독서 다음에 진행되는 읽기의 바탕이 됩니다. 아이는 책을 통해서 일상에서 만날 수 없는 고급어휘나 희귀언어를 만납니다. 어른도 외국어를 공부할 때 문법보다 귀가 열리는 게 먼저라고 합니다. 듣기 독서로 다양한 어휘에 노출되어야 아이가 어휘에 익숙해질 수 있습니다.

아이에게 책을 읽어주다 보면 읽었던 책을 반복해서 읽어달라고 하는 경우가 많습니다. 같은 책을 반복해서 읽으면 어른은 지루하지만 아이는 내용 하나하나를 다 외울 정도로 이해하게 됩니다. 자주 반복해서 들음으로써 언어를 익힐 수 있어요.

핀란드는 아이가 여덟 살이 되기 전에는 글을 가르치지 못하게 법으로 금지합니다. 그런데도 아이들의 읽기 성적은 세계 최고입니다. 책을 많이 읽어주기 때문입니다. 아이에게 자주 읽어줄수록 아이는 더 많은 단어를 듣고 더 많은 단어를 이해합니다. 듣는 어휘는 읽는 어휘, 말하는 어휘, 쓰는 어휘의 기초입니다.

⁝ 책 읽어주는 부모가 책 읽는 아이를 만든다

듣기 독서는 집이나 집 밖에서도 얼마든지 할 수 있습니다. 장소에 구

초등 하루 한 권 책밥 독서법

애를 받지 않습니다. 책을 읽기에 적절하지 않은 시간과 장소는 거의 없습니다. 아이를 유혹하는 스마트폰과 텔레비전을 대신할 놀이 활동이 되기도 합니다. 책 읽는 습관을 기르기 위해서 먼저 스마트폰과 텔레비전을 끄고 책을 읽어주세요.

40년의 역사를 가진 '어린이도서연구회'에서 제안하는 책 읽는 문화를 가꾸는 아홉 가지 약속을 볼까요? 여기서도 첫 번째가 '텔레비전을 끄고 책을 읽어주세요'입니다.

1. 텔레비전을 끄고 책을 읽어주세요.
2. 학급문고를 좋은 책으로 바꿔주세요.
3. 커피타임과 책 읽는 모임을 가지세요.
4. 학교 도서관 자원봉사 활동에 참여해요.
5. 학원을 줄이고 아이가 뒹굴 시간을 주세요.
6. 아이와 함께 도서관에 놀러 가요.
7. 책은 읽을 사람이 보고 골라요.
8. 스마트폰으로부터 아이를 지켜주세요.
9. 동네책방의 단골이 되어 주세요.

책 읽어주는 어른이 책 읽는 아이를 만듭니다.

몇 살부터
읽어줘야 할까?

책 읽어주기는 몇 살부터 시작해서 몇 살까지 해야 할까요? 보통 아이가 글을 읽을 줄 알게 되면 아이 스스로 책을 읽게 하고 책 읽어주기를 중단하는 부모님이 많습니다. 그런데 전문가들은 가능한한 어린 시절부터 책을 읽어주고, 10대 청소년에게도 책을 읽어주라고 권합니다. 왜 책 읽어주기를 아주 어린 시절부터 시작해서 글을 아는 10대 때까지 해야 할까요?

⦂ 책 읽어주기는 태아기부터

책 읽어주기를 가능한한 어린 시절부터 시작하면 쉽고 효과도 좋습니다. 《EBS 퍼펙트 베이비》 제작팀에서 이런 실험을 했습니다. 임신 8개월의 산모에게 동시 한 편을 4주 동안 매일 세 번씩 읽게 했습니다. 그다음 4주 후에는 성우가 읽은 동시를 녹음해서 들려주었습니다. 한번은 엄마와 같은 동시를, 그다음은 다른 동시를 읽어주는 실험을 진행했습니다.

그 결과 태아가 단어나 낯선 소리를 구분하지는 못하지만 익숙한 언어와 낯선 언어의 패턴을 구분했습니다. 엄마가 일상에서 친구나 이웃과 자연스럽게 대화를 할 때 태아는 엄마의 목소리를 듣게 되는데, 이러한 청각 경험은 언어와 관련된 지각 능력을 향상시킵니다.

태어나기 전부터 엄마의 목소리를 들어온 아기는 태어나면서부터 새로운 것을 받아들일 준비가 된 상태라는 겁니다. 그러므로 임신 후기부터 부모가 아이에게 말을 걸어주거나 책을 읽어주면 좋습니다.

⦂ 0세에서 2세 미만 영아기

2세 미만 영아에게 책은 장난감입니다. 2세는 다양한 감각이 발달을 시작하는 나이로, 책의 내용보다 물리적 특성이 더 중요합니다.

문화센터 강의에서 만난 15개월 아이를 둔 엄마가 고민을 토로했습니다. 아이에게 책을 읽어주려고 하면 다른 데 관심을 가져서 제대로 읽어주기가 어렵다고 합니다. 이 시기의 아이는 책이 책이라는 것도 모릅니다. 그래서 책을 장난감으로 인식하면서 갖고 놀도록 해주면 좋습니다. 놀이용 책, 장난감 같은 책으로 시작하는 거죠. 아이가 책을 보기보다 시각적인 자극을 준다고 생각하고 그림이나 사진이 큰 책으로 보여주세요. 누르면 소리가 나는 책이나 천으로 만든 책, 구멍이 뚫린 책, 보드북 등으로 먼저 책과 친해지게 해주세요. 무엇보다 양육자와 애착을 형성해야 하는 시기이니까 부모가 직접 책을 읽어주면 좋습니다.

2세 미만 아이는 책을 보여줘도 입으로 가지고 가거나 장난감처럼 던지거나 잡아당기거나 관심 없는 경우가 더 많습니다. 무엇이든 손에 잡으면 바로 입으로 가져가는 시기이기 때문에 물거나 빨 수 있게 헝겊책이 좋습니다. 부드러운 재질과 소리가 나거나 단순하면서 밝은 색감으로 채워진 넘기기 쉬운 책이나 아이의 시선을 끌 수 있는 책이 좋습니다. 온갖 사물에 관심을 가질 나이이니, 사물의 사진과 사물 이름, 단어가 있는 책을 고르세요. 부모님이 찍은 사진과 프린터기를 이용해서 직접 만들어도 좋습니다.

저희 아이들도 낙서부터 하면서 책과 놀기 시작했습니다. 이런 과정들이 바로 책과 친해지는 첫걸음이 됩니다. 책을 갖고 놀고 빨고 뜯고 하다가 엄마가 읽는 모습을 보고 읽기에 관심을 가지게 됩니다. 그 전까지는 글자 없는 책으로 이야기를 만들어서 들려줘도 좋고 자기 전에 책을 읽어줘도 좋습니다.

돌이 되기 전인 유아가 집중할 수 있는 시간은 고작 2~3분입니다. 제가 아무리 독서법 전문가라도 이 나이대 아이에게는 책을 읽힐 수 없습니다. 그보다 한 번이라도 더 안아주고 말을 걸어주는 애착이 중요합니다. 세상을 탐구하느라 바쁜 아이가 책에 관심을 보이지 않는다고 속상해하지 마세요.

⫶ 3세에서 5세 사이 유아기

태어나서 3세까지는 급속도로 뇌가 발달하는 시기입니다. 만 6세 아동의 뇌는 성인 뇌의 95퍼센트쯤 되는 무게가 나갈 정도로 급성장합니다. 3~5세 아이는 언어자극이 활발해서 언어놀이를 많이 합니다. 어린이가 모국어를 배우기 위해서는 듣는 시간이 얼마나 필요할까요? 3년간 매일 5시간, 즉 5,475시간이나 되니까 아이에게 읽어주기를 많이 하면 좋겠죠?

출판사에서 3~5세 유아기 책을 만들 때 보통 한 쪽에 한 문장이 들어갑니다. '00이 놀아요', '000이 버스를 타요', '00이 치카해요', '00이 응가해요', '00이 어린이집에 가요', '00은 밥 먹기 싫어요' 등 아이의 일상을 주제로 간단한 문장을 기승전결 없이 구성하는 경우가 많습니다. 유아기 아이는 이처럼 일상을 주제로 한 책이나 부모와 관련된 책, 특히 아기 동물과 엄마 동물이 나오는 책을 좋아합니다. 입체적으로 튀어나오는 팝업북이나 플랩북에도 호기심을 가집니다.

만 3세 미만 아이의 집중력은 최대 5분입니다. 내용이 단순하고 문장이 짧고 쉬우며 반복됩니다. 신나고 단순하고 화려한 그림으로 아이의 눈과 귀를 끄는 책, 단순한 구조의 이야기, 의성어와 의태어가 많이 나오는 책을 고르면 좋습니다. 문장이 반복되거나 의성어나 의태어가 많은 책을 여러 번 읽어주면 아이가 자연스럽게 운율을 익히고 외워서 말하기도 합니다.

유아기에는 책을 찢거나 낙서를 하는 아이가 많은데요. 책에 익숙해지는 과정이니 괜찮습니다. 3세 이전 아이는 자주 책을 찢습니다. 3세 이전 아이는 그냥 두고 4세가 넘어가면 설명을 해서 알려주세요. 3세 전의 아이가 낙서를 할 때는 볼펜이나 색연필보다는 연필을 쥐여주면 낙서를 하더라도 책의 내용을 보는 데 문제가 없습니다. 혼내지 말고 책과 친해지는 과정이라고 생각해주세요. 4세가 넘어간다면 책을 찢지 않고 보도록 알려주세요. 책을 찢지 않고 책장을 넘기는 것을 아이 몫으로 남겨야 합니다. 책장을 넘기는 것도 책 읽기에 동참시키는 방법입니다.

4~5세 아이는 상상력이 풍부해지는 시기입니다. 다양한 종류의 그림책을 보여주되 아이의 흥미에 따라 읽어줘야 책의 즐거움을 알게 됩니다. 가끔 엄마들이 아이가 장난감만 가지고 노는 경우에 장난감을 없애고 책만 두면 독서에 도움이 될지 물어봅니다. 저의 대답은 '아니요'입니다. 아이는 놀이를 통해서 성장합니다. 아이가 장난감을 가지고 다양하게, 재미있게 노는 것이 정상입니다.

아이가 장난감을 가지고 놀 때 엄마가 소리 내어 그림 동화책을 재미있게 읽으세요. 아이에게 읽어준다는 마음을 버리고 엄마가 혼자 재미있게 읽는다고 생각하고 읽으세요. 아이가 듣지 않는 것 같지만 다

듣고 있습니다. 만약에 아이가 책 읽는 소리가 싫다고 하면 "너 읽어주는 것이 아니라 엄마가 재미있어서 읽는 거야." 하고 계속 재미있게 읽으세요. 아이가 장난감으로 노는 시간에 엄마는 하루 한 권만이라도 책을 읽으세요. 아이가 관심을 보이지 않아도 엄마가 읽는 소리를 듣는 것만으로도 도움이 됩니다.

4~5세 아이는 단순한 이야기를 들으면 다시 말할 수 있습니다. 이야기 전체가 아니라 특정 부분만 반복적으로 말합니다. 따라서 반복이 많은 책이 좋고 좋아하는 책을 계속해서 읽어도 좋습니다. 5분 동안은 조용히 책을 읽을 수 있으니 독서 시간은 5분 내외로 하고 책을 읽는 순서를 알려주세요. 왼쪽에서 오른쪽으로, 위에서 아래로 글자를 가리키면서 읽어주면 좋습니다.

4~5세가 되면 아이의 활동량이 많아집니다. 집 안에서 하는 활동보다 밖에서 뛰어노는 것을 더 좋아하게 되는데요. 4~5세 아이라면 집에서 책을 읽기보다 밖에서 뛰어놀려고 하는 게 더 정상적인 발달이라고 생각합니다. 아이에게 책을 읽으라고 하면서 외부 활동을 제한하지는 말아주세요. 낮에는 실컷 뛰어놀게 하고, 신나게 놀다가 하루 한 권만 쉬는 시간에, 또는 자기 전에 읽어주는 것만으로 충분합니다. 아이와 몇 권을, 몇 분간, 언제 읽고 싶은지 이야기를 해보세요. 신나게 놀다가 약속한 시간만큼만 책을 손에서 놓지 않도록 해줘도 좋습니다.

⦂ 6세에서 7세 사이 학령전기

6~7세가 되면 집중력과 관련 있는 '이마엽'이 발달하여 최고 30분까지 집중할 수 있습니다. 6세에서 7세 아동은 글자를 띄엄띄엄 부분적으로 알기 때문에 책을 읽다가 아는 글자가 나오면 아는 척을 합니다. 따라서 책의 내용과 그림이 최대한 일치하는 책을 고르는 것이 좋습니다. 부분적으로 아는 글자가 나오고 그림과 글이 일치하면 아이가 내용을 이해하기에 좋기 때문입니다.

6~7세 아이는 좋고 싫음을 분명하게 표현하고 규칙이 무엇인지 인지하고 지킬 수 있습니다. 이때는 아이와 부모가 함께 약속을 정해서 책을 읽으면 좋습니다. 하루에 한 권을 언제 읽고, 책은 어떻게 고르고, 자기 전에 책 읽기 시간은 어떻게 할지 아이와 함께 정하고 지키도록 노력해주세요.

6~7세용 책은 보통 한 쪽에 3~5줄 내외의 글이 담깁니다. 6~7세 아이에게 추천하는 책은 할아버지, 할머니가 들려줄 만한 옛날이야기(전래동화, 신화, 생활 동화, 노래로 배운 동시집)입니다. 이 시기의 아이용 그림책은 보통 500~900단어로 구성됩니다. 아이는 이야기의 상황에 따른 순서를 이해하고 어떤 일이 일어날 것인지, 일어나지 않을 지 예측할 수 있습니다. 주요 등장인물이 누구인지 파악하고 배경을 이해하기도 합니다. 이야기가 픽션인지 논픽션인지를 이해할 수 있고 이전보다 다양한 책을 선택합니다. 1회 10~15분 정도 책을 읽을 수 있습니다.

6~7세 아동은 글자를 읽을 줄 알아도 뜻을 정확히 이해하는 문해

력은 약합니다. 첫째 아이가 한글을 일찍 배워서 글을 잘 읽었습니다. 하지만 6살 때 음식점을 가서 벽에 붙은 '물은 셀프(SELF)입니다'를 보더니 "엄마, 물이 영어로 셀프야?"라고 물었습니다. 아이는 '물은 셀프입니다'라는 글은 읽을 줄 알지만 '물은 스스로 가져다 드세요'라는 뜻임을 모를 수 있습니다.

따라서 한글을 읽을 줄 알아도 어른이 책을 읽어주면 독서력 향상에 더 도움이 됩니다. 『완벽한 공부법』에서도 아이가 글을 읽을 줄 알아도 7세 전까지는 부모가 많이 읽어주는 것이 좋다고 말합니다.

⦂ 초등학생에게 하루 한 번 책 읽어주기

글을 읽을 줄 아는 초등학생에게도 부모님이 책을 읽어주는 것이 좋은데요. 우리나라는 빠르면 세 살부터, 늦어도 일곱 살까지 한글을 떼고 학교를 가야 한다고 생각하고 한글을 빨리 가르치는 경향이 있습니다.

영국의 읽기 연구자인 우샤 고스와미의 연구에 따르면 읽기를 늦게 가르치는 나라에는 읽기로 문제를 겪는 아이가 적었다고 합니다. 다시 말해서 초등학교 1학년에 읽기를 시작한 아이가 그보다 1년 일찍 시작한 아이보다 읽기를 쉽게 배웠다고 하는데요. 글을 읽을 줄 아는 초등학생에게도 하루에 한 번, 또는 자기 전에 부모님이 소리 내어 책을 읽어주면 좋습니다. 듣기 독서에서부터 유창한 읽기가 시작됩니다. 많이 들어본 아이가 읽기를 잘하고 말하기와 쓰기도 잘합니다.

제이 기드 박사의 연구에 따르면 태어나서 3세까지 두뇌 발달이 폭발적으로 이루어집니다. 그리고 10대 사춘기를 정점으로 다시 한번 생후 3년에 버금갈 정도로 두뇌 회로가 급속도로 재편이 된다고 합니다. 대뇌 피질이 두꺼워지면 신경세포의 연결망이 그만큼 복잡해진다는 뜻입니다. 대뇌 피질이 가장 복잡하고 두꺼워지는 시기가 여아 만 11세, 남아 만 12.5세입니다. 우리나라 학년으로 보면 여자아이는 초등학교 5학년, 남자아이는 초등학교 6학년부터 중학교 1학년 사이에 두뇌가 재도약합니다.

대부분의 초등학생이 책을 읽을 줄 알아도 부모님이 읽어주면 싫어하지 않습니다. 스스로 읽기보다 편하고 심리적으로도 편안한 시간이 되기 때문입니다. 그래서 아동심리학자들도 초등학생 때까지는 부모님이 책을 읽어주면 아이의 정서에 좋으니, 충분히 읽어주라고 추천합니다.

아이가 초등학교 저학년인데도 부모님이 책 읽어주는 것을 싫어한다고요? 부모님이 책을 읽어주는 태도를 돌아볼 필요가 있습니다. 또 아이가 흥미를 가질 만한 책을 골랐나요? 책을 읽어주기 전에 혼내지는 않았는지요? 읽는 도중에 집중하지 않는다고 잔소리를 하지는 않았나요? 다 읽고 나서 책에 대해서 캐묻지 않았나요? 너무 오래 읽어서 지루해지지 않았는지요?

아이가 흥미를 가질 만한 책을 골라서, 아이가 기분 좋은 시간대에, 아이가 잘 듣지 않아도 엄마 스스로 신나게 읽으세요. 그리고 다 읽고 나서는 아이에게 내용을 물어보지 않도록 해주세요. 너무 길게 읽지 말고 흥미를 가질 정도의 분량만 읽어주세요.

⁝ 대화를 잇는 청소년기 책 읽어주기

『하루 15분 책 읽어주기의 힘』을 쓴 저자인 짐 트렐리즈는 아이가 배 속에 있을 때부터 만 14세가 될 때까지 하루 15분씩 책을 읽어주라고 권합니다. 중고교생에게도 읽어주기는 유효합니다.

아동심리학자 피아제는 어린이들은 8세 이전에 성인 뇌의 80퍼센트까지 자란다고 말했고, 미국 교육심리학자이자 시카코대학교 교육학과 교수인 벤저민 S. 블룸은 4세 이전에 지능의 50퍼센트, 8세까지 75퍼센트, 17세까지 나머지 20퍼센트가 확정된다고 말했습니다.

제가 아는 어느 중학생 엄마는 아이가 중학교 2학년인데도 자기 전에 책을 한 장씩 읽어줍니다. 청소년용 책이 아니라 엄마가 읽은 베스트셀러 중에서 좋은 글귀 한 장이나 목차 한 개만 읽는다고 해요. 밤마다 짧은 글을 읽어주는 이유는 사춘기가 온 아이와 유일하게 얼굴을 볼 수 있는 시간이 자기 전에 책을 읽어주는 시간이기 때문이라고 합니다. 아이와 대화의 끈을 놓지 않기 위해서 어려서부터 시작한 자기 전 책 읽어주기를 중단하지 않았고 아이가 중학생인 지금도 하고 있다고 합니다. 그분은 아이가 성인이 되기 전까지 앞으로도 계속하고 싶다고 해요.

저는 이 엄마가 참 현명한 분이라는 생각이 듭니다. 사춘기가 온 아이는 온 세상을 자신의 적으로 생각하고 날카롭게 가시를 세웁니다. 친구들의 말은 100퍼센트 신뢰하면서 그동안 믿고 따랐던 부모님을 제일 큰 적으로 생각하며 마음을 닫아버려요. 아이는 부모의 말이라면 반대로 하기로 작정한 사람처럼 귀와 마음을 닫습니다. 머리로는 옳다고 생각하면서도 가슴을 닫는데요. 부모의 말이 아닌 제삼자인 작가를 통해서 듣는 말이 아이의 마음에 더 잘 전해질 수 있습니다.

10대 청소년에게는 책만 읽어주지 마세요. 책이 아니어도 좋으니까 잡지, 신문, 시집에서 고른 좋은 글이나 칼럼 한 편, 인문고전 한 쪽을 읽어도 좋고 그림 동화책을 읽어줘도 됩니다. 선생님들이 모여서 발간한 『학교도서관저널』을 보면 중학생, 고등학생과도 유아용 그림 동화책을 읽고 토론 수업을 합니다. 처음에는 유치하고 시시하다고 하던 청소년들이 그림 동화책을 읽으면서 오히려 깊이 있는 주제를 읽어냅니다. 어렵고 지루한 책이 아니라 쉬운 책을 가볍게 읽어주셔도 됩니다.

미국 교육부의 재정 지원을 받은 '책 읽는 국가 만들기 프로젝트'에서는 아이의 읽기 능력을 키우는 최선의 방법 두 가지를 제안합니다. 아이의 읽기 능력을 키우는 첫 번째 방법은 어릴 때부터 소리 내어 책을 읽어주기입니다. 두 번째는 이를 전 학년 동안 지속합니다. 아이가 어릴 때 책을 읽어주다가 초등학교 시절에는 읽어주지 않고 갑자기 중고교생에게 책을 읽어주면 아이가 이상하게 생각하겠죠? 그래서 가능하면 어려서부터 초등학교, 중학교, 고등학교까지 책 읽어주기를 지속하면 좋습니다.

혹시 책 읽기를 중단했다가 다시 시작하려는 부모님은 유의할 사항이 있습니다. 일부러 책을 읽어주는 시간을 만들거나 자기 전에 읽어주기는 어려울 수 있으니, 아이가 밥을 먹을 때나 간식 시간 등 자투리 시간을 활용하면 좋습니다. 신문 칼럼이나 부모님이 읽은 책에서 마음에 드는 부분을 A4 한 장 분량으로 읽어주세요. 처음에는 낯설어하지만 곧 듣기 독서에 익숙해질 거예요.

책 읽어주는 방법
– 기본편

⦂ 시간

책 읽어주는 시간은 언제가 가장 좋을까요? 아이와 내가 편안한 시간이 언제인지 찾아보세요. 자기 전이 가장 편안하다면 자기 전에, 아침밥을 먹고 난 후가 편안하면 그 시간에, 놀이를 끝낸 후가 편안하다면 놀이를 끝낸 후에, 언제든 좋으니 책 읽기 편안한 시간을 찾아서 읽어주세요.

책 읽어주는 엄마들에게 물어보니 아침에 아이가 눈을 뜨자마자 읽어주기도 하고, 아침을 먹고 나서 아이가 기분이 좋을 때 읽어주고, 응가 누고 나서 읽어주기도 하고, 목욕을 끝내거나, 혹은 낮잠 자기 전이나 잠들 때, 저녁 먹고 나서나, 잠자리에 누워서 자기 전 등 다양한 시간에 책을 읽어준다고 합니다. 차를 타고 이동하는 시간에 읽어주기도 합니다. 흔히 '책을 읽을 수 없는 시간과 장소는 거의 없다'라고 하는데 그 말이 맞아요. 어느 시간에 읽어줘도 괜찮지만, 아이가 책 읽어주는 시간을 기다리도록 미리 시간을 정하면 좋습니다.

⁝ 속도

책을 읽어줄 때는 너무 빨리 읽지 않도록 주의해주세요. 아이는 글을 잘 모르기 때문에 처음에는 그림을 살피면서 내용을 파악하려고 노력합니다. 이럴 때 부모님이 글자만 읽고 휙 넘겨버리면 아이는 내용을 이해하지 못하고 그림만 읽고 넘어갈 수 있습니다.

특히 그림 동화책은 글자만 읽는 책이 아니라 그림과 글을 함께 보도록 만들어진 책입니다. 부모님이 글자를 다 읽어도 아이가 아직 그림을 보고 있다면 기다려주세요. 천천히 읽어주고 아이의 눈 속도에 맞춰서 책장을 넘기세요. 4세 이상이라면 아이가 책장을 넘기도록 해주세요. 본인이 다음 장을 읽고 싶을 때 책장을 넘기게요.

⁝ 빈도

매일 저녁 퇴근하고 책까지 읽어주려면 너무 힘들지 않은가요? 부모님이나 아이가 힘들고 피곤한 날은 서로의 정신 건강을 위해 책 읽어주기를 생략해도 좋습니다. 읽어주는 사람이나 듣는 사람 모두 기분이 좋고 편안한 상태에서 책을 읽어야 즐겁습니다.

저도 맞벌이를 하니 유달리 피곤하고 힘든 날이 있습니다. 이런 날 아이가 책을 읽어달라고 하면 기특하고 예뻐 보이기보다 짜증이 나요. 책을 억지로 읽어도 기분이 좋지 않고 아이가 제대로 듣지 않으면 아이에게 화가 나죠. 꼭 매일 읽어줘야 한다는 부담감을 느끼지 말고 엄마나 아이가 너무 피곤하거나 힘든 날은 읽지 않아도 됩니다. 차라리 그런 날은 아이를 꼭 안아주면서, "엄마가 오늘은 너무 피곤해서 책을 못 읽어줄 것 같은데, 오늘은 꼭 안아주기만 해도 될까?" 하고 사전에 양해를 구합니다.

저는 책을 매일 읽어주기 힘들어서 주 1~2회만 했습니다. 얇은 그림 동화책 한 권이나 많으면 2~3권으로 1회에 5분~10분 정도만 읽었습니다. 책 읽어주는 빈도가 일정하지 못한 경우가 많죠? 일주일 동안 매일 읽어주다가, 아예 중단했다가 주말에 몰아서 읽어주는 경우가 있을 거예요. 반드시 매일 읽어야 한다는 부담을 줄이면 좋겠어요.

부모의 독서도 마찬가지입니다. 주중에 바빠서 못 읽으면 주말에 많이 읽으면 되고, 아이를 챙기느라 읽지 못하면 아이가 개학하고 더 읽으면 됩니다. 월말이나 분기 마감으로 회사 일이 바쁘면 그 외 시간에 더 읽으면 됩니다.

혹시 매일 집안일을 하느라 책 읽어주는 타이밍을 놓치면 알람 맞취놓길 권합니다. 알람이 울리면 하던 일을 멈추고 아이에게 책을 읽어주고 다시 집안일을 한다고 스스로 규칙을 정하세요.

체력이 약해서 매일 꾸준히 읽기 어려우면 주말에 읽어주셔도 됩니다. 책을 한 번에 여러 권을 많이 읽어줘야 한다는 부담이 있나요? 엄마가 힘들어서 한 권만 읽어준다고 아이에게 말하면 아이도 엄마를 이해합니다.

저는 평일에 책을 읽어줄 때 일부러 녹음한 적이 있어요. 너무 힘든 날 아이가 책을 읽어달라고 하면 전에 녹음했던 파일을 다시 틀어줍니다. 엄마 목소리가 나오고 중간마다 자기 목소리가 나오니까 더 집중해서 잘 듣습니다.

양육에서 아이와 같이 있는 시간의 양보다 질이 중요하다고 하죠. 책도 많은 양을 힘들게 매일 읽기보다 한 번 읽을 때 재미있게, 즐겁게 읽어서 또 읽고 싶은 마음이 들도록 하면 좋습니다.

⦂ 어떤 책을 읽어줘야 할까?

어떤 책을 읽어줘야 하는지는 정해져 있지 않습니다. 아이의 흥미를 끌 만한 책이면 됩니다. 다만 어떤 책이든 아이에게 실제로 읽어주기 전에 미리 한 번 훑어보세요. 모든 책이 읽어주기 적절한 것은 아닙니다. 아이가 이 이야기에 관심을 가질지, 아닐지 가늠해보고 내용이 복잡하거나 너무 단조로운 이야기는 피해주세요. 아이가 집중하기 어렵거든요.

혹시 미리 훑어보지 못하고 책을 읽어줬는데 적절하지 않다는 생각이 든다면 중단해도 됩니다. 우리가 책을 읽다가 읽기 싫으면 중단하듯 읽어주던 책도 아니다 싶으면 얼마든지 중단해도 됩니다.

독서습관을 붙여주는 시기에 욕심을 부린 나머지 아이가 읽기 싫어하는 책이나 어려운 책을 읽는 경우가 있습니다. 이렇게 하면 아이가 책의 세계로 들어가는 것을 아예 막아버리게 됩니다. 읽어주는 책은 쉽게 읽히는 책으로 고르세요. 항상 즐겁게 읽고 조금 아쉬울 때 독서를 마칠 수 있도록 가벼운 읽을거리가 좋습니다. 처음부터 무리하면 반드시 실패합니다.

처음 시작할 때는 아이가 흥미롭게 들을 것 같은 책으로만 선택하세요. 아이가 매일 같은 책을 원하면 매일 같은 책만 읽어도 됩니다. 부모로서는 지겨울 수 있지만 아이는 아직도 충분히 읽지 못해서 같은 책을 계속 읽는 거니까요. 100번이든, 200번이든 반복해서 아이가 원하는 책을 읽어주세요.

아이가 글을 깨친 이후에는 스스로 읽기와 듣기 독서를 병행할 수 있습니다. 이때부터는 균형 독서를 시도해도 좋습니다. 아이가 스스로 읽을 수 있으면 아이가 고른 한 권과 부모가 읽어주고 싶은 한 권을 골고루 섞어서 읽어주세요. 또는 재미있는 책과 재미없을 듯한 책을 한 번씩, 문학과 비문학을 번갈아서 한 번씩, 주제와 길이가 다른 책을 번갈아서 읽어주면 균형 독서가 가능합니다.

자기 전에는 지나치게 길고 지루한 이야기나 어려운 책보다 사랑을

초등 하루 한 권 책밥 독서법

담은 잔잔한 이야기가 좋습니다. 가족, 자연을 주제로 긍정적이고 따뜻한 감성이 담긴 책이나, 아이가 좋아하는 책으로 편안하고 재미있게 들을 수 있는 책을 고르세요.

자기 전에 독서를 너무 길게 하면 오히려 숙면에 방해가 될 수 있습니다. 자기 전에는 15분 이내로 짧은 책 한 권이나, 두꺼운 책의 일정 부분만 읽어주세요. 매일 저녁 이어서 읽어주면 아이가 독서를 기다리게 만들 수 있습니다.

◦ 책의 두께

읽어줄 책을 고르다 보면 두께를 먼저 생각하게 됩니다. 책은 가볍고 얇은 책이 좋습니다. 아이가 두꺼운 책을 읽어달라고 해서 힘들다고 토로하는 엄마가 있는데요. 아이가 정말 두꺼운 책을 읽고 싶은지, 아니면 자기 싫어서 그러는지 구분할 필요가 있습니다.

읽어줄 책의 분량은 15분 이내로 끝나야 읽어주는 사람이 지치지 않습니다. 15분 이내로 읽을 수 있는 가볍고 얇은 책을 고르되, 두꺼운 책을 읽어주기로 한 날은 여러 날에 걸쳐서 조금씩 나눠 읽어주세요.

유대인 엄마는 일부러 자기 전에는 책을 쪼개서 읽어준다고 합니다. 마치 아라비안나이트에 나오는 세헤라자데라가 들려주는 1001 밤의 이야기, 천일야화처럼 매일 다음 날을 궁금하게 만드는 거예요. 이렇게 하면 자면서 뒷이야기를 상상할 수 있다고 합니다.

여러분도 두꺼운 책을 읽어줄 때는 일부러 쪼개서 읽어주세요. 읽다가 멈추는 시점은 이야기가 전환되거나 클라이맥스를 앞둔 대목이 좋습니다. 이렇게 하면 아이가 책 읽어주기를 기다리고 자면서 상상의 나래를 펼치게 됩니다.

● 방법

책을 읽어줄 때는 오디오북처럼 소리를 내어 읽어줘도 됩니다. 꼭 동화구연하듯 읽어줄 필요는 없습니다. 저는 예전에 라디오 방송에 출연한 적이 있는데요. 진행자인 MC분이 아이에게 책을 재미있게 읽어주기가 힘들다고 했습니다. 말을 잘하는 MC도 책을 읽기에 부담을 느낀다는 뜻이겠지요? 가끔은 동화 구연하듯 읽어도 되지만 매번 그렇게 읽어줄 필요는 없습니다.

동화 구연으로 읽다 보면 읽어주는 이의 해석이 들어갑니다. 우리가 같은 책을 읽어도 어떤 사람은 슬픔을 느끼고 어떤 사람은 사랑을 느낍니다. 책의 구절마다 사람은 느끼는 감정이 다 다릅니다. 아이가 등장인물의 감정을 느끼고 해석할 수 있도록 담담하게 읽어주세요. 동화 구연은 아이가 해석할 여지를 없앨 수 있습니다. 책을 읽을 때 각자 역할을 맡아서 대사는 자녀가 읽고 서술형 문장만 부모가 읽는 방법도 있습니다. 그러면 아이는 자기 차례가 언제인지 궁금해 더 집중해서 듣습니다.

전래동화에는 요즘엔 없는 직업이나 사용하지 않는 단어가 나올 때가 있습니다. 그래서 옛날 말을 현대어로 바꿔서 읽어주는 경우가 있는데요. 책을 읽어줄 때 책에 나오는 단어 그대로 읽어주고 아이가 그림을 살피는 동안 해석해서 다시 한번 읽어주면 좋습니다.

예를 들어서 '호랑이가 담배 피우던 시절에 산신령이 살았습니다.'라고 책에 쓰인 그대로 읽어주세요. 그런 다음에 이렇게 해석해줍니다.

"아주, 아주 먼 옛날에는 호랑이가 사람처럼 담배를 피우던 시절이 있었대. 진짜 옛날 이야기인가 보다."

이렇게 대화체로 다시 한번 해석해주면 책의 내용을 이해하는 데 도움이 됩니다.

처음부터 대화체로만 알려주면 책으로 문제를 느낄 수 없습니다. 예를 들어서 책에 쓰인 '호랑이가 담배 피우던 시절'이라는 말과 현대식으로 해석한 '아주, 아주 먼 옛날'은 같은 뜻이지만 원어의 의미를 100퍼센트 살린 표현이 아닙니다. 그래서 처음에는 책에 쓰인 그대로 읽어주고 다시 한번 해석해서 읽어주면 좋습니다. 적당히 모르는 말이 있는 편이 아이에게 좋은 말 자극이 됩니다.

⦂ 순서

읽기는 아이가 들을 준비가 된 후에 시작하세요. 앞부분 이야기를 모르고 넘어가면 뒷이야기를 집중해서 듣기 어렵습니다.

또 책을 읽어줄 때는 본문만 읽지 말고 책 제목을 먼저 읽어주세요. 책의 표지나 뒷면에 저자나 삽화가의 소개가 있다면 같이 읽어주세요. 작가를 소개하면 아이가 책의 내용을 이해하는 데 도움이 됩니다. 출판사 이름도 읽어주세요. 책을 많이 읽어주면 아이마다 좋아하는 출판사가 있습니다. 아이가 좋아했던 책을 낸 출판사의 책이라면 그 책에 흥미를 느끼겠죠?

목차가 있다면 목차도 읽어주고 오늘은 어디까지 읽을 예정인지 알려주세요. 앞뒤 표지를 읽고 나서 제목과 표지만 보고 무슨 이야기일지 맞춰보면 흥미를 유발하는 데도 좋습니다. 본문의 글자를 읽어주고 그림에 대한 해석은 아이에게 물어보세요. 아직 말을 하지 못하는 아이에게는 그림도 읽어주세요. 뒤표지까지 보고 나면 책을 덮고 책에 대한 느낌을 아이에게 물어봐도 좋습니다.

⋮ 누가 읽어주면 좋을까?

책은 누가 읽어주는 것이 좋을까요? 워킹맘은 독서지도를 위한 시간과 체력이 부족해서 책을 읽어주지 못한다고 죄책감을 가집니다. 그러나 책은 꼭 엄마만 읽어줘야 하는 게 아닙니다. 혹시 양육자가 할머니나 선생님이라면 다른 어른들이 읽어줘도 좋습니다. 양육자가 엄마와 아빠라면 하루는 엄마, 또 하루는 아빠가 번갈아 읽어줘도 됩니다.

최근 양육에서 아빠의 역할이 점점 강조되고 있습니다. 메리 미커의 연구에 따르면 부모가 아이와 보내는 시간이 증가하고 있고 특히 아버지와 보내는 시간이 40년 전보다 3배 증가했다고 합니다. 아빠가 육아에 참여하면 아이가 행복해진다는 연구 결과가 많습니다.

남자아이면 엄마가 아닌 아빠가 책을 읽어주면 더 좋습니다. 아빠와 엄마의 뇌 구조가 달라서 아빠는 체계적이고 논리적이지만, 엄마는 감성적이고 언어적이라서 같은 책이라도 다르게 읽습니다. 전문가들은 책은 엄마가 아닌 아빠가 읽어주는 게 더 좋다고 말합니다. 2016년 조선일보 기사*에 따르면, 2015년 하버드대 연구팀은 미국 저소득층 가정 약 430가구를 대상으로 조사를 했습니다. 엄마가 책을 읽어주는 가정과 아빠가 책을 읽어주는 가정으로 나눠 책 읽어주기와 이해력, 어휘력, 인지발달 간 상관관계를 조사하니 '책 읽어주기' 효과는 아빠 쪽이 높았습니다. 예컨대 만 2세 때 아빠가 책을 읽어준 아이는 어휘 발달 테스트에서 높은 점수를 받았는데, 엄마가 책을 읽어준 경우에는 아이 성적이 그만큼 오르지 않았습니다.

또 아빠가 책을 많이 읽어준 아이는 지식, 유아 언어, 인지발달 면에서도 모두 높은 점수를 받았지만, 엄마가 책을 읽어준 아이는 인지발달에만 일부 영향이 있었을 뿐 나머지 부분에서는 큰 상관관계가 없었습니다. 연구팀은 아빠와 엄마의 '책 읽어주기 방식'에 중대한 차이가 있기 때문에 이런 결과 차이가 나왔다고 주장했습니다. 예를 들어 엄마는 아이한테 책을 읽어줄 때 내용과 그림에 관한 사실적 질문에 집중했지만, 아빠는 관련된 아이들의 경험이나 기억을 얘기해 아이 뇌를 자극하는 질문을 던졌습니다.

2004년 영국 옥스퍼드대 연구팀이 만 7세 아동 3,300여명을 추적 조사한 연구도 유사합니다. 아빠가 책을 읽어준 7세 아이들은 학교에서 읽기 성적이 높았고, 성인기에 정서적인 문제를 겪을 확률도 낮았으며, 만 20세까지 학교를 잘 다닐 확률이 높았습니다. 또 2013년 연세대 연구팀에서도 유사한 결과가 나왔는데 "국내 만 2세 영아에게 그림책을 읽어줬더니 아동의 표현 어휘가 엄마가 읽어줄 경우는 상관관계가 없었지만, 아빠가 읽어줬을 때는 어휘가 많이 늘어나는 것으로 나타났다"라고 밝혔습니다. 또 아버지가 책을 즐기는 가정의 남자아이는 그렇지 않은 가정의 아이보다 책을 많이 읽고 성적이 높았습니다. 남자아이가 여자아이보다 읽기를 잘하지 못하는 이유는 아빠가 책을 안 읽기 때문은 아닐까요? 아빠에게 책을 읽어줄 기회를 주세요. 혹시 아빠도 잘할 수 있는데 책 읽어줄 기회를 막고 있는 게 아닌지 생각해보세요. 아빠만이 해줄 수 있는 육아가 따로 있습니다.

나이 차이가 나는 형제라면 큰 아이가 동생에게 책을 읽어줘도 됩니다. 저는 첫째와 둘째가 세 살 차이여서 첫째가 동생에게 책을 읽어주도록 했습니다. 첫째가 엄마 대신 책을 읽어줬을 때 적절한 칭찬과 보상을 해주는 것도 잊지 마세요.

또 학습지 선생님을 통해서 읽기를 대신해도 됩니다. 가정방문 학습지 중에 북클럽이 있는데요. 일주일에 한 번 30분 정도 선생님이 방문해서 책을 읽어줍니다. 매월 일정한 금액을 내면 매주 책 한 권을 새로 가지고 와서 읽어주고, 스티커 붙이기 같은 책놀이 활동을 하고 갑니다. 매달 책 네 권이 생기고 읽어주기까지 하니까 저처럼 피곤한 엄마에게는 좋습니다. 부모가 직접 읽어줄 때보다 효과는 적지만, 스마트 펜이나 동화구연 CD나 스마트북으로 읽어주는 방법도 있습니다.

팟빵이나 오디오 클럽을 활용하는 방법도 있습니다. 팟빵에는 유명 연예인이 문학책 100권을 낭독한 오디오북이 있습니다. 네이버 오디오 클럽에서도 민음사, 황금가지 등 유명한 출판사 10여 곳과 협업해서 오디오 콘텐츠를 제공합니다. 네이버 오디오북은 인공지능 스피커와 연동이 되어 "샐리야, 동화 읽어줘"라고 음성 명령을 내리면 인공지능 스피커를 통해서 재생됩니다.

책 읽어주는 방법
- 응용편

: 고민 1. 아이가 계속 질문을 해요

책을 읽다 보면 아이가 계속 질문을 하는 경우가 있습니다. 이럴 때는 중단하고 설명을 하고 넘어가야 할지, 끝까지 읽어야 할지 고민이죠? 저는 아이의 질문에 따라서 선택합니다. 질문이 책 속의 핵심 단어와 같이 반드시 설명을 해줘야 하는 경우엔 설명을 합니다. 하지만 책의 내용과 상관없는 질문으로 흐름이 끊기지 않도록 끝까지 읽어주고 대답합니다.

보통 아이가 질문을 해도 처음에는 끝까지 쭉 읽어주기를 권합니다. 책을 끝까지 읽고 나면 특정 단어의 뜻을 정확히는 몰라도 대충 유추해서 저절로 이해되는 부분이 있기 때문입니다. 일일이 부모님이 다 해석하기보다 아이가 깨달음을 얻을 기회를 주면 좋겠습니다.

책을 한 번 다 읽어준 후, 처음부터 다시 읽어주면서 모르는 단어나 그림에 대해 다시 한번 이야기하며 천천히 묻고 답하면 좋습니다. 서로 다른 방식으로 책을 읽어주는 그룹을 비교해본 결과도 이와 같습니다. 설명하면서 읽어준 그룹이 읽어주기의 효과가 가장 좋았습니다. A그룹은 설명을 곁들이며 읽어주었고, B그룹은 설명 없이 읽어주었습니다. 마지막 C그룹은 읽어주지 않으면서 7일간 3회에 걸쳐 테스트했습니다. 예비 테스트와 사후 테스트, 3개월 뒤 시행한 테스트에서 설명을 곁들이며 읽어준 A그룹은 독서 능력이 39.9퍼센트 향상됐고 설명 없이 읽어주기를 한 B그룹은 14.8퍼센트, 그리고 안 읽어준 C그룹은 2퍼센트의 변화를 보였습니다.

책을 읽어주다가 질문이 나오면 나중에 답을 해주기로 할 때가 많습니다. 이럴 때는 책을 다 읽은 다음에는 꼭 질문 시간을 갖고 답을 해줘야 합니다. 책을 읽고 나서 질문이 생기는 현상은 바람직합니다. 아이의 호기심을 꺾지 않도록 책을 다 읽은 후에 꼭 답해주세요.

⁝ 고민 2. 책을 읽어주는데 잘 듣지 않아요

아이가 처음부터 잘 듣기는 어렵습니다. 아이가 책 읽어주는 것을 듣기 싫어하거나 조용히 듣지 못하는 경우에는 먼저 심리적, 신체적 문제가 없는지 살펴주세요. 어디 몸이 아프거나 졸리거나 걱정되는 일이 있으면 아이가 이야기를 집중해서 듣기 어렵습니다. 그런 경우가 아니라면 대부분의 아이는 듣기 독서에 많이 참여할수록 듣는 태도가 점점 좋아집니다.

심리적인 문제가 없지만 잘 듣지 않는 경우는 읽어주는 책이 재미없는지 생각해봐야 합니다. 아이의 흥미와 동떨어진 이야기이거나 지루하고 관심이 없는 주제라면 흥미를 불러일으키기 어려울 수 있습니다. 만약 책 자체가 아이의 흥미를 끌지 못한다면 읽어주는 사람이 아무리 노력해도 관심을 끌기 어렵습니다. 읽어주다가 아이가 계속 집중하지 않으면 원래 읽던 책은 그만 읽고 다른 책으로 바꿔 읽어주세요.

이는 또 책을 읽어주는 환경의 문제일 수도 있습니다. 아이의 주의력을 뺏어가는 무언가가 있으면 아이가 책에 집중하기 어렵습니다. 큰 소음이 들리거나 오가는 사람이 없도록 편안하고 안정된 환경에서 책을 읽어주세요.

⁞ 고민 3. 한글을 모르는 아이에게 읽어주기가 귀찮아요!

아이가 책을 읽어달라고 하는데 부모가 너무 피곤하고 힘들 수 있습니다. 아이가 책을 하루빨리 스스로 읽게 하고 싶다면 한글을 서둘러 가르치는 것도 방법일 수 있습니다. 모든 교육은 아이의 흥미와 관심을 유도하는 게 좋다고 생각합니다.

초등 하루 한 권 책밥 독서법

저도 첫째는 어릴 때부터 책 읽기에 관심을 가져서 만 3세 이전에 한글 공부를 시켰습니다. 아이 스스로 관심을 보여서 만 4세 전에 한글을 뗐습니다. 그런데 둘째는 책에 별로 관심이 없어서 7세가 돼서야 한글을 가르쳤습니다.

아이가 글자와 책에 관심을 가지고 스스로 읽기를 원한다면 한글을 가르쳐도 좋습니다. 혼자 읽을 줄 아는 시기를 앞당기는 것도 독서를 지도하는 방법이라고 생각합니다. 다만 아이가 글을 읽을 줄 알아도 7세 전까지는 책을 많이 읽어주는 게 중요합니다. 정기적으로 책을 읽어주는 걸 잊지 마세요.

⫶ 고민 4. 형제나 자매인 경우

아이가 여러 명이면 한번에 책을 읽어줄 때 책을 선정하기 어렵습니다. 첫째에게 수준을 맞추자니 둘째에게 너무 어려운 책 일 것 같고 둘째에게 맞추자니 첫째에게 너무 시시한 책이 될 것 같습니다. 이럴 때 부모님은 어떻게 해야 할지 몰라 하는데요. 형제자매가 있는 경우는 터울이 세 살 이상인 경우와 세 살 이내인 경우로 나눠서 생각하세요. 읽어주는 독서는 아이 나이보다 세 살을 높게 잡아도 이해가 되기 때문입니다.

아이 스스로 읽는 책은 나이보다 쉬운 책으로 읽게 하고, 읽어주는 책은 조금 어려운 책도 가능합니다. 이게 바로 읽어주기 독서의 매력입니다. 세 살 이내의 터울은 같은 책을 읽어줘도 이해가 되고 세 살 이상의 터울은 따로 읽어주세요.

예를 들어서 아이가 10세, 7세, 4세라면 10세와 7세에게 함께 읽어줄 때는 7~10세 사이의 책을 골라도 됩니다. 7세와 4세에게 읽어줄 때는 4~7세 사이의 책으로 고릅니다. 만약 10세와 4세에게 책을 읽어줘야 한다면 세 살 이상 나이 차이가 나기 때문에 책을 각각 따로 읽어주세요. 아니면 한 번은 첫째에게 책을 고르게 해서 읽어주고 또 한 번은 둘째를 기준으로 책을 읽어주는 등 한 번씩 번갈아가며 읽어주는 방법도 있습니다. 또 이렇게 세 살 이상 나이 차이가 나면 첫째는 어른이 책을 읽어주고, 둘째는 형이나 누나가 읽어주는 방법도 있습니다.

아이들 나이가 한두 살 차이면 엄마를 독차지하기 위해서 경쟁하기도 합니다. 같이 책 읽어주려고 하면 첫째가 동생은 다른 곳으로 가라고 하고 본인만 읽어주기를 원합니다. 또 동생이 첫째를 밀거나 할퀴어서 엄마를 독차지하기도 하는데요. 이런 경우는 '함께, 그리고 따로 전략'이 필요합니다.

한두 살 터울이면 첫째도 아직 아기입니다. 당연히 엄마를 독차지하고 싶어 합니다. 동생을 아빠나 할머니, 할아버지가 대신 봐줄 수 있다면 책 읽기가 아니더라도 첫째와 단둘이 시간을 보낼 필요가 있습니다. 엄마를 독차지할 수 있는 시간에 충분한 애정을 받으면 동생을 너그럽게 대할 마음의 여유가 생깁니다. '함께, 그리고 따로 전략'으로 각각 있을 때 세상에서 이 아이만 사랑하는 것처럼 따뜻한 스킨십과 다정한 말로 사랑을 듬뿍 표현해주세요. 내가 마음에 여유가 있어야 다른 사람이 보이듯 아이의 마음을 움직이려면 엄마를 원하는 아이의 마음을 충분히 채워주세요.

❖ 고민 5. 잠을 안 자고 책만 읽으려고 해요

왜 아이는 자기 전에 책을 읽어달라고 할까요? 엄마는 평소에는 책을 읽으라고 하다가 아이가 책을 읽어달라 하는 밤이 되면 어서 자라고 하는 모순 때문에 갈등합니다. 이때는 부모의 교육관에 맞게 결정하면 됩니다. 발육을 위해서 일찍 재울 것인지, 늦게라도 책을 읽게 할 것인지 정하면 됩니다.

저희 집은 밤 9시부터는 재울 준비를 하고 책은 한 권만 읽어주고 9시 30분에는 집 안의 모든 불을 끕니다. 적어도 밤 10시에는 잠이 들도록 노력해요. 책을 읽지 않아도 10시에는 무조건 취침 분위기입니다. 밤 10시부터 새벽 2시 사이에 성장 호르몬이 분비된다고 해서 이렇게 하는데요. 밤에 일찍 재우니 아침에도 일찍 일어나서 아이와 씨름하지 않아도 되고 저도 아이를 재운 후에 저만의 시간을 가질 수 있어 이렇게 하고 있습니다.

그렇지만 사교육 없이 아이를 독서 영재로 키운 '푸름이 아빠' 같은 경우는 밤새도록 아이에게 책을 읽어주기도 한다고 합니다. 어느 날은 밤새 201권을 읽어주고 성대 결절이 온 적도 있었다고 하는데요. 밤까지 독서를 할지, 아이를 재울지는 부모님의 가치관에 따라서 결정하면 됩니다. 아이와 규칙을 정하고 일관성 있게 지킨다면 어떤 쪽이든 괜찮습니다.

저는 학습에 있어서 수면이 끼치는 효과가 크다고 생각합니다. 수면의 질이 나쁘면 기억력이 길러지기 어렵습니다. 우리가 깊이 잠드는 동안에는 학습할 때와 같은 뇌파 패턴이 나타나는데요. 자면서 낮에 한 공부를 복습하는 효과를 본다고 합니다. 수면은 제2의 학습 시간이라서 잠을 줄이면 우리의 뇌는 새로운 것을 배울 수 없습니다.

책을 많이 읽히는 것도 좋지만 저는 아이에게 밤에는 자야 한다고 말합니다. "책은 내일 읽어도 되니 이제 잠을 잘 시간이야" 하고 말이죠. 만약에 아이가 책을 못 읽어서 아쉽다고 하면 내일은 밤 9시 전에 책을 읽자고 약속하고 밤 10시부터 새벽 2시까지는 성장 호르몬이 나오는 시간이라서 꼭 자야 한다고 다시 알려줍니다.

아이가 늦게까지 책을 읽으면 다음 날 늦게 일어나고 늦게 일어나면 마음이 분주한 엄마들은 화를 내게 됩니다. 아이가 아침을 이렇게 시작하면 학교에 가서도 기분이 좋지 않겠죠?

⦙ 고민 6. 책 읽어주는 프로그램을 계속 틀어달라고 해요

요즘 책 읽어주는 프로그램이 많습니다. 증강현실을 활용해서 책 속 인물이 입체로 보이기도 하고 오디오로 책을 저절로 읽어주는 재미있는 프로그램이 많은데요. 저는 책 읽어주는 프로그램을 책이라고 생각하지 않고 텔레비전이라고 생각합니다. 책에 대한 흥미나 관심을 끄는 데 도움이 될지 몰라도 일반적으로 책을 읽고 이해하는 것처럼 독서능력이 생기지는 않습니다.

아이가 이미 책 읽어주는 프로그램에 재미가 들렸다면 아이와 조율해보세요. 책 읽어주는 프로그램이 텔레비전이나 태블릿피시와 연결되어 있다면 거실에서 치우거나 숨겨두세요. 아이는 눈에서 멀어지면 찾지 않습니다. 아니면 이용 횟수를 제한해보세요. 종이로 된 책을 한 권 읽으면 책 읽어주는 프로그램을 한 번 보는 거죠. 또는 종이로 된 책을 두 권 읽으면 책 읽어주는 프로그램을 두 번 본다는 식으로 종이로 된 책과 접촉하는 빈도를 자연스럽게 높여도 좋습니다.

책 읽어주는 프로그램은 책과 친해지는 용도로만 사용하고 어느 시점에서는 중단하길 바랍니다. 프로그램 말고 텍스트로 된 책을 읽도록 해야 합니다. 저런 프로그램만 접한 아이는 혼자서 책을 읽기 어렵다는 점을 기억하세요.

4장

책놀이 독서

책으로 재미있게 노는 책놀이

: 아이에게는 모든 것이 놀이다

저의 교육관에 많은 영향을 끼친 분이 있습니다. 바로 황보태조라는 시골 농부입니다. 황보태조 씨는 오남매를 키우면서 즐겁게 공부를 시켰습니다. 아이들 모두를 의사, 약사 등 전문가로 키워낸 아버지인데요. 이분의 교육관을 한 문장으로 요약하면 '아이에게는 모든 것이 놀이다'입니다. 우리는 수학공부, 영어공부, 국어공부가 따로 있고 심지어 독서도 공부로 생각하는데요. 황보태조 씨는 공부를 수학놀이, 영어놀이, 국어놀이, 독서놀이로 생각합니다. 그는 아이가 공부에 대한 거부감 없이 놀이처럼 즐기도록 합니다.

아이에게는 모든 것이 놀이입니다. 독서도 마찬가지입니다. 부모님은 독서를 공부나 학습처럼 생각합니다. 그보다는 독서를 책놀이로 접근해보세요. 제가 책놀이라고 하면 부모님은 책을 읽고 독후활동을 하는 것으로 생각합니다. 책을 읽고 독서 신문 만들기, 빈칸에 단어 채우기, 독서록 쓰기, 일기 쓰기 같은 독후활동이 있는데요. 아이들은 이런 활동을 싫어합니다. 제가 말하는 책놀이는 정말 책으로 노는, 게임을 말합니다.

유명한 부모 교육 강사인 박혜란 박사도 '어릴 때 키워줘야 하는 건 인지능력이 아니라 즐기는 방법이다. 즐기는 방법도 엄마가 앞장서서 주입식으로 가르치지 않고 아이가 스스로 터득하도록 충분한 시간을 주면 좋다'라고 강조합니다. 책놀이를 활용하면 독서도 부모와 노는 놀이가 됩니다.

앞서 저는 책을 지저분하게 봐야 한다고 했습니다. 아이는 책에 낙서하고 찢고 깨물면서 책과 친해집니다. 책에 대한 흥미는 독서태도, 독서력까지 연결됩니다. 책과 친해지려고 스킨십을 하는데 못 하게 저지하면 책에 대한 흥미가 사라집니다. 독서력에도 부정적인 영향을 끼치겠죠. 책을 나중에 다시 팔지 못할 정도로 갖고 놀아야 합니다. 즐겁게 놀면서 공부한 아이의 두뇌가 책상에 앉아서 공부만 한 아이보다 훨씬 더 발달합니다.

"아이가 책보다 놀이를 좋아해서 책을 안 읽어요."

어떤 어머니는 이런 고민을 털어놓는데요. 아이가 놀이를 좋아하면 독서도 책놀이로 시작하는 게 가장 좋습니다. 취학 전 아이의 모든 학습은 놀이입니다. 조금이라도 스트레스를 받으면 아이의 뇌 발달에 도움이 되지 않습니다. 스트레스를 받으면 집중력과 각성에 영향을 주는 세로토닌이라는 신경전달물질의 분비가 줄고 뉴런의 시냅스 숫자를 감소시켜 뇌세포가 사멸합니다. 아이의 뇌를 골고루 발전시켜야 하는 건 모두 아시죠? 놀이는 아이의 두뇌발달, 신체발달과 연관되기 때문에 모든 학습은 놀이여야 합니다.

놀이는 시공간의 제약 없이 언제, 어디서나 하는 활동입니다. 놀이는 자발적으로 시작되고 즐거워야 하고 목표가 없어야 합니다.

프랭크*는 놀이에 대해 어느 누구도 가르쳐줄 수 없는 것을 아이들이 배우는 방법이라고 정의했습니다. 울트만*은 아이가 놀이를 통해서 자신을 개념화, 구조화하며 이를 표현하는 방식을 배운다고 했습니다.

⦂ 아이는 놀면서 자란다

놀이에는 자기발달 기능이 있습니다. 놀이는 아이가 부정적인 결과를 두려워하지 않고 자신을 자유롭게 표현하도록 도와줍니다. 아이는 놀면서 어떤 놀이가 다른 놀이보다 더 즐겁고 좋다는 경험을 하게 됩니다. 이 같은 경험이 반복되면서 아이는 싫고 좋음을 판단하는 능력을 키웁니다. 아이는 놀면서 감정을 표현하는데 때로는 가족 안에서 허락되지 않던 감정을 놀이로 표현하기도 합니다. 아이는 놀이를 통해서 자극을 받고 지루하지 않게 즐기는 경험을 합니다.

놀이를 통해서 발달과 성숙을 경험합니다. 아이는 놀면서 자랍니다. 몸뿐 아니라 언어기술, 운동기술, 인지기술, 문제해결기술, 그리고 도덕 판단을 포함한 많은 영역에서 성숙해집니다. 또 새로운 기술을 배우고 위협적이지 않은 방법으로 기술을 연습할 기회를 얻습니다. 놀이는 부모나 친구를 모델링한 기술을 실연해보는 기회가 되기도 합니다. 문제를 해결하고 새로운 상황에 대처할 수 있는 능력을 길러줍니다.

놀이에는 관계 형성의 기능도 있습니다. 아이는 놀이를 통해서 타인과 관계 맺는 방법을 훈련하고 배운 것을 적용합니다. 놀이가 언어적, 비언어적 의사소통을 도와주기 때문입니다. 아이는 다른 사람과 놀면서 관계에서의 규칙과 가족 규칙, 또는 문화적이고 환경적인 태도와 관련된 규칙을 배웁니다.

끝으로 아이는 놀이를 통해서 규칙을 배우고 사회성을 키웁니다. 놀이는 규칙을 연습하는 데 도움이 됩니다. 이렇게 규칙을 배우면 다음으로는 사회적인 기술을 배우게 됩니다. 놀이에 참여하는 모든 사람이 규칙을 협상하고 주장하고, 수용하고 인정하는 방법을 배웁니다. 그런 규칙을 지키지 않으면 놀이에서 제외되는데 여기에도 배울 점이 있습니다. 놀이에서 생기는 갈등을 통해서 문제를 해결하는 방법을 배우니까요. 아이는 성인을 관찰하면서 배우기도 하지만 또래를 관찰하고 노는 과정에서 더 많이 배웁니다.

1989년 UN에서 '유엔 아동권리협약'을 만들었습니다. 아이가 갖는 네 가지 권리는 생존권, 보호권, 발달권, 참여권입니다. 이 중에 '발달권'은 아동에게 교육을 받을 권리와 함께 휴식을 취하고 여가를 즐길 권리가 있음을 명시합니다. 그런데 세계 아동 인권 권고사항을 보면 '한국은 과도한 사교육과 교육열로 인해서 아이의 놀 권리를 지켜주지 않는다'고 지적합니다. 소중한 아이의 놀 권리를 지켜주세요.

초등 하루 한 권 책밥 독서법

책을
경험하게 하라

⋮ 책놀이 어렵지 않아요

책놀이를 하면 책을 몸으로 경험할 수 있습니다. 어른도 책을 읽고 책의 내용 그대로 실천하기는 어렵습니다. 책을 통해서 얻은 지식을 실생활과 연결하지 못하면 그저 책 속의 지식으로 끝나버립니다. 특히 독서는 직접 경험이 아니라 간접 경험이기 때문에 책을 읽는 데서 끝내지 않고 경험하도록 기회를 주면 훨씬 폭넓게 책을 이해할 수 있습니다. 이렇게 책을 다양하게 경험하는 방법이 바로 책놀이입니다.

책놀이는 어렵지 않습니다. 책 속에 나오는 놀이를 실제로 해보거나, 요리를 실제로 먹거나, 장소를 실제로 가보는 등 오감을 활용하면서 놀면 됩니다. 책놀이는 독서 전후에 하기 좋고 단독으로 해도 좋습니다. 아이가 제일 좋아하는 '놀이하는 독서'라고 생각해주세요.

저는 50가지의 책놀이를 개발했습니다. 그중 하나가 책의 앞면과 뒷면을 뒤집어서 앞면이 많으면 이기거나 뒷면이 많으면 이기는 책 뒤집기 놀이입니다. 이 밖에도 책 제목으로 끝말잇기 놀이, 책에 관한 힌트로 책을 찾는 책 보물찾기, 한 달 동안 읽을 책을 높이 쌓은 책탑 쌓기, 책을 볼링공처럼 세우고 공을 굴려서 가장 많이 쓰러트리면 이기는 책 볼링 놀이, 책이 쓰러지지 않게 일정한 간격으로 세웠다가 차례로 쓰러트리는 책 도미노 놀이 등이 있습니다.

∴ 집에서 할 수 있는 다양한 책놀이

집에 책이 어질러져 있을 때 하면 좋은 놀이도 있습니다. 바로 읽은 책만 깽깽이로 밟고 목적지로 돌아오는 책 징검다리 놀이입니다. 또 책을 아무 쪽이나 펼쳐서 제시어가 많이 나오면 이기는 아무 쪽 펼치기 놀이, 소리 내어 책을 읽는 모습을 촬영해서 SNS에 업로드하는 낭독 영상 찍기 놀이도 있습니다. 제시어와 맞는 책을 찾아오면 이기는 책 찾기 게임, 책 주인이 책을 도둑맞았다고 설정하고 경찰에게 설명해서 경찰이 제목을 맞추거나 책을 찾아오면 이기는 도둑과 경찰 놀이, 숫자에 관련된 책이나 수학 동화를 읽은 후에 몸으로 숫자 맞추는 놀이, 공주와 왕자 이야기가 나오는 책을 읽고 나서 종이컵으로 공주님이 사는 성을 쌓고 두루마리 휴지로 왕자님 의자 만들기 놀이도 정말 재미있습니다.

전래동화나 전래놀이가 나오는 책을 읽은 후에 집에서 할 수 있는 전통 놀이도 있습니다. 따먹기, 공기놀이, 비사치기, 윷놀이, 오목 등이 대표적입니다. 우유갑으로 주사위를 만들어서 이름이 나온 사람이 책을 한 쪽씩 읽는 주사위 낭독 놀이, 책을 읽은 다음 책에 나오는 활동을 그대로 따라 하는 책 따라 해봐요 놀이, 캐릭터가 나오는 책을 읽고 캐릭터를 쿠키로 만들어서 먹는 캐릭터 쿠키 놀이, 물에 관련된 책을 읽고 욕실에서 할 수 있는 물놀이, 요리에 관한 책을 읽은 후 함께 만들어 먹는 꼬마 요리사 놀이, 내용과 연관 있게 책 제목을 그림으로 꾸미는 놀이 등 무궁무진하게 많습니다.

예시) 숨은그림찾기 책놀이, 아이가 읽은 책의 그림 부분만 복사하고 조각내서 퍼즐 맞추기를 하는 그림책 퍼즐 놀이, 책의 그림을 순서에 맞게 이야기로 만드는 놀이, 세계 유명 건축물에 대한 책을 읽은 후 실제로 건축물을 조립할 수 있는 DIY 키트를 활용해서 건축물을 직접 만들어보는 세계 문화유산 건축 놀이, 자석에 관련된 책을 읽은 다음 자석을 활용해서 냉장고에 붙일 인테리어 용품을 만드는 냉장고 자석 만들기 놀이, 코인 티슈에 색칠을 해서 여러 개를 이어 붙인 후 분무기로 물을 조끔씩 뿌리면 티슈가 물을 흡수하면서 애벌레의 몸통이 길어지는 코인 티슈 놀이, 클레이 점토 유물 만들기, 콩나물이나 새싹 기르기 놀이, 책을 읽을 때마다 용돈을 받아서 종이 저금통을 가득 채우면 책 한 권을 구입할 돈을 모을 수 있는 동전 저금통 용돈 모으기 놀이, 카메라를 활용해서 아름다운 한글 사진을 찍는 놀이

아이가 읽지 않는 책을 모아서 직접 판매하는 놀이, 도서관을 처음 가는 아이에게 도서관에 가서 다양한 활동을 할 수 있음을 알려주는 도서관 책놀이, 사다리타기로 책 읽어주기 놀이, 서점에 가서 책을 사고 다양한 책을 구경하는 서점 책놀이, 100일 동안 책 읽기 릴레이 놀이, 도서관 미션 놀이, 세계에 관련된 책이나 세계지도를 보고 국기 이름을 맞추는 놀이와 수도 맞추기 놀이, 국가 도미노 놀이

한 달 동안 책을 가장 많이 읽은 아이에게 자유권을 주는 독서왕 놀이, 책을 읽고 누가 가장 질문을 많이 만들었는지 경쟁하는 질문 배틀 놀이, 캐릭터카드에 쓰인 설명을 소리 내어 읽으면 어떤 캐릭터인지 맞추는 캐릭터카드 맞추기 놀이, 뉴스·동영상·인터넷 정보·책을 읽거나 보여주고 그중에서 진짜와 가짜를 고르는 놀이, 책의 글자 부분을 가리고 복사해서 글을 직접 써보는 내 맘대로 책 쓰기 놀이, 감정 사전을 읽고 감정카드를 그리는 놀이, 책을 읽고 이야기 나누는 놀이, 책에 분류 라벨을 붙여서 우리 집을 도서관으로 만드는 놀이, 틀리지

않고 책 오래 읽는 놀이, 책을 읽고 몸으로 시간과 글자를 만드는 '몸으로 말해요' 놀이, 제한된 시간 안에 제시어를 빨리 말하는 놀이, 스마트폰을 하지 않은 시간만큼 포인트가 쌓이는 모바일앱을 활용한 놀이 등 정말 다양한 놀이를 만들어 활용할 수 있습니다.

더 자세한 방법은 부록 〈몸으로, 머리로 책놀이 50〉을 통해 아이와 재미있고 신나게 활용해보세요.

몸으로, 머리로 하는 책놀이 50

책에 소개된 책놀이 중 직접 해 본 놀이는 놀이이름에 색칠하세요.

1. 책 뒤집기	2. 책 끝말잇기	3. 책 보물찾기	4. 책탑 쌓기	5. 책볼링
6. 책 도미노	7. 책 징검다리	8. 아무 쪽 게임	9. 낭독 영상 찍기	10. 책 찾기
11. 도둑과 경찰 게임	12. 몸 숫자 게임	13. 종이성과 휴지의자	14. 집에서 전통 놀이	15. 주사위 낭독
16. 책 따라 해봐요~ 요렇게~	17. 캐릭터 쿠키	18. 거품놀이, 물놀이, 물감놀이	19. 꼬마 요리사	20. 책 제목을 그림으로 꾸미기
21. 숨은그림찾기	22. 그림책 퍼즐	23. 그림으로 이야기 만들기	24. 세계문화유산 건축 DIY	25. 냉장고 자석 만들기
26. 코인 티슈 애벌레 만들기	27. 클레이 점토 유물 만들기	28. 콩나물 / 새싹 기르기	29. 동전 저금통 용돈 모으기	30. 아름다운 한글 사진 찍기
31. 책 판매하기	32. 도서관 책놀이	33. 사다리 타기	34. 서점 책놀이	35. 책 읽기 100일 릴레이
36. 도서관 미션놀이	37. 국가 도미노	38. 독서왕 게임	39. 질문 배틀	40. 캐릭터카드 맞추기 게임
41. 진짜 가짜 게임	42. 내 마음대로 책쓰기	43. 감정카드 만들기	44. 감정카드로 이야기하기	45. 우리 집 도서관 만들기
46. 틀리지 않고 오래 책 읽기	47. 몸으로 말해요	48. 스피드 게임	49. 리딩타임 앱 놀이	50. 미니 책 만들기 놀이

5장

스스로 읽기
독서

스스로
읽어야 하는 이유

초급단계인 듣기 독서와 책놀이를 끝낸 아이는 더 많은 책을 읽고 싶습니다. 이제 스스로 읽기 독서를 시작할 때가 됐습니다. 듣기 독서를 강조하고 책놀이 독서를 하면서 책과 친해졌는데 굳이 스스로 책을 읽어야 하는 이유가 무엇일까요? 바로 스스로 읽는 습관을 만들기 위해서입니다.

⦂ 읽기 습관이 필요한 이유

1. 책과 일대일로 만나는 변화를 경험합니다.

들기 독서는 스피커인 어른을 통하는 독서였습니다. 어른이 읽어주지 않으면 읽을 수 없습니다. 하지만 스스로 읽으면 누군가의 도움 없이 책을 읽고 깨닫는 즐거움을 알게 됩니다. 그동안 들기 독서를 하면서 독자이자 청자인 아이는 책을 읽는 방법을 배웠습니다. 소리 내어 책을 읽는 방법과 띄어 읽는 방법과 단어를 읽는 방법을 배웠습니다. 또 책장을 넘기는 방법을 배웠고 글자와 그림을 읽는 것을 배웠습니다. 글자를 배운 아이는 한 글자, 한 글자 아는 단어를 찾는 재미를 알게 됩니다. 그동안 배운 기술을 마음껏 펼칠 때가 됐습니다.

2. 더 많이 읽고 잘 읽게 됩니다.

비자발적인 독서를 하면 글자를 읽으며 이야기를 따라가게 됩니다. 정해진 독서 시간만큼만 독서량이 발전하고 어른이 제시한 양만 읽습니다. 반면에 자발적인 독서를 하게 되면 글자만 읽지 않고 내용을 읽게 됩니다. 이야기를 넘어서 행간의 의미를 파악하며 깨달음을 얻게 됩니다. 정해진 독서 시간과 분량을 초월해서 독서력이 급속히 향상됩니다.

3. 스스로 읽어야 더 잘 이해합니다.

많은 독서지도 전문가들은 문해력을 높이는 방법으로 바로 읽기를 권합니다. 문해력이 부족하면 읽어도 이해를 못 합니다. 문해력은 모든 교과목의 바탕이기 때문에 성적에도 영향을 끼칩니다. 책을 읽은 양에 비해서 어휘력, 독해력, 배경지식, 글쓰기가 약하다면 주도성 없는 독서를 하고 있다는 뜻입니다.

유능한 독자와 미숙한 독자의 차이는 무엇일까요? 미숙한 독자는 글을 읽을 때 글자를 하나하나 더듬거리면서 유창하게 읽지 못합니다. 글을 읽어도 내용을 도식화해서 그려낼 수 없습니다. 읽기 속도가 느리고 읽은 단어와 문장에 대한 이해력이 떨어집니다. 숨겨진 행간의 의미를 추론하지 못합니다.

유능한 독자는 글자를 보자마자 정확하게 소리 내어 빠른 속도로 유창하게 읽습니다. 또 읽는 동시에 내용을 이해하고 글의 형식과 내용 구조를 파악해서 도식화할 수 있습니다. 드러난 정보 외에 숨겨진 의미를 찾고 비판적인 읽기가 가능합니다. 많이 읽어야 유능한 독자가 될 수 있습니다.

⁝ 전집 꼭 사야 할까?

아이에게 책을 읽어줘야겠다는 생각이 들면 제일 먼저 이 고민부터 합니다.

'전집을 구매하는 게 좋을까, 단행본을 구매하는 게 좋을까?'

저는 기본적으로 미취학 아동에게는 전집을 추천하고 취학 아동에게는 단행본을 추천합니다. 그 이유는 간단합니다. 미취학 아동은 책을 직접 고르기보다 어른이 골라주는 경우가 많고 얇은 책을 꾸준히 읽어주려면 많은 책이 필요합니다. 한 권씩 구매하기 번거롭고 어려우므로 전문가가 엄선한 전집을 구매하면 편합니다.

그런데 학령기가 되면 아이가 원하는 책을 골라서 읽을 수 있도록 단행본을 추천합니다. 예외적으로 취학 후에도 전집을 추천하는 분야가 있습니다. 바로 위인전이나 역사, 과학 분야의 책입니다. 이런 책은 학령기 아이에게도 전집을 추천합니다.

위인전은 보통 각 시대를 대표하는 인물을 시대순으로 소개하는 경우가 많습니다. 전집으로 읽으면 자연스럽게 시간 흐름에 따라서 위인을 파악할 수 있습니다. 역사순으로 읽다가 옛날 위인뿐 아니라, 현대의 인물까지 접하면 현실감을 느낄 수 있습니다. 위인들의 이야기는 우여곡절과 역경을 극복하고 이겨내는 이야기가 많아서 본보기가 됩니다.

역사책에도 어려운 나라 이름, 수도 이름, 인물, 사건, 연도, 지역 이름 등 낯선 용어가 많습니다. 이를 전집으로 읽으면 낯선 단어라도 여러 번 반복적으로 접하고 위인전처럼 시간 흐름을 파악할 수 있습니다. 초등학교 5학년에 한국사 과목이 있는데요. 요즘은 4학년 때부터 역사 만화 전집으로 역사책을 읽도록 합니다. 이렇게 하면 낯선 용어에도 거부감 없이 편안하게 역사책을 읽을 수 있습니다.

과학책도 단행본보다 전집이 좋습니다. 과학 전집은 미취학 아동부터 성인용까지 다양하게 나옵니다. 그러므로 나이와 아이의 관심도에 따라서 구매하면 좋습니다. 미취학 아동은 식물, 동물을 주제로 사진이나 그림 위주의 전집으로 시작하세요. 천천히 지구, 컴퓨터, 물리, 유전공학 등 분야를 확대해 옮겨가면 좋습니다.

⦂ 스스로 읽기에 적절한 양

세계적인 명문가에서는 아이가 성장하기 전에 자그마치 3만 권을 읽도록 합니다. 그게 과연 가능한 양일까요? 책 읽기에 적절한 나이라고 말하는 7세부터 19세까지 삼 만 권을 읽으려면 매일 하루 6권, 1년에 2,000권을 읽어야 하는데 요즘처럼 바쁜 아이들에게는 어려운 일입니다.

저는 무조건 많이 읽기는 반대합니다. 저는 3만 권의 책을 읽지 않았지만, 독서습관이 잘 잡혀서 학교를 졸업하고 성인이 된 지금까지 책을 읽고 있습니다. 집중력을 연구한 결과에 의하면 학생이 한 가지에 집중할 수 있는 시간은 그리 길지 않습니다. 초등 저학년은 15분 내외, 초등 고학년은 30분, 중고교생은 전두엽 발달과 함께 30분 이상 집중할 수 있습니다. 그래서 저는 하루에 딱 한 권만 읽는 독서를 권합니다. 하루 한 권이면 아이의 독서습관을 형성하는 마중물 역할을 할 수 있습니다. 초등 저학년은 하루 한 권 15분, 초등 고학년은 하루 한 권 30분, 청소년은 30분 이상 읽고 싶은 양을 스스로 정해서 읽게 해주세요.

⦂ 스스로 읽기의 주의점

스스로 읽기를 지도할 때는 먼저 책을 읽기에 적절한 물리적 환경과 심리적 환경, 맞춤형 환경을 만들어주세요. 물리적 환경을 만들기 위해서는 거실을 서재로 만들기, 책 읽을 시간 만들어주기, 적절한 책 구비 등이 필요합니다. 심리적 환경을 만들려면 부모와 아이가 좋은 관계를 형성하고 책놀이로 긴장감을 풀어주는 과정이 필요합니다. 또 책을 읽는 목표를 세우고 목표를 달성하면 의논해서 선물을 주세요. 만약 아이와 부모님의 생각이 다를 경우에는 협상을 통해 규칙을 세워주세요. 이렇게 하면 맞춤형 환경이 조성됩니다.

그리고 스스로 읽기를 지도할 시에 주의할 점이 있습니다.

1. 부정적인 반응 하지 않기

일명 '노 피드백 전략'이라고 하는데요. 책을 읽으라고 하지 않고 책을 안 읽어도 벌을 주지 마세요. 그러나 책을 읽고 있으면 칭찬해주고 간식을 주고 책을 다 읽으면 상을 주세요. 사람이 희한하게 '코끼리 생각하지 마세요'라고 하면 나도 모르게 머릿속에 '코끼리'가 계속 생각납니다. 독서도 마찬가지입니다. 책에 관한 부정적인 피드백을 주지 않고 잘하면 칭찬하고 상을 주는 훈육 방법으로 바꿔보세요. 책 읽기는 재미있고 즐거운 일입니다. 책 읽기가 놀이이자 상이라서 책을 읽지 못하거나 책놀이를 하지 못하면 아이도 아쉬움을 느낄 수 있습니다.

2. 넛지 주기

넛지(Nudge)는 '옆구리를 쿡 찌른다'라는 뜻인데요. 아이가 책을 읽지 않을 때도 넛지를 활용하세요. 직설적으로 '책 읽어!'라고 하지 않고 책을 읽는 연쇄 동작이 나오도록 스위치를 만드는 거죠. 예를 들어서 저는 아이가 책을 읽지 않는 기간이 길어지면 이렇게 묻습니다.

"은규야, 너 몇 권 더 읽으면 선물 받아?"
"은규는 738권 읽었네. 선규는 몇 권 읽었어?"
"선규야, 최근에 읽은 책이 뭐야?"
"선규야, 엄마 책 살 건데 너도 사고 싶은 거 있어?"

이런 식으로 책을 읽도록 옆구리를 찌르는 겁니다. 이렇게 아이가 넛지를 받으면 50퍼센트 정도 확률로 책을 읽어요. 이렇게 해서 아이가 책을 읽으면 마치 스스로 책을 읽은 것처럼 칭찬을 해주면 좋습니다.

"은규야, 네가 요즘 책을 안 읽는 줄 알았는데 아니구나! 잘 읽고 있구나!"
"선규는 책 읽네? 내일도 책 읽으면 엄마랑 아이스크림 데이트 할 수 있겠다."
이런 식으로 칭찬해주세요.

3. 책 읽지 않을 선택권 주기

흔히 책은 혼자 읽어야 한다고 알고 있는데 그렇지 않습니다. 독서는 여럿이 같이하는 게 좋습니다. 형제자매 또는 친구들이나 부모님과 함께 읽기도 좋고 외부 프로그램이나 무료 프로그램을 이용해도 좋습니다. 또 책 읽는 환경이나 분위기를 한 번씩 바꿔주면 새롭게 책을 읽을 수 있습니다.

다양한 독서 기회를 주되, 선택권도 같이 주세요. 저는 하루 한 권 책 읽기를 8년째 하면서 2,000권의 책을 읽었지만, 여전히 읽기 싫은 책이 있습니다. 책을 읽기 싫은 날도 있습니다. 아이도 그런 날이 있겠죠? 다 함께 읽는데 혼자만 안 읽더라도 혼내지 마세요. 좋은 책이지만 아이가 읽기 싫어할 수 있습니다. 독서 내공이 더 쌓이면 읽기 싫은 책도 읽게 되고 읽기 싫은 날에도 참고 읽게 됩니다.

스스로 읽기의 골든타임 7~10세

⠶ 그림책을 보는 0~7세

7세 미만인 아이에게는 다양한 그림책을 눈으로 보고 어른이 읽어주는 독서가 적절합니다. 책을 읽는(reading) 게 아니라 구경하듯 보거나 (see) 쳐다보는(look) 물건 정도로 생각하면 좋습니다. 아이의 눈을 사로잡을 수 있는 다양한 그림책을 보게 해주세요. 0~7세 아이가 보기에 적절한 그림책은 형식, 분야, 주제에 따라서 다양하게 나뉩니다.

그림책 형식	그림책 분야	그림책 주제
활동책, 놀이책, 핸드북, 플랩북, 팝업북, 방수책, 헝겊책, 노래책, 글자 없는 그림책 등	전래, 현대창작, 세계, 한국, 판타지, 지식책, 정보책, 시 등	문학, 과학, 환경, 기후, 철학, 세계, 문화, 다문화, 가족, 페미니즘, 생활, 영어 등

그림책은 형식에 따라서 촉각, 후각, 청각을 자극하는 장난감 같은 책이 많이 있어요.

1) 여러 번 떼었다 붙일 수 있는 스티커북이나 부직포, 숨은그림찾기를 할 수 있는 활동책

2) 퍼즐이나 자석놀이, 게임을 할 수 있는 놀이책

3) 시간, 색, 숫자 등을 간단히 알려주는 핸드북

4) 책 속에 입체적인 그림이 숨어 있어서 들추면 안에 그림이 하나 더 나오는 플랩북과 팝업북

5) 물놀이나 목욕놀이용 방수책

6) 따뜻하고 부드러운 천으로 만들어서 가볍고 안전한 헝겊책

7) 노래가 나오는 노래책

8) 두꺼운 종이로 인쇄되어 있거나 코팅이 되어서 방수 기능이 있는 보드책

9) 글자 없는 그림책

분야에 따라서는 전래, 현대창작, 세계, 한국, 판타지, 지식책, 정보책, 시 등이 있습니다.

1) 전래동화 : 신화나 전설에서 발전한 이야기. 배경이 과거이고 구전으로 전해져 내려오고 공상이나 교양적인 요소가 주축이 된다.

2) 현대창작동화 : 전래동화와 반대되는 개념으로 사용하며 작가가 상상력을 발휘해서 비교적 최근에 만들어낸 이야기

3) 세계동화 : 안데르센이나 신데렐라 등 다양한 나라의 작가들이 썼거나 예로부터 전해지는 이야기

4) 한국동화 : 작가나 이야기의 원천이 한국인 이야기

5) 판타지 : 등장인물이 공상적이고 가상 세계를 배경으로 일어남 직한 이야기

6) 지식책 / 정보책 : 책을 읽음으로써 새로운 지식과 정보를 습득하기를 목적으로 하는 책이다. 사전, 도감이 있고 과학, 사회 등을 다룬다.

7) 시 : 자연이나 삶에서 일어나는 감상을 함축적이고 운율적인 언어로 표현한 문학

주제를 살펴보면 문화, 과학, 환경, 기후, 철학, 세계, 문학, 다문화, 가족, 페미니즘, 생활, 영어 등 모든 분야가 그림책의 주제가 될 수 있습니다.

● 스스로 읽는 습관이 필요한 7~10세

감각 발달에도 민감기가 있습니다. 시각은 0세에서 3세 사이, 청각은 0세에서 2세 사이, 감성은 0세에서 1.5세 사이, 음악과 수학은 1세에서 5세 사이, 운동능력은 0세에서 2세 사이가 민감기에 속합니다. 말하기와 읽기의 민감기는 0세부터 10세 사이라고 합니다.

시각	만 0~3세
청각	만 0~2세
말하기, 읽기	만 0~10세
감성	만 0~1.5세
음악, 수학	만 1~5세
운동능력	만 0~2세

감각발달의 민감기 《EBS 60분 부모》

부모님들 가운데 5세 전에 이미 글자나 숫자, 영어를 가르치는 분들이 있습니다. 문자는 인지발달에 집중하는 교육인데 발달 연령과 맞지 않습니다. 아이는 만 5~7세가 되면 읽고 쓰기에 한참 관심을 가지기 시작합니다. 아이가 읽고 쓰기에 관심을 가지는 시점부터 읽기와 쓰기를 가르치면 좋습니다.

독서 능력과 독서 태도는 서로 밀접하게 영향을 주고받기 마련입니다. 글자를 알고 뜻을 인지하는 7세부터 사춘기가 오기 전인 10세 사이의 아이가 독서지도를 하기에 적절한 나이입니다. 5세 전에는 읽어주기 독서를 많이 해주고 책놀이로 책에 대한 좋은 기억을 많이 남겨주세요.

가끔 부모님들이 왜 아이가 어린 시절부터 독서습관을 길러야 하는지 질문합니다. 《서울신문》의 보도를 보면 아이들 독서에 대한 통계가 나와 있습니다. 35.7퍼센트의 아이들이 '독서습관이 잡히지 않아서', '어떤 책을 읽을지 몰라서', '읽을 책이 없어서' 독서를 하지 못한다고 응답했습니다.

자녀의 독서는 습관의 문제입니다. 습관이 잡히지 않아서 책을 읽지 않는 아이가 많으니 부모님의 지도가 꼭 필요합니다. 아이가 독서습관을 잡도록 부모님이 잘 도와주면 아이도 책을 잘 읽을 수 있습니다. 특히 7세에서 10세 사이의 아이는 스스로 읽는 독서습관을 기를 수 있도록 지도해주세요.

⋮ 10세 이상 아이도 아직 늦지 않았다

어려서부터 책을 많이 읽어주는 게 중요하다고 여러 번 강조했습니다. 그런데 아이가 성장하면서 책을 싫어해서 독서지도를 중간에 멈춘 부모님이 많습니다. 아이가 장성한 후에도 부모님이 추가로 지도할 것이 있을까요? 저는 그렇다고 단호하게 말씀드립니다.

사춘기에 접어들면 뇌가 폭발적으로 2차 성장하기 때문에 사춘기까지는 독서지도를 할 수 있습니다. 주의할 사항은 사춘기인 아이는 부모님의 말이라면 무조건 반기를 들죠. 10세 이전보다 지도하기가 더 힘들 수 있습니다.

결론적으로 책 읽기에 너무 늦은 나이는 없습니다. 어른도 해마다 새해 계획에 독서를 포함합니다. 아이가 나이와 상관없이 책을 좋아하고 읽을 수 있도록 도와주세요.

아이가 이미 독서지도 할 나이가 지났다고 걱정하지 마세요. 어릴 때 책을 많이 읽어줬는데도 막상 초등학교에 가면서 아이가 책을 안 읽어서 고민하는 부모님이 많습니다. 저도 그랬습니다. 저는 아이들이 어릴 때 독박육아와 독박가사를 짊어진 워킹맘이라서 너무 힘들었습니다. 아이들에게 책을 읽어주지 못했어요.

그런 제가 아이에게 책을 읽어줘야겠다는 생각을 하게 된 계기가 있습니다. 바로 첫째가 초등학교에 갔는데 발음을 잘 못해서 언어치료를 받은 일입니다. 언어치료의 효과를 높이기 위해서 언어치료사가 독서를 권했습니다. 동화책을 엄마가 소리 내어 읽어주고 아이가 소리 내어 읽도록 하라는 처방을 받고 3개월 동안 꾸준히 실천했습니다. 그러자 아이의 발음이 교정됐습니다. 둘째도 언어치료를 받을 때 6개월 동안 동화책을 소리 내어 읽었더니 발음이 교정됐어요. 그런데 아이들의 발음은 교정했지만, 독서지도를 바로 이어서 하지는 못했습니다.

본격적으로 독서지도를 시작한 때가 첫째가 초등학교 2학년, 둘째가 6세가 됐던 무렵입니다. 제가 혼자서 독서를 3년쯤 했더니 마음에 힘이 생겼어요. 그제야 아이들도 책을 읽혀야겠다는 마음이 들어서 늦게나마 시작했습니다.

그러니까 아이가 어릴 때는 책을 읽어주지 못했습니다. 첫째가 아홉살이 돼서야 읽어주기 독서와 책놀이를 처음 시작했습니다. 하루 한 권 독서를 시작한 지는 첫째가 4년, 둘째는 3년째입니다. 독서지도를 조금 늦게 시작해도 얼마든지 할 수 있습니다. 책 읽기에 늦은 나이란 없습니다.

책을 읽는
101가지 방법

독서에도 기술이 있을까요? 책을 많이 읽다 보면 독서법은 저절로 익히는 것 아닌가요? 생각하기 나름이지만 이미 세상에는 수많은 독서법이 있습니다. 헤르만 헤세도 '독서의 길은 수백 가지'라고 말했습니다. 수백 가지 중에서 나에게 잘 맞는 기술을 습득하면 독서를 더 즐길 수 있지 않을까요?

보통 아이들은 독서법을 따로 배우지 않습니다. 어른이 책을 읽어주면 들으면서 따라 할 뿐입니다. 다양한 독서의 기술과 책을 읽는 101가지 방법을 아이에게 알려주고 이 중에서 마음에 드는 방법을 아이가 따라 하도록 해주세요.

: 전통적인 독서법

전통적인 독서법은 정독이 있습니다. 앞표지, 작가 소개, 목차, 프롤로그, 본문, 에필로그, 뒤표지까지 책의 모든 구성 요소를 읽습니다. 분석적, 해석적, 비판적, 감상적인 독서법입니다.

또 다른 독서법으로는 책을 끝까지 모두 훑는 통독과 전체를 다 읽지 않고 필요한 부분만 골라서 읽는 선독이 있습니다. 또 이와 비슷하면서도 다른 훑어 읽기도 있습니다. 책 전체를 읽지만 모든 부분을 세세하게 읽지 않고 전체적인 구조를 파악하면서 대략 읽어내는 것을 말합니다. 독서는 보통 책을 처음부터 끝까지 다 읽는 완독을 기본으로 하지만 나에게 너무 어렵거나 읽기 싫은 책이라면 '포기하는 독서'를 해도 됩니다.

책 읽는 속도에 따라서 독서법을 구분하면 빠르게 읽어내는 속독과 느리게 읽는 숙독이 있습니다. 제가 강의를 다니면서 파악한 바로는 성인이 250~300쪽 내외의 책을 읽는 데 평균 4~5시간이 필요하다고 대답하는 사람이 가장 많았습니다. 조금 오래 걸리는 사람은 한 권에 9시간 내외, 빨리 읽은 사람은 1~2시간에 읽는다고 답했습니다.

저도 처음에는 불면증으로 밤을 새우면서 책을 읽어서 속도를 신경 쓰지 않고 천천히 읽었습니다. 그런데 책을 계속 읽으니 속도가 점점 빨라졌습니다. 지금은 1~2시간이면 한 권을 읽을 정도입니다. 다만 천천히 읽어야 하는 철학이나 역사, 과제용 책은 속독하지 않고 숙독합니다.

책을 빠르게 읽는 속독은 건너뛰며 읽기와 미리보기가 있습니다. 건너뛰며 읽기는 여러 권의 참고도서를 분석하거나 책을 사기 전에 핵심 내용을 파악하기 위해서 자주 사용합니다. 책에 등장하는 단어와 목차를 분석해서 책을 빨리 파악할 수 있죠. 미리보기는 우리가 서점에 가서 책을 고를 때 무의식적으로 사용하는 방법입니다. 책의 제목과 표지 문구 등으로 책에 대한 기초 정보를 파악하는 독서법입니다.

대부분의 사람은 책을 한 번만 읽는 일독을 하면서 새로운 책을 계속 읽는 다독을 합니다. 읽고 나서 여운이 남은 책은 다시 읽는 반복 독서를 하기도 하죠. 반복 독서는 책을 읽어도 내용을 이해할 수 없어서 어려움을 겪는, 책을 잘 읽지 않는 사람에게 필요한 기술입니다.

세종대왕은 한 권을 100번을 읽고 100번 익히는 '백독 백습' 독서법을 실천했다고 합니다. 또 미적분학을 발견한 라이프니츠는 독학으로 혼자 공부하면서 같은 책을 되풀이하며 읽으며 다방면에 놀라운 지식을 쌓았습니다. 이렇게 반복해서 다시 읽는 독서법을 '라이프니츠 독서법'이라고 합니다. 링컨도 많은 책보다 좋은 책을 반복해서 읽는 게 훨씬 유익하다고 강조할 정도니 반복 독서가 얼마나 중요한지 알 수 있습니다.

보통은 책을 읽을 때 소리 내지 않고 읽는 묵독을 합니다. 반면에 시끄러운 장소나 집에서 책을 읽을 때는 낭독으로 소리 내어 읽습니다. 낭독은 매우 오래된 독서법으로 중세까지는 지금처럼 소리 내지 않고 속으로만 읽는 독서법이 없었다고 합니다. 모두 낭독으로 책을 읽었다고 해요. 낭독하는 사람의 뇌를 MRI로 촬영하면 묵독 때 보이지 않던 운동중추가 움직입니다. 낭독이 묵독보다 뇌의 많은 영역을 자극해서 뇌 발달에 더 유익하다는 연구결과가 있습니다. 10세 미만 아이나 책을 읽으면서 자꾸 딴생각을 하는 사람에게 낭독을 추천합니다.

눈이 나쁘거나 운전을 많이 해야 하면 오디오북을 활용해서 청독할 수 있습니다. 어르신용으로 큰 글자 책도 발행되고 있죠. 한글을 모르는 아이는 부모님이 읽어주거나 구연동화 CD, 또는 책에 터치하면 책을 읽어주는 스마트 펜을 활용할 수 있습니다. 청각 장애인은 손으로 읽는 촉독, 시각 장애인은 귀로 읽는 청독을 활용합니다. 헬렌 켈러도 청각, 시각, 언어 장애인이지만 촉독으로 책을 읽었습니다. 또 글을 읽으며 분석하고 해설하는 독서법보다 작품을 있는 그대로 받아들이는 감성의 독서를 했습니다.

⫶ 메모 독서법

나폴레옹은 언제나 정독을 했다고 전해집니다. 그는 책을 다 읽은 후에 반드시 발췌록을 쓰거나 메모를 남겨두었습니다. 그래서 나폴레옹의 두뇌는 잘 정리된 서랍 같이 정보가 체계적으로 보관돼 있었다고 합니다. 정보가 필요할 때 언제든지 바로 꺼내서 사용할 수 있었다고 하는데요. 메모 독서는 다양한 방법으로 시도할 수 있습니다. 책에 내 생각을 바로 적는 낙서 독서, 포스트잇에 생각을 적어서 해당 쪽에 붙이는 포스트잇 독서, 밑줄을 치면서 읽는 밑줄 독서도 있습니다.

초등학교 고학년부터는 생각부호 사용 독서를 해보는 것도 좋습니다. 생각부호란 처음 알게 된 사실이나 깨달음을 준 부분에는 느낌표, 의문이 드는 부분에는 물음표, 중요한 핵심 문장에는 세모 등의 기호를 책에 표시하는 독서법입니다.

저는 책에 밑줄을 치면서 읽고 밑줄 친 부분 중 좋은 문장이나 핵심 문장을 필사하면서 읽습니다. 필사할 때는 책의 내용을 요약하지 않고 작가가 쓴 단어나 띄어쓰기, 문장부호까지 똑같이 따라 씁니다. 소설 등의 문학은 필사보다 책의 구조를 파악하는 데 초점을 두고 마인드맵을 그리면서 읽어요. 등장인물이 복잡한 경우에는 가계도, 인물 구조도를 그리거나 도식으로 구조화하면서 읽습니다.

읽고 쓰기를 같이 하는 독후감이나 서평, 독서 일기는 도움이 됩니다. 요즘은 수기보다 독서 모바일앱을 활용해서 기록하는데요. 스마트폰 메모장이나 책을 카메라로 찍으면 스마트폰에 글자로 전화되는 서류인식 앱을 이용해서 메모를 대신할 수 있습니다. 마음에 드는 글귀를 SNS에 보관하거나 별도의 계정을 만들어서 관리하는 방법도 있습니다.

⦂ 장소별 독서법

읽는 장소에 따라서도 다양한 독서법이 있습니다. 주변을 둘러보면 책을 읽지 못하는 장소는 거의 없습니다. 어디서 읽든 내가 책을 읽으면 그게 바로 나만의 독서법입니다.

집에서 하는 집 독서, 카페에서 하는 카페 독서, 직장에서 하는 직장 독서, 전철에서 하는 메트로 독서, 화장실에서 하는 화장실 독서, 여행 가서 읽는 여행 독서, 맥주 한 잔 마시면서 책을 읽는 '북맥'도 있습니다.

일부러 책이 많이 있는 곳을 찾아가서 책을 읽을 수도 있습니다. 대표적으로 도서관 독서가 있죠. 저는 이사 갈 집을 찾을 때 걸어갈 수 있는 거리에 도서관이 있는지 꼭 살펴봅니다. 지금은 집에서 5분 거리에 도서관이 있고 회사에도 10분 거리에 도서관이 있어요. 점심시간이나 퇴근길에 책을 읽거나 빌리기 좋습니다. 두 곳의 도서관 중의 한 곳은 교육청에서 운영하는 평생학습관이고 다른 한 곳은 구청에서 운영하는 구립 도서관이어서 서로 다른 프로그램을 접할 수 있습니다. 도서관에서 주관하는 다양한 독서 프로그램도 무료로 참여할 수 있습니다.

요즘 대형 서점에 가면 손님들이 책을 읽을 수 있도록 책상과 의자가 준비되어 있습니다. 불특정 다수의 사람과 함께 책을 읽는 서점 독서를 하거나 사서 읽는 독서법도 있습니다. 서울시에서 운영하는 시민 중고 서점인 책보고, 코엑스 내 1층의 별다방 도서관과 파주 출판 단지 내 24시간 도서관, 대형 서점에 없는 특별한 책이 있는 독립 서점을 중심으로 탐방을 하면서 책을 읽는 독서법도 추천합니다. 아이와 함께 책을 즐길 다양한 장소를 발굴해보세요.

⦂ 장르별 독서법

책을 고르는 방법에 따라서도 독서법을 나눌 수 있습니다. 책을 고르지 않고 무작위로 읽는 난독, 에디슨이 사용했다는 '도서관을 통째로 읽는 독서법', 피터 드러커가 사용했던 특정 주제만 집중적으로 읽는 '주제 도서법'이 있습니다. 특정 작가를 좋아하거나 알고 싶다면 작가의 전집을 모두 다 읽는 작가 전집 읽기, 어른을 위한 그림 동화책 읽기도 있습니다. 아이용 그림 동화책을 어른이 읽어도 좋고 요즘에는 어른을 위한 그림 동화책이 따로 나옵니다. 또 번역본이 아닌 외국어 원서를 그대로 읽는 원서 읽기, 인문 고전을 집중적으로 읽는 인문고전 독서, 동원그룹을 창업한 김재철 회장이 만든 문학과 역사, 철학에 관련된 600권을 읽는 '문사철 600' 독서법도 있습니다.

⦂ 함께 또는 혼자 독서법

누구와 함께 읽는지에 따라서도 다양한 독서법이 있습니다. 대부분은 혼자 읽기를 하지만 가족 독서를 할 수 있습니다. 또 가족이 독서를 하지 않는다면 독서를 좋아하는 사람들끼리 함께 읽어도 됩니다. 보통 독서모임에서 함께 읽기, 독서토론하며 읽기를 많이 합니다. 이런 모임에 가려면 책을 읽고 만나야 해서 강제로 책을 읽는 효과가 있습니다.

또 사전에 책을 읽을 시간이 없는 사람을 위해서 특정 장소에 모여서 책만 읽고 헤어지는, 침묵으로 함께 읽기도 있습니다. 일본에서 만들어진 '리드포액션'은 만나서 함께 책을 읽으면서 동시에 토론하는 독서법입니다. 1박 2일, 2박 3일간 책만 읽는 책 읽는 MT와 심야 독서로 책을 밤새 읽는 사람도 있습니다.

저는 휴가를 내서 책을 읽으러 가는 휴가 독서를 좋아합니다. 휴가 독서는 세종대왕이 집현전 신하들에게 일정 기간 휴가를 주면서 독서에 집중하게 한 '사가 독서'가 그 시작이라고 합니다. 비슷한 제도로 영국의 빅토리아 왕조에서 만든 '셰익스피어 휴가'가 있습니다. 셰익스피어 휴가는 고위직 관리에게 3년에 한 달 휴가를 주면서 셰익스피어 작품 다섯 편을 정독하고 독후감을 써내게 하는 제도입니다.

: 세계 명문가의 독서법

처칠 가문에서는 역사책과 외국어 독서법을, 케네디 가문에서는 책과 신문을 함께 읽는 독서법을, 네루 가문은 옥중 서신 독서법을 애용했습니다. 루스벨트 가문은 역할 모델 독서법으로 역할 모델을 정하고 그 사람의 독서법을 따라서 독서를 했습니다. 버핏 가는 5배 독서법으로 다른 사람보다 5배를 더 읽는 독서를 강조했다고 해요. 이 밖에도 카네기 가에서는 이야기로 들려주는 독서법을, 헤세 가는 독서 취향 독서법을, 박지원의 가문은 끌리는 대로 읽는 독서법을, 밀의 가문은 고전 독서토론 독서법을, 이율곡 가는 재능별 맞춤 독서법을 사용했습니다.

⁞ 그 외 독서법

대부분의 사람은 책을 앞에서부터 읽습니다. 하지만 등장인물이 많은 장편 소설은 뒤에서부터 읽기를 추천합니다. 뒤에서부터 읽으면 김이 빠질 수 있습니다. 하지만 우리가 드라마나 영화를 볼 때 주인공이나 대략적인 플롯을 알고 영상을 보듯 책도 마찬가지입니다. 등장인물을 익히고 독서의 이해도를 높일 수 있는 방법을 추천합니다. 독서 모임에서 서로 역할을 정해서 책을 읽는 낭독극으로 읽기도 있고 요즘은 전자책으로 책을 읽는 사람도 늘어나고 있습니다.

분량을 기준으로 독서법을 분류하기도 합니다. 하루 한 권 책 읽기, 100일 33권 독서법, 1,000권 독서법, 1만 권 독서법, 1년에 100권 독서법도 있습니다. 시간을 기준으로 하면 하루 15분 독서법, 100일 독서, 48분 독서법, 한 시간에 한 권 독서법, 새벽 독서가 있습니다. 직장인을 위한 주경야독 독서법도 있죠. 독서 후 실천을 기준으로 삼으면 본깨적(본 것, 깨달은 것, 적용할 것) 독서법, 일독일행 독서법, 아웃풋 독서법도 있습니다. 실천하는 독서법은 정약용의 독서법으로 알려져 있습니다. 18년 간 492권의 책을 집필한 정약용은 '책을 읽으면서 글만 받아들이고 실천을 하지 않는 독서는 나약하다'라고 했습니다. 실천이 뒷받침된 독서를 강조했습니다.

지금 소개한 101가지 독서법 외에도 세상에는 무수히 많은 독서법이 있습니다. 아이가 수많은 독서법 중에서 나만의 독서법을 찾을 수 있게 도와주세요. 독서에도 기술이 필요합니다.

스스로 읽기 시작하는 8~9세

⁝ 1~2학년은 소리 내어 읽는 낭독

초등 1~2학년 아이는 대부분 글을 읽을 줄 알아서 독립적인 책 읽기가 가능합니다. 또 글을 읽을 줄 알고 뜻을 깨닫는 데서 성취감을 느끼며 책에 흥미를 느끼는 경우가 많습니다. 1~2학년에게 권하는 독서법은 소리 내어 책을 읽는 낭독입니다. 소리를 내서 책을 읽는 낭독을 하면 소리 내지 않고 읽는 묵독 때와는 달리 눈, 입, 귀를 동시에 사용해서 읽은 내용을 기억하기가 수월합니다. 남의 말을 듣고 기억하기보다 내가 한 말이 기억에 오래 남는 것과 같은 원리입니다. 낭독은 초등학생의 넘치는 에너지를 배출시키기도 합니다.

낭독할 때는 책을 낱말 단위로 나눠서 읽고 주어와 술어를 나눠서 읽도록 연습을 시켜주면 좋습니다. 아이가 책을 읽으면 조사를 빠트리거나 마음대로 읽는 현상이 있는데요. 이는 언어 유창성이 낮아서 그렇습니다. 이런 경우에는 어른이 한 줄을 읽고 아이가 같은 줄을 따라 읽게 하면 좋습니다. 또 어른이 첫 줄을 읽고 아이가 다음 두 번째 줄을 읽는 식으로 번갈아 읽어도 좋습니다. 낭독을 통해서 아이는 읽는 방법을 스스로 터득할 수 있습니다. 낭독은 고급단계인 말하기 독서의 기초과정이기도 합니다.

⋮ 1~2학년 책 고르기

1~2학년 책은 보통 한 쪽에 10줄 내외의 글로 구성됩니다. 전체 50쪽 내외로 글보다는 그림이 많습니다. 교과서의 글씨가 20포인트니까 책의 글씨도 20포인트로 된 책이 적절합니다. 아이는 옛날이야기나 도덕성이 명백한 이야기에 관심을 많이 보입니다. 이 밖에도 또래가 등장하는 생활 동화에 관심을 가지고 모험담을 재미있어합니다. 전래동화나 창작동화, 한국동화, 세계동화 등 다양한 이야기를 읽어주고 스스로 읽게 하면 좋습니다. 1~2학년 아이는 표지나 제목만 보거나 글자 없이 그림만 나오는 책을 보면서 내용을 상상하여 말할 수 있습니다. 책을 읽고 질문을 만들 수도 있습니다.

᛬ 고민 1. 내용을 물어보면 몰라요

초등 저학년 아이, 특히 남자아이는 책을 제대로 읽어도 책의 내용을 조리 있게 말하기가 어렵습니다. 아이가 책을 잘 읽었는지 확인하기 위해서 꼬치꼬치 물어보는 엄마들이 있습니다. 엄마는 대화라고 생각하지만, 아이로서는 시험입니다. 아이에게 책을 제대로 읽었는지 시험을 보지 않으면 좋겠습니다. 책을 읽을 때마다 제대로 읽었는지 부모가 확인하면 아이가 책을 읽기 싫게 만드는 지름길입니다.

'책을 100권 읽으면 그중 10권을 말하고 한 권을 쓰라'고 했습니다. 초등학교 1~2학년 아이는 추상적인 원리를 어려워합니다. 반면에 암기 능력은 매우 뛰어난 시기라서 구구단, 알파벳 등 기초지식을 배우기에 적절합니다. 자연히 새로운 정보를 외우고 분류하는 것을 재미있어합니다. 그러니 책을 읽고 내용을 확인하기보다 등장인물의 이름 대기, 위인의 이름 대기, 책 속에 나오는 새의 이름 대기, 좋아하는 책 제목 대기 등으로 간접적으로 확인하면 좋습니다.

᛬ 고민 2. 읽어주는 것만 좋아해요

초등학교 저학년 아이 중에는 부모님이 읽어주면 좋아하는데 스스로 읽으려고 하지 않는 아이가 있습니다. 아마 이런 아이는 책 읽기를 좋아하는 것이 아니라 책 읽는 시간, 부모와 함께하는 시간을 좋아하는 아이일 가능성이 큽니다. 즉, 아이가 책 읽기를 좋아해서 읽어달라고 하는 것이 아니라 부모와 함께 있는 시간에 누리는 정서적인 만족감을 좋아하는 겁니다.

이런 아이는 부모와의 시간을 보낼 수 있는 다른 활동을 더 할 필요가 있습니다. 책 읽는 시간 외에 부모님과의 시간을 충분히 가지고 책 읽는 시간에는 아이가 듣기와 함께 읽기도 하도록 유도하면 좋습니다.

부모의 책 읽어주기는 듣기 연습이 됩니다. 하지만 아이가 스스로 읽지 않으면 읽기 능력이 발달하지 않습니다. 아이를 정서적으로 지지하면서 부모가 한 권 읽어주면 스스로 한 권을 읽게끔 천천히 유도해주세요. 아이가 스스로 읽었을 때는 크게 칭찬해주세요. 아이는 작은 성공을 자꾸 느끼는 게 중요합니다. 그래야 힘들어도 즐겁게 할 수 있습니다.

⦂ 고민 3. 너무 책만 읽어요

책을 안 읽어서 걱정인 아이가 있는 반면에 책만 읽으려고 해서 걱정인 아이도 있습니다. 이런 아이는 밥도 안 먹고 외출도 안 하고 학교에 가서도 수업 중에 책만 읽으려고 하는데요. 어쨌든 책을 잘 읽으니까 좋은 걸까요, 책만 읽으니까 안 좋은 걸까요?

저는 무엇이든 지나치면 문제라고 생각합니다. 아이가 왜 그렇게

초등 하루 한 권 책밥 독서법

책만 읽는지에 대한 고민이 필요합니다. 어쩌면 읽는 행동에 중독된 게 아닐까요? 책을 읽기만 한다고 삶이 변하지 않습니다. 읽고 실천해야 삶이 변합니다. 읽은 다음 생각하고 경험할 수 있는 독후 활동으로 독서를 확장해주세요. 책을 읽으면 책 내용으로 말하기를 하거나 책놀이를 하거나 쓰기를 하거나 관련 영상을 보여주거나 책과 관련된 장소로 탐방을 가는 등 다양한 활동을 함께 해주세요. 진짜 독서는 책을 다 읽은 후부터 시작된다는 말이 있습니다.

그리고 독서규칙을 정해야 합니다. 예를 들어서 저희 집은 아무리 책을 읽고 싶어도 밤 9시 30분에는 잠자리에 들어야 합니다. 또 아무리 많이 읽고 싶어도 하루 한 권만 허용됩니다. 아이가 오직 책만 읽으려고 한다면 '식사 시간에는 읽지 않는다', '책을 한 권 읽으면 10분 운동한다', '수업 시간에는 읽지 않는다' 등 독서규칙을 정해서 일상적인 삶을 살아갈 수 있도록 도와주세요.

주도적인 심화독서기
10~11세

05

⁝ 3~4학년이면 진짜 독서가 시작된다

초등학교 4학년부터는 주도적으로 책을 읽도록 도와줘야 하는 나이입니다. 보통 미취학 아동과 초등학교 1~2학년에는 책을 많이 읽히던 부모님도 초등학교 4학년부터는 학원으로 보내는 경우가 많습니다. 사실은 초등 4학년부터 글밥이 많아지는데요. 이때 독서를 해야 진짜 독서가 시작됩니다.

그래서 초등학교 4학년부터는 심화독서가 시작됩니다. 3~4학년이 읽는 책은 1~2학년의 책과 달리 글밥이 많아서 낭독으로 읽기 힘듭니다. 3~4학년 아이는 낭독보다는 속으로 읽는 묵독으로, 처음부터 끝까지 천천히 정독하도록 지도해주세요. 초등학교 3학년 이후부터는 책에 대한 생각이나 느낌을 말로 표현할 수도 있습니다. 책을 다 읽은 후에 책에 대한 생각과 느낌을 1~2분 정도 말하고 독서를 마무리하면 좋습니다.

: 3~4학년 책 고르기

3~4학년 아이는 책을 스스로 고를 수 있고 다독을 시작할 수 있습니다. 책을 스스로 골라 읽기를 반복하면 나중에는 좋은 책을 고르는 눈이 생깁니다. 아이가 시행착오를 겪으면서 어떤 책이 자신에게 잘 맞고 어떤 책이 좋은 책인지 알게 될 겁니다.

'아이의 독서를 방해하는 것은 텔레비전이 아니라, 흥미 있는 책이 없기 때문이다'라는 말이 있습니다. 좋은 책을 부모가 많이 추천해주되 어떤 책을 읽을지는 아이 스스로 결정하도록 하세요. 부모님과 같이 고르면 좋습니다. 책을 선택할 기회를 아이에게 주면 독서에 흥미를 유지할 수 있습니다.

3~4학년 책은 한 쪽마다 약 15줄 내외의 글이 들어갑니다. 전체 쪽수는 100쪽 내외이고 이때부터 글이 그림보다 더 많습니다. 초등 3~4학년 아동에게는 사전이나 도감처럼 읽기만 해도 새로운 지식을 얻을 수 있는 지식 정보책을 추천합니다. 사회, 과학, 환경 분야의 책도 좋은데요. 1~2학년 때 많이 읽었던 문학은 70퍼센트 내외로 줄이고 비

문학이 30퍼센트 내외가 되도록 구성하면 다양한 어휘를 받아들일 수 있습니다.

아이가 유치원에 가면 그때부터 인성에 관련된 책을 읽히는 부모님들이 있는데요. 인성 책을 읽기 적절한 연령은 초등학교 3~4학년입니다. 단짝 친구, 소그룹이 생기는 나이가 초등학교 4학년이기 때문입니다. 이전까지는 반 친구들과 두루두루 잘 지내던 아이가 대부분이다가, 4학년부터 별도의 소그룹이 생기기 시작합니다. 소그룹이 생기면 좋아하는 친구와 싫어하는 친구가 분명해지고 같이 노는 친구와 놀지 않는 친구가 생깁니다. 인성과 관련된 책은 3~4학년 때 읽도록 하면 좋습니다.

⁞ 고민 1. 어릴 때는 책을 잘 읽었는데 아이가 변했어요

3~4학년 아이의 부모님 중에 이런 고민을 토로하는 분들이 있습니다.

"어릴 때는 책을 잘 읽었는데 지금은 학년에 맞는 책은 읽지 않고 어릴 때 읽던 그림책만 읽고 다른 책은 읽기 싫어해요."

3~4학년 책에서는 글밥이 갑자기 많아집니다. 이전까지 엄마의 강요 때문에 책을 읽었던 아이라면 버거울 수 있습니다. 또 점차 자기주장이 생기면서 독서를 가장 많이 포기해버리는 시기가 이때입니다.

책을 좋아하는 아이는 책을 직접 골라서 읽습니다. 부모로서는 꼭 읽어야 할 책보다 읽고 싶은 책을 먼저 읽는 것처럼 보일 수 있습니다.

하지만 아이가 주도적으로 책을 읽게 하려면 읽고 싶어 하는 책을 먼저 읽게 하는 게 좋습니다. 만약 스스로 책을 읽지 않고 부모님의 잔소리나 강요 때문에 책을 읽었던 아이라면 적극적으로 책을 고르지 않습니다. 학교 숙제용 책, 엄마나 선생님이 읽으라고 한 책만 읽습니다.

이런 경우 똑같은 책을 읽는다고 해도 아이에게 끼치는 영향은 다를 수밖에 없습니다. 읽기가 내재화되지 않고 겉으로만 읽은 아이는 3~4학년이 되면 표가 납니다. 이전까지 책을 잘 읽었는데 지금은 어릴 때 읽었던 책만 읽는다면 일단 무엇이든 읽도록 내버려두세요.

저도 처음에 아이에게 책을 읽게 할 때 학년에 맞는 책이 아니라 독서 나이에 맞는 책부터 읽게 했습니다. 본인 나이보다 두 살 어린 책부터 읽게 했더니 부담 없이 잘 읽었습니다. 아이가 직접 고른 책이 지금 읽기에 적절한 책이라고 생각하고 거기서부터 다시 시작해주세요. 저희 아이도 초등학교 2학년이지만 7세 책부터 읽기 시작했습니다. 1년 동안 7세와 1학년용 책을 읽었는데 3학년이 되자 2학년 책과 3학년 책을 읽더니, 4학년이 되면서는 4~6학년 책과 청소년용 책까지 읽는 수준으로 점차 발전했습니다.

아이가 책을 읽고 싶은 마음이 들게 하는 첫 번째 요령은 아이가 읽고 싶어 하는 책을 읽게 내버려두기입니다. 아이가 무엇을 읽든 그대로 두고 엄마가 하루 15분만 아이 연령대의 책을 읽어주세요. 읽어주는 책은 아이 나이보다 세 살까지 많아도 내용을 이해할 수 있으니까 엄마가 읽어줄 때는 학령에 맞는 책을 읽어주세요. 한 번에 한 권을 다 읽어주지 말고 하루에 목차 한 개만 매일 꾸준히 읽어주세요. 계속 듣다 보면 자기 학년의 책이 글밥만 많은 게 아니라 내용도 풍부하고 깊이 있다는 것을 알게 됩니다.

⁝ 고민 2. 학습만화만 보려고 해요

초등학교 4학년부터 6학년 아이를 둔 부모님의 공통적인 고민이 있습니다. 바로 학습만화입니다. 학습만화를 옹호하는 사람은 이렇게 말합니다.

"한 분야라도 열심히 읽어야 다른 분야도 읽는다. 아이가 좋아하는 분야나 즐기는 책부터 찾아 읽는 것이 독서를 지속적으로 즐길 방법이다. 깊이 파다 보면 어느 순간 넓게 읽고 싶은 순간이 오기 마련이다. 그때 다른 분야의 책을 더 읽어도 된다."

저는 책 읽기 습관이 잡히지 않으면 학습만화를 제한적으로 허용합니다. 제 생각에 줄글 책이 '밥'이라면 학습만화는 '과자'입니다. '책'이라는 매체와 친해지고 익숙해지게 하는 방법으로는 만화를 찬성합니다. 하지만 텍스트 이해력이나 문해력 측면에서는 학습만화를 권장하지는 않습니다.

만화로 된 책 위주로 독서를 하면 문장 이해력이 늘지 않습니다. 만화는 그림으로 이해하기 때문에 글을 읽지 않아도 넘어갈 수 있거든요. 한국사라든가 과학, 인문, 고전 등 낯설고 어려운 분야의 시작을 여는 책으로 학습만화 몇 권은 읽어도 괜찮습니다. 하지만 학습만화만 봐서는 읽기 능력이 좋아지지 않습니다.

저는 아이에게 학습만화 책을 사주지 않습니다. 아이가 용돈으로 학습만화를 사거나 친구에게 빌려서 읽거나 학교 도서관에서 빌려서 읽도록 허용합니다. 다만 엄마는 학습만화를 사주지 않겠다고 아이에게 말했습니다. 아이가 꼭 읽고 싶은 학습만화가 있으면 따로 사주지 않아도 빌려서라도 잘 읽습니다.

만약 아이가 학습만화를 너무 좋아한다면 혹시 부모님이 학습만화를 좋아하도록 분위기를 만든 게 아닐까 하는 생각이 듭니다. 몇 권의 학습만화를 사주던 부모님이 이제 와서 왜 학습만화를 보느냐고 아이를 혼내면 아이로서는 황당하지 않을까요? 집에 학습만화가 많이 있고 이것을 아이가 대부분 읽었다면 어떻게 해야 할까요? 눈에 보이지 않게 조금씩 숨기거나 정리를 하면 좋습니다. 아이는 눈에 보이지 않으면 덜 읽습니다.

그렇다고 오늘부터 당장 학습만화를 금지하는 것은 좋지 않습니다. 대신에 학습만화를 줄글로 된 책을 읽는 마중물로 활용하세요. 아이가 학습만화만 보려고 한다면 아이와 협상을 하세요. 학습만화를 한 권 보면 줄글로 된 책을 한 권 봐야 한다든가 학습만화 한 권을 보면 줄글 책을 두 권 봐야 한다는 식으로요. 아이도 좋아하는 학습만화가 따로 있을 텐데요. 관심 있는 학습만화의 분야에서 제일 쉬운 줄글 책부터 추천해주세요.

예를 들어서 아이가 4학년인데 학습만화로 된 그리스로마신화를 읽는다면 1학년용이라도 좋으니 글밥이 적은 그리스로마신화 책을 권

해주세요. 아이가 과학 학습만화를 읽는다면 초등학교 2학년용도 좋으니 글밥이 적은 과학 도서를 읽게 하세요. 이런 식으로 처음에는 아이의 관심을 따라서 줄글을 읽는 습관을 들이면 좋습니다. 독서의 목적은 아이의 호기심을 좇아서 책을 재미있게 읽히고 독서습관을 붙이는 데 있습니다.

책 읽기도 하나의 능력이기 때문에 스스로 하지 않으면 실력이 늘지 않습니다. 그래서 처음에는 아이의 관심사에 따라서 줄글로 된 책을 읽게 연습을 시키다가 나중에는 예술, 문학, 역사 등으로 학습만화의 영역을 넓히세요. 동시에 줄글 책도 함께 읽도록 유도하면 좋겠습니다. 과자보다 밥을 먹는 게 아이 몸에 더 좋겠지요? 기억하세요. 줄글 책이 밥이라면 학습만화는 과자입니다.

⁝ 고민 3. 논술학원에 보내고 싶고 인문고전도 읽히고 싶어요

초등학교 3~4학년은 독서·논술학원에 보내거나 인문고전 책을 읽히기에 적절한 시기가 아닙니다. 독서·논술학원 커리큘럼을 보면 미취학 아동부터 다닐 수 있도록 구성되어 있습니다. 초등학교 4학년 이하를 대상으로 하는 독서·논술학원은 아이에게 책 읽는 습관을 심어주고자 합니다.

논술이란 어떤 문제에 대한 자기 생각과 해결 방안을 논리적으로 서술하는 글을 말하죠. 독서논술을 하려면 자신만의 생각과 주장, 다른 사람의 주장에 대한 비판적 사고가 따라줘야 합니다. 발달단계상 분석적이고 비판적인 사고가 발달하는 시기는 초등학교 5~6학년입니다. 독서 · 논술도 발달단계에 맞도록 지도하려면 초등학교 5~6학년 시기가 적절합니다.

인문고전 독서의 경우 이지성 작가가 말하길 초등학교 5학년부터 시도하는 것이 좋다고 합니다. 초등학교 4학년 전까지는 인문고전 저자들의 위대한 점을 알려주고 동기부여만 해도 충분합니다. 인문고전 독서지도는 초등학교 5학년이 된 이후에나 시작하세요. 독서지도에 앞서서 먼저 부모님이 1년 동안 최소 다섯 권의 인문고전을 하루 30분 이상 읽으며 깊이 이해하려고 노력하고 필사도 해보세요. 어떻게 아이에게 인문고전을 읽힐지 비법을 터득한 다음에 지도하는 게 바람직합니다.

다양한 읽을거리가 필요한 12~13세

⁞ 5~6학년은 부담없이 읽는 통독

5~6학년에게 추천하는 독서법은 통독입니다. 통독은 대충 훑어 읽기라고 정의할 수 있는데요. 처음부터 책을 철저하게 읽으라고 하면 제풀에 지쳐서 아무것도 하지 못합니다. 오늘은 읽고 내일은 잊어버려도 된다는 마음으로 부담없이 읽게 해주세요.

그동안 자발적으로 책을 읽었던 아이라면 책에 따라서 다양한 방법으로 독서를 합니다. 내용이 어려우면 천천히 읽고, 그만 읽겠다고 포기하기도 하고, 읽었던 부분을 다시 읽어보기도 하고, 밑줄을 치면서 읽기도 합니다. 모르는 단어가 나오면 뜻을 찾아보면서 읽습니다. 이렇게 되면 자신의 독해능력에 따라서 읽기 과정을 스스로 조절할 수 있는 수준인데요. 이때는 의식적이고 계획적인 독서가 되도록 전략이 필요합니다.

5~6학년은 발달 과정상 지적 호기심이 많아집니다. 논리적인 규칙을 추론할 수 있어요. 독서 기술과 속도가 향상되어서 독서를 자유자재로 할 수 있고 책을 적절하게 선택하는 능력이 생기고 요점을 쉽게 파악할 수 있습니다. 목표를 세워서 달성이 가능하므로 독서전략과 독서목표를 스스로 세울 수 있습니다. 또 책의 가치와 논리를 놓고 토론을 할 수도 있습니다.

아이가 사춘기에 접어들면 부모님과 선생님의 말씀에 말대꾸하고 따지기 시작하죠. 요즘 아이들은 사춘기가 빨라져서 이르면 초등학교 4학년부터 시작됩니다. 아이가 이렇게 말대꾸를 하고 따지기 시작하면 발달단계상 분석적이고 비판적인 사고가 가능해졌다고 표현합니다. 아이가 따지기 시작하면 기뻐해서도 좋습니다. 이제 독서토론이나 독서논술을 하기에 적절한 단계가 됐다는 뜻이니까요.

⋮ 5~6학년 책 고르기

5~6학년의 책은 보통 한 쪽에 글을 20줄 내외로 구성하고, 전체 쪽수는 200쪽 내외입니다. 성인용 책의 글이 20~25줄이고 전체 쪽수가 250쪽 내외인 것과 비교해볼 때 성인용 책과 얼추 비슷합니다. 그래

서 초등학교 5~6학년 아이에게 책 한 권은 어마어마한 두께로 다가올 수 있습니다.

부모님 중에서도 하루에 한 권을 읽는 사람이 많지 않죠? 초등학교 5~6학년 아이가 글씨가 많고 두꺼운 책을 매일 읽기란 힘들다는 것을 인정하세요. 그런 다음에 독서지도를 하면 좋겠습니다.

5~6학년 아이는 지식을 주는 책에 흥미가 있고 과학소설이나 서정 문학, 장편 소설도 읽을 수 있습니다. 논픽션 책, 성교육 책, 역사책 등 다양한 책을 읽게 해주세요. 이때는 책만 강요하지 말고 신문이나 잡지, 책과 관련된 영상자료를 함께 제공해도 좋습니다. 독서토론 지도자는『과학소년』,『초등 독서평설』같은 어린이 잡지나 어린이신문을 추천합니다. 다양하게 읽으면 배경지식이 생겨서 책을 더 깊이 있게 읽을 수 있습니다. 초등 독서지도의 목표는 책 읽기에 흥미를 잃지 않게 해야 합니다.

⁞ 고민 1. 보상이 효과가 없어요

어릴 때는 효과적이던 책 읽기 후 보상이 효과가 없거나 미약합니다. 보상이 효과가 없는 이유는 중간에 엄마들도 마음이 흐려져서 보상을 제대로 하지 않거나, 아이가 원하는 보상이 아니기 때문입니다. 제가 중학생 아이에게 물었을 때 '1년에 50권이나 100권 독서를 한다면 용돈 5~10만 원, 또는 연예인 굿즈를 보상으로 준다면 책을 잘 읽겠다'

는 대답이 많았습니다.

저희 집 벽에는 책 제목을 적을 수 있는 종이를 붙여놓았습니다. 아이들이 책을 읽을 때마다 제목을 적어서 이력을 관리하는데요. 아이가 책 목록을 보면서 보람과 성취를 느껴서 좋습니다. 그리고 중학교, 고등학교에 진학할 때 독서목록이 필요하지는 않을까 해서 미리부터 제목을 적어두고 있어요.

보상은 아이들이 말하지 않아도 반드시 그날 바로 해줍니다. 엄마가 보상을 흐지부지하면 아이도 동기부여가 되지 않습니다. 저는 10권, 20권, 50권, 100권을 읽은 날 바로 용돈을 주거나 아이가 원하는 음식을 해줍니다. 또 시간을 같이 보내기도 합니다. 늘 제가 먼저 보상을 챙깁니다. 아이가 그 돈으로 장난감을 사거나 과자를 사겠다고 하면 같이 가서 사옵니다. 시간이 지난 후에 하는 보상은 의미가 없습니다. 그리고 보상도 엄마가 정하지 말고 아이가 원하는 상을 받을 수 있게 미리 의논하세요.

중고교생 아이의 보상 중에는 자유시간이 있습니다. 책놀이에서 하던 독서왕 게임은 중고교생 아이들도 좋아합니다. 독서왕 게임은 한 달 동안 책을 가장 많이 읽은 사람이 그날 하루 왕이 되는 놀이인데요. 하루 동안 학원을 하루 빠질 기회를 주셔도 좋고 만화만 종일 읽을 기회를 주셔도 좋아요. 피시방에 갈 수 있도록 허락해도 좋습니다. 아이가 원하는 보상이 무엇인지 물어보세요. 책 읽는 습관은 저절로 생기지 않습니다. 부모님도 책 읽기가 저절로 되지 않죠? 아이도 그렇습니다.

: 고민 2. 자꾸 어른 책을 봐요

나이에 맞는 책에는 관심이 없고 성인용 책에 관심이 있는 아이가 있습니다. 엄마가 읽는 소설뿐만 아니라, 『코스모스』, 『이기적 유전자』 같이 엄청 두꺼운 책을 읽는 초등학생들도 있는데요. 요즘 아이들은 이미 성인물, 폭력물에 많이 노출되어 있습니다. 다른 나쁜 것보다 차라리 책이 낫지 않느냐는 의견도 있습니다. 하지만 저는 반대합니다.

아이가 성인용 책을 읽어도 100퍼센트 이해하기 어렵습니다. 그냥 읽었다는 만족감을 줄 뿐이고 책을 대충 읽는 습관을 들일 수 있습니다. 좋은 독자는 책의 내용이 어려우면 천천히 읽거나 아니면 깨끗하게 포기하는 독자입니다. 읽었던 부분을 다시 읽기도 하고 밑줄을 치면서 읽고 모르는 어휘가 나오면 단어 뜻을 찾아보면서 읽어야 합니다. 자신의 독해능력에 따라서 읽기 과정을 조절하고 독서법을 선택할 수 있어야 합니다. 그런데 성인용 책을 읽다가 오히려 부적절한 습관을 지니게 될까 봐 염려됩니다.

아이가 성인용 책에 관심을 가지면 차라리 청소년용 고전을 읽도록 유도하세요. '푸른숲 주니어 징검다리 클래식', '채우리 출판사 서울대 선정 문학고전 시리즈', '풀빛출판사 철학 창고시리즈' 등 여러 출판사에서 양질의 청소년용 고전을 내놓았습니다. 청소년용 책을 읽도록 해서 나이보다 조금 높은 수준의 책을 이해하고 읽어나가도록 지도해주면 좋겠습니다.

초등 하루 한 권 책밥 독서법

⦂ 고민 3. 교과목 연계 독서는 어떻게 하나요?

교과서는 훌륭한 저자 여러 명이 연구해서 아이들의 발달 단계와 교과과정에 맞게 만든 공식적인 책입니다. 교과서 자체가 아주 좋은 책이죠. 초등 고학년부터 청소년까지 독서로 교과서를 활용하는 방법은 우선 반복해서 읽기입니다.

일본의 아라이 노리코 교수가 전국 단위의 중고교생 문해력 검사를 했습니다. 그 검사에서 일본 중고교생도 한국처럼 독해력이 낮다고 드러났는데요. 아라이 노리코 교수는 교육의 가장 중요한 과제로 '학생들이 중학교를 졸업하기 전까지 교과서를 읽고 이해할 수 있도록 만드는 것'을 제시했습니다. 그러면서 이렇게 말했습니다.

"교과서를 읽지 못하면 학습도 공부도 소용없다."

공부에 도움이 되는 독서의 시작은 교과서 읽기입니다. 교과서를 일곱 번 이상 반복해서 읽기를 추천합니다.

교과서 외에도 다양한 종류의 글을 읽을 수 있는 능력을 키워주면 좋습니다. 교과서 외에 더 읽은 책의 목록을 정하고 그중에 마음에 드는 책을 골라서 읽게 해주세요. 책, 잡지, 종이 신문, 인터넷 신문, 멀티미디어텍스트, 광고, 동영상 등도 함께 곁들이면 교과서의 내용을 더욱 풍부하게 이해할 수 있습니다.

또 EBS 교과독서를 지도할 시에 활용하는 과목별 독서법이 있습니다. 인천광역시교육청 공공도서관 홈페이지에 있는 과제지원센터에 들어가보세요. 초등학교 1학년부터 6학년까지 교과연계 독서목록이 과목별로 있습니다. 이를 참고하면 교과목과 연계 독서를 지도할 수 있습니다. 국어, 사회, 과학, 수학, 영어 과목을 예로 들어서 설명해드리겠습니다.

1) 국어

국어에는 문학과 비문학이 있습니다. 문학은 내용을 이해하고 작품 해설 능력을 높이는 게 중요합니다. 비문학을 공부할 때는 단어 뜻을 많이 알아야 유리합니다. 수능에는 글을 읽고 이해하고 대화하는 상황에 관한 오지선다형 문제가 출제됩니다. 그래서 독해력이 높은 학생이 문제 풀이를 할 때 더 좋은 성과를 낼 수 있습니다. 즉 읽기 능력이 좋은 학생이 문제를 잘 풀 수 있는 거죠.

국어 문제집의 경우 문제 출제자의 의도를 잘 파악하는 것이 중요합니다. 문제와 모범답안, 해설을 숙독하는 게 좋습니다. 그리고 국어 교과서에는 작품의 일부분이 실려 있습니다. 교과서에 수록된 작품의 전문을 읽으면 작품을 포괄적으로 이해하기에 좋습니다.

2) 사회

아이가 사회를 공부할 때 낯설고 잘 모르는 단어 때문에 힘들어합니다. 사회의 낯선 용어는 한자어인 경우가 많은데요. 사전에서 뜻을 찾아서 정확히 한 번 쓰게 하는 것이 좋습니다. 단어만 익숙해지면 반은 넘어가는 것이 사회와 과학입니다.

단어를 파악한 다음에는 주제에 따른 자료와 책을 읽고 질문을 만들어보면 좋습니다. 교과 텍스트를 읽고 질문을 만들고 질문의 답을 적어보세요. 답을 모르면 다시 자료를 찾도록 지도해도 됩니다. 완성된 질문과 답으로 짧은 글쓰기를 하면 금상첨화입니다. 만약에 세계화, 빈곤, 공정무역, 환경오염 등의 사회 쟁점을 공부한다고 예를 들어볼까요? 쟁점과 연계된 책을 읽고 질문을 만들고 이야기를 나누세요. 그런 다음에 답을 써보는 글쓰기까지 지도하면 아주 좋습니다.

3) 과학

과학도 사회처럼 단어를 정확히 정의하고 넘어가면 반은 이해합니다. 과학은 개인과 사회의 문제를 과학적이고 창의적으로 해결할 수 있는 과학적 소양을 기르기 위한 교과목입니다. 과학 연계 독서를 활용하면 과학에 관한 이해가 더 넓어집니다. 예를 들어서 주기율표를 배운다면 『내일은 실험왕 48 : 방사능 물질』을 읽고 『멘델레예프가 들려주는 주기율표 이야기』를 본 후에 《EBS 다큐 프라임 : 과학 혁명의 이정표 3부. 지구 45억 6천만년의 기록》을 함께 보는 겁니다. 주기율표는 중등 과학에도 다시 나오니까 미리 공부해두면 좋습니다.

4) 수학

수학에서는 논리적으로 사고하고 합리적으로 문제를 해결하는 능력이 중요합니다. 무조건 문제부터 푸는 게 아니라 이론을 이해하고 암기 후에 적용해서 문제를 풀어야 합니다. 수학 교과서는 수학에 대한 흥미를 유지하고 학습 동기를 유발하기를 목적으로 합니다. 예를 들어서 '수의 탄생'을 주제로 공부한다면『선생님도 놀란 수학 뒤집기 : 수의 탄생』과『초등수학 개념사전』을 보고『마테마티카 수학대탐험 1』을 봅니다. 여기에《EBS다큐프라임 : 문명과 수학 1부 수의 시작》을 함께 보면 시청각교육도 함께 할 수 있습니다.

5) 영어

영어 교과서를 읽을 때는 중요한 문장을 10번 정도 소리 내는 낭독 독서를 권합니다. 교과서에 나오는데 뜻을 모르는 단어는 공책에 적고 소리 내어 읽으면서 쓰게 합니다. 'EBS 잉글리시(www.ebse.co.kr)'는 유아부터 성인까지 이용 가능한 영어 학습 사이트입니다. 교과 영어, 초등 통합, 듣기와 말하기, 읽기와 쓰기, 어휘로 나누어진 다양한 콘텐츠가 갖춰져 있으니 활용해보세요.

교과연계 독서기
14~19세

: 청소년기에는 자유독서가 중요하다

청소년기의 독서는 건전한 정서와 가치관을 형성하는 데 중요한 역할을 합니다. 또 다양한 관점으로 세상을 바라보는 눈을 키워줍니다. 청소년기에는 책에서 얻은 정보로 창의적인 아이디어를 생산할 수 있고 문제 해결에 필요한 책을 골라 읽는 자유독서가 가능합니다. 정보를 수집하고 비교, 평가하면서 글의 구조를 파악해서 글의 서술 방식과 글의 주제, 핵심 정보를 파악할 수 있습니다.

'아이가 제일 싫어하는 피자는 책 피자'라는 우스갯소리가 있는데요. 중학생 아이에게는 책을 읽으라는 말을 하지 않는 게 좋습니다. 가족끼리 좋은 관계가 형성되어 있고 책을 읽는 문화가 형성되어 있는 집이라면 중학생 아이에게도 책을 같이 읽자고 권유해도 됩니다. 그런데 이럴 때도 절대로 책 읽으라는 말이나 잔소리를 하지 않아야 합니다. 대신에 집안 여기저기에 책을 두고 그중에 아이가 관심을 가지는 책이 생길 때까지 기다려야 합니다.

아이와 좋은 관계가 형성되어 있지 않다면 아이에게 책을 읽힐 생각을 하지 마세요. 차라리 아이에게 상처받은 엄마의 마음을 보듬기 위해 독서를 시작하는 게 좋습니다. '아이는 10살까지는 부모와 같은 사람이 되려고 하고, 20살까지는 부모와 다른 사람이 되려고 한다.'라는 말이 있죠. 이 시기의 아이가 그렇습니다.

중학생 아이가 책을 읽기 싫어하면 권하지 마세요. 밥 먹을 때나 간식 시간, 자기 전에 좋은 책의 문구를 읽어주는 정도만 해주세요. '사춘기 지랄 총량의 법칙'을 들어보셨나요? 중학생 때는 뇌의 폭발적인 성장으로 인해서 앞뒤 생각하지 않고 생각 없는 행동을 많이 합니다. 부모님 마음에 상처를 주는 아이도 많습니다.

다행히 고등학생이 되면 조금 다릅니다. 입시를 의식하는 고등학생이 되면 학업을 위해서라도 독서를 하는 경우가 있습니다. 미국 도서관 협회에서 말하길 좋은 독서의 세 가지 요소는 '알맞을 때, 알맞은 책을, 알맞은 사람에게'라고 합니다. 중고교 시기에는 특히 '알맞을 때, 알맞은 책'이 정말 중요합니다.

: 청소년 책 고르기

중학생의 독서는 연예인을 이용하면 효과가 좋습니다. 요즘 출판사와 연예인, 서점과 연예인이 협업하는 책이 있습니다. 예를 들어서 민음사에서는 몬스타엑스 셔누, 아이엠이 함께 녹음한 세계시인선을 선보였습니다. 또 소녀시대 윤아가 추천하는 책 세 권이라든가 BTS가 새 앨범을 내는 데 참고한 책 목록이 있습니다. 『1Q84』, 『데미안』, 『바람의 열두 방향』, 『닥터 도티의 삶을 바꾸는 마술가게』, 『융의 영혼의 지도』, 『사랑의 기술』 같은 책인데요. BTS 팬 사이에서 유명해져서 어른도 읽기 어려운 책임에도 베스트셀러 상위권에 올랐습니다.

아이가 좋아하는 연예인이 있다면 독서지도에 활용해보세요. 연예인 목소리로 녹음했거나 연예인이 추천하거나 드라마에 노출된 책이라면 아이도 관심을 가질 것입니다.

중학교 3학년부터는 성인용 베스트셀러나 스테디셀러 책을 권해도 됩니다. 고등학교 3학년은 자기소개서나 대학 입학 면접을 준비하느라 책을 읽습니다. 고등학교 3학년 여름방학 때 베스트셀러를 꽤 많이 읽는데요. 중학교 3학년부터 아이와 서점에 가서 베스트셀러를 몇 권 사주면 어떨까요? 베스트셀러는 대중서로 제작되기 때문에 내용이 어렵지 않고 요즘 트렌드를 반영하는 책이 많습니다. 아이도 어렵지 않게 읽을 수 있어요. 아니면 부모님이 베스트셀러나 스테디셀러를 먼저 읽어보고 아이에게 추천하고 싶은 책을 책상 위에 올려두세요. 책을 읽으라고 말하지 말고 올려놓기만 해주세요.

끝으로 교과연계 비문학과 문학을 읽으라고 권하면 아이들 공부에 도움이 됩니다. 저는 교과서 수록 독서나 교과연계 독서를 많이 추천하는데요. 교과연계 독서는 국어나 읽기 수업뿐만 아니라 다른 과목과 관련된 책까지 읽는 폭넓은 독서를 말합니다. 교과학습에 필요한 새로운 정보와 지식을 얻고 활용하기 위해서 적절한 읽을거리를 제공하고 수업 재료로도 활용합니다.

교과연계 독서를 하면 지식을 비판적으로 수용하고, 능동적으로 재구성하고, 다양한 정보를 선별하는 등 읽기 능력이 향상됩니다. 책과 관련된 작가의 책을 이어서 읽거나 주제를 깊게 읽는 등의 학습 독서로 활용할 수 있습니다.

교과연계 독서는 독서 학습과 학습 독서로 나누어 볼 수 있습니다. 독서 학습은 국어 교과 학습에서 독서 능력을 키우기 위한 독서 활동과 생각을 위한 읽기로 진행됩니다. 학습 독서는 지식과 정보 습득을 위한 독서로 지식의 보충과 재구성을 위한 읽기를 말합니다. 학습 독서를 위해서 가장 필요한 것은 독서에 관심과 습관을 갖도록 하는 겁니다.

⁝ 고민 1. 판타지소설과 웹소설만 읽어요

학습만화만 보는 초등학생처럼 중고교생 중에는 판타지나 웹소설만 보는 아이들이 많습니다. 중학생과 고등학생이면 이미 소신이 생기는 나이입니다. 판타지 소설은 신화, 민담, 전해져 오는 이야기를 바탕으로 한 경우가 많습니다. 융이 집단심리 이론에서 말했듯 이야기를 향한 끌림은 강렬합니다. 가상과 현실이 이어져 있으면서 보이지 않는 메시지도 담고 있습니다. 판타지를 많이 읽는 아이는 상상력이 풍부하고 세계를 폭넓게 바라볼 수 있습니다. 그러나 너무 심취할 경우 현실 감각이 떨어질 수 있다는 단점이 있습니다. 현실과 판타지의 구분이 안 되거나 현실 도피용으로 몰두하면 곤란합니다.

중고교생에게 판타지 소설 외에 동화, 역사, 신문 기사, 에세이, 베스트셀러 등의 다양한 읽을거리를 제공해주세요. 부모님이 소리 내어 읽으면서 균형 독서를 꾀해주면 좋습니다. 판타지 소설이나 웹소설은 분량이 짧습니다. 너무 긴 글을 읽어주면 아이가 싫어하니까 현실감각을 키울 수 있도록 짧고 좋은 글을 종종 읽어주세요.

⦂ 고민 2. 아이가 집중을 못 해요

책을 읽을 때 눈으로만 보는 것보다 낙서하면서 읽으면 집중이 더 잘 됩니다. 먼저 생각기호를 활용해보세요. 생각기호는 글을 읽으면서 떠오르는 여러 가지 생각을 표시하는 도구인데요. 책을 읽는 목적을 점검하고 내용을 더욱 깊이 이해하는 데 도움이 됩니다. 예를 들면 별표는 중요하다는 표시이고 느낌표는 이미 알고 있다는 표시로 쓸 수 있습니다. 덧셈은 새로 알게 된 내용을 표시하고 물음표는 내용이 이해되지 않거나 궁금한 내용이 있을 때 표시할 수 있습니다. 아이와 부모님이 같은 책을 읽고 표시한 후에 차이점을 비교해보면 재미있습니다.

책을 읽으면서 의미지도를 그릴 수도 있습니다. 일종의 브레인스토밍인데요. 하나의 주제를 중심으로 이와 관련된 어휘, 사실, 정보를 열거하고 범주화하는 겁니다. 우선 종이 한가운데에 원을 하나 그려주세요. 그런 다음에 주제를 제시하고 주제에 관한 생각을 자유롭게 쓰고 그 생각에 관해서 서로 이야기를 나눕니다. 경험과 기록을 함께 하는 독서법입니다.

개념구조도를 그릴 수도 있습니다. 개념구조도 그리기는 글의 특징을 중심으로 정리하는 방법입니다. 종이 가운데에 핵심 주제를 쓰고 테두리를 돌아가면서 해당 주제에 대한 질문, 반례, 예시, 문장, 비유, 개념 정의 등 그 개념만의 특징을 차례로 써보세요.

: 고민 3. 책 읽는 가족이 되고 싶어요

책 읽는 가족이 되려면 가족만의 독서 문화를 만들 필요가 있습니다. 저는 매일 저녁에 아이들과 함께 책 읽는 시간을 한 시간 갖습니다. 평일에는 각자 책을 읽고 같은 동화책도 읽습니다. 그런 다음에 아이들과 이야기하는 시간을 1~2주에 한 번 정도 가집니다.

여러분도 일주일에 한 번, 한 달에 한 번씩 가족 독서모임을 해보면 어떨까요? 처음에는 어색하겠지만 책만 읽어도 좋고 읽은 책의 내용을 간단히 공유하면 좋습니다. 책을 읽지 않았어도 참석해서 책에 관한 이야기를 나누세요. 이렇게 하면 다른 분야의 책에 관심을 가질 수도 있습니다.

요즘은 책을 원작으로 한 뮤지컬, 영화, 드라마가 많습니다. 원작을 읽은 후에 가족 문화활동으로 뮤지컬, 영화, 드라마를 같이 보고 책과 비교해서 이야기하면 좋습니다. 저는 문화활동을 먼저 하고 책을 읽기보다 책을 먼저 읽고 문화활동을 하는 것을 추천합니다. 책은 그림이 없기 때문에 더 풍부하게 상상할 수 있거든요. 반면에 문화활동은 이미 제작자, 혹은 감독이 한번 해석해서 만들기 때문에 원작을 먼저 읽기를 추천합니다.

08

전자책과
디지털교과서

종이책은 보통 종이를 여러 장 묶어서 제본한 형태의 책을 말합니다. 전자책은 책을 화면으로 읽을 수 있게 만들었습니다. 스마트폰, 태블릿피시, 전자책 리더기, 데스크톱, 노트북 등의 전자기기를 통해서 읽거나 들을 수 있는 책을 통칭하죠. 글자 보기, 이미지 보기, 소리 듣기, 터치가 모두 가능해서 이북(ebook) 또는 전자 도서라고 불립니다.

⦂ 전자책의 역사

한국 전자책 컨소시엄이 발표한 자료에 따르면 전자책은 1971년 미국에서 시작된 '구텐베르크 프로젝트'를 통해서 탄생했습니다. 미국 독립선언서 등 2,000여 권의 책을 데이터베이스화하면서 시작되었습니다. 1985년에는 여기에 오디오 저장 장치를 추가했고 1990년에는 디지털 자료 저장, 사운드, 동영상 탑재 기능이 생겼습니다. 이때부터 전자책은 '멀티미디어북'이라고 불리기 시작했습니다.

1998년 누보 미디어에서 '로켓 전자책'이라는 이름으로 최초의 전자책 서비스를 시작했습니다. 그러나 하드웨어 가격이 비싸고 서점을 방문해서 글로 된 파일을 기기에 충전해야 하는 번거로움으로 인해서 상용화에 실패했습니다. 이후 1999년 미국 OEBF(Open eBook Forum)에서 전자책 표준안 1.0을 발표했습니다. 2000년에 스티븐 킹의『총알차 타기』가 아마존을 통해서 온라인에 배포됐습니다. 이 책은 다운로드 형식으로 배포된, 첫 번째 전자책으로 알려져 있습니다.

최근 전자책을 읽는 사람이 늘어나고 있습니다. 특히 아직 글을 모르는 아이에게 독서습관을 심어주기 위해서 그림과 동영상, 오디오 기능이 탑재된 그림 동화를 태블릿 피시로 보여주는 부모님이 많습니다. 직장인들도 전자기기 하나만 있으면 수십 권의 책을 읽을 수 있어서 이용자가 늘고 있습니다.

⁞ 종이책파 : 책은 역시 종이책으로 읽어야지!

전통적인 종이책을 좋아하는 사람은 "책은 역시 종이책으로 읽어야

지!"라고 말합니다. 이들이 생각하는 종이책의 장점은 무엇일까요?

우선 손으로 책을 넘기면서 읽는 손맛이 있습니다. 내가 얼마나 읽었는지 남은 분량과 읽은 분량이 한눈에 파악돼서 편리하고 책 읽는 맛을 느낄 수 있습니다. 한 권을 다 읽었을 때 성취감을 느끼기에도 좋죠.

책에 낙서하거나 접어가며 능동적으로 읽을 수도 있습니다. 책에 직접 밑줄 치거나 포스트잇 붙이기, 낙서하기 등 책과 직접 접촉할 수 있고 책 끝을 접으며 흔적을 남기기에도 좋습니다. 독서는 눈과 머리로 하는 활동이지만 손을 사용해서 읽으면 기억이 오래 남습니다. 전자책에도 비슷한 기능이 생기고 있지만, 실물 책 같은 느낌은 들지 않습니다.

또 종이책은 전체를 한 번에 볼 수 있습니다. 전자책은 한 번에 한 쪽씩 넘기면서 봐야 하죠. 그에 비교해서 종이책은 펼쳤을 때 왼쪽부터 오른쪽까지, 표지부터 마지막 장까지 휙 넘기면서 한 번에 훑어볼 수 있습니다.

여러 명이 돌아가며 볼 수 있는 장점도 있습니다. 전자책은 불법 내려받기 등 보안의 문제로 인해서 특정 기기에 로그인을 해야 합니다. 종이책은 도서관을 통하거나 가족끼리 돌려 읽으며 여러 명이 한 권을 읽을 수 있습니다.

사진과 이미지가 있는 텍스트를 보기에도 효과적입니다. 글만 있는 텍스트는 전자책이 편한지만 사진과 이미지, 통계, 그림이 많이 있는 책은 종이책이 더 편리합니다. 책의 크기가 클수록, 사진과 이미지가 많은 잡지나 신문일수록 전자책보다 종이책의 가독성이 뛰어납니다.

소장의 기쁨과 인테리어 효과도 누릴 수 있습니다. 전자책은 수시로 업그레이드, 삭제, 수정이 가능하지만, 종이로 된 책은 처음 출판된 모양 그대로 영구히 소장됩니다. 책을 소장하는 기쁨도 큽니다. 한정판을 사거나 작가에게 사인을 받는 것은 종이책만 가능합니다. 또 사람의 심리가 눈에서 멀어지면 마음에서 멀어지는데 시각적으로 책이 자꾸 눈 앞에 보이면 읽고 싶은 마음이 듭니다. 책을 활용한 인테리어로 지적인 공간 꾸미기도 시도해볼 수 있죠.

반면에 종이책만의 단점도 있습니다. 종이가 변색되고, 물에 젖거나 찢어지고, 빛에 바래는 등 훼손되고 먼지가 쌓입니다. 책이 많아지면 무겁고 부피를 많이 차지하기도 합니다. 전자책처럼 글씨 크기, 편집, 글자 모양을 선택할 수 없어서 눈이 나빠지기도 하고 노안이 오면 읽기가 힘듭니다. 절판된 책은 구하기 어렵고 조명이 없으면 읽을 수 없어서 시간과 장소의 제한이 있기도 합니다.

⁝ 전자책파 : 전자책 덕분에 편하게 독서하는 습관이 생겼다

전자책을 선호하는 사람은 이렇게 말합니다.

"종이책을 읽을 때는 많이 못 읽었는데 전자책 덕분에 독서량이 늘었어요. 일상에서 독서하는 습관도 생겼고요."

전자책의 장점은 가격이 저렴합니다. 종이책보다 30~80퍼센트 정도 저렴하고 특별 이벤트도 자주 있습니다. 종이책을 구입하는 대신에 장기 대여하거나 정액제, 무료 전자책 서비스를 이용하면 저렴하게 책을 볼 수 있습니다. 출판사 입장에서도 전자책은 조판 비용이나 인쇄비, 택배 발송비 등이 들지 않아서 제작과 유통에 드는 비용이 절감되는 측면이 있습니다.

휴대성이 편리한 점도 큰 장점입니다. 전자책은 기계 한 대에 수십권의 책을 내려받아서 들고 다니면서 읽을 수 있습니다. 가볍고 휴대성도 좋습니다. 특히 두꺼운 책은 무거워서 잘 안 들고 다니게 되는데 전자책은 두께와 상관없고 오히려 두꺼운 책을 찾아서 읽게 됩니다. 종이책처럼 물리적인 공간을 차지하지 않고 나무, 종이, 본드, 잉크 등이 필요 없어서 환경친화적입니다.

또 구입하면 바로 읽을 수 있습니다. 종이책은 서점에 방문해서 사거나 온라인서점에서 주문하고 배송까지 시간이 필요합니다. 전자책은 구매 후에 내려받아서 즉시 읽을 수 있습니다. 물리적으로, 시간상으로 수고를 절약하고 절판된 책도 볼 수 있습니다. 종이책으로는 수익성이 낮아서 출간할 수 없는 전문 분야의 책도 전자책으로는 쉽게 출판되어 독자를 만납니다.

전자책은 별도의 조명이 없어도 읽을 수 있습니다. 종이책은 불을 끄면 읽을 수 없지만 전자책은 자체에 조명 기능이 있어서 불을 꺼도 읽을 수 있습니다. 아직 아이가 어린 부모는 아이를 재우면서 읽을 수 있어서 전자책을 선호하기도 합니다.

무엇보다 전자책은 기능적입니다. 오타나 내용에 오류가 있을 때

신속하게 수정하고 업그레이드할 수 있습니다. 단어 검색 기능과 사전도 탑재할 수 있습니다. 밑줄 치기나 캡처, 보관 등 새로운 기능도 생기고 있는데요. 글자 크기, 글자 스타일, 글자 간격, 들여쓰기 여부, 배경색 등을 마음대로 조절할 수도 있습니다. 여기에 듣기 기능 등 독자 중심으로 읽기 편한 기능이 추가되고 있어서 복합적인 독서가 가능합니다.

마지막으로 책을 읽는 티를 내지 않으면서 책 읽기가 가능합니다. 종이책을 읽으면 사람들이 무슨 책을 읽는지 관심을 가집니다. 그러면서 책 제목을 보자고 하는데 전자책을 읽으면 스마트폰을 보는 것처럼 보입니다. 사람들의 관심을 끌지 않고 책으로 읽기가 가능하죠. 스마트폰 하듯 밤에 조명 없이 화장실, 지하철, 공공장소에서 읽을 수 있고 심지어 걸으면서도 독서를 할 수 있는 장점이 있습니다.

전자책의 단점은 오래 읽으면 종이책보다 눈이 아프다는 점입니다. 또 종이로 된 책은 정독으로 읽는데 전자책은 스마트폰으로 검색하듯 대충 읽게 됩니다. 그리고 전자책 판매량을 살펴보면 장르 소설이 75퍼센트 이상 편중되어 있습니다. 전자책은 글씨 크기와 글씨 스타일에 따라서 쪽수가 구독자마다 달라지기도 합니다. 그래서 특정 페이지 지정이 어렵고 전체 분량 중에 35퍼센트, 58퍼센트로 말해야 하는 단점이 있습니다. 전자책을 선호하는 분 중 꼭 소장하고 싶은 책은 종이책으로 다시 구매해서 서재에 보관한다는 분도 있습니다.

: 전자책보다 종이책

2013년 5월 MBC 뉴스데스크*에서 전자책과 종이책을 비교한 실험 결과를 보도했습니다. 미국 닐슨 노먼 그룹에서 전자책과 종이책으로 독서 속도와 오답률, 뇌파를 비교하는 세 가지 실험을 했는데요. 첫 번째로 독서 속도를 재는 실험에서는 종이책이 100, 전자책 94로 종이책이 전자책보다 가독성이 6퍼센트 더 높은 것으로 나타났습니다.

두 번째로 오답률을 측정하는 실험에서는 종이책으로 읽었을 때 오답이 각각 7개와 16개였습니다. 전자책의 경우 오답은 21개와 24개였습니다. 종이책이 전자책보다 오답률이 낮게 나타났습니다.

세 번째로 전자책과 종이책을 읽을 때의 뇌파를 비교했습니다. 종이책은 집중할 때 나오는 베타파가 나왔고 전자책은 긴장할 때 나오는 하이베타파가 나왔습니다. 이에 대해서 밸런스 브레인 센터의 변기원 원장이 인터뷰를 했는데요. 전자책을 읽으면 마치 게임을 할 때와 비슷한 하이베타파가 나와서 극도로 긴장된 상태가 되고 집중에 방해가 된다고 했습니다. 이 보도에 따르면 독서 속도, 오답률, 뇌파 비교에서 종이책이 전자책보다 우위에 있습니다.

: 디지털교과서의 시대가 왔다

우리나라에서는 2018년부터 초등학교 3~4학년과 중학교 1학년을 대상으로 사회, 과학, 영어 과목에 디지털교과서를 보급하는 정책을 시행했습니다. 앞으로도 점차 확대할 계획을 하고 있는데요. 학교마다 스마트 패드를 보급하고 교과서에 동영상, 증강현실, 가상현실을 접목했습니다. 디지털교과서는 다양한 자료가 연동되고 동영상과 음성 서비스가 지원되어 아이들의 흥미를 유발할 수 있는 매체가 될 가능성이 있습니다.

그런데《경향신문》*의 보도에 따르면 2008~2011년 디지털교과서를 사용해본 299곳의 보고 결과는 그렇지 않습니다. '효과 없다'라고 답한 곳이 전체의 78퍼센트였습니다. 디지털교과서를 사용한 학생도 "세 시간 이상 사용할 경우 눈과 머리가 아프다"라고 말했고 교사들도 "인터넷 검색을 하거나 전자펜으로 장난을 치는 경우가 늘었다"라고 답했습니다. 고도의 증강현실 책은 책 읽는 기술을 키우는 데 도움이 되지 않았다는 게 결론입니다.

예습과 복습으로 디지털교과서를 사용하면 그 결과가 어떨까요? 에듀넷에서는 2020학년도부터 학생들에게 디지털교과서를 제공합니다. 초등학생은 3학년부터 6학년까지 사회, 과학, 영어에 디지털교과서를 제공합니다. 중학생도 1~3학년의 사회, 과학, 영어를 디지털교과서로 제공합니다. 고등학생은 영어, 영어회화, 영어1, 영어 독해와 작문에 디지털교과서를 제공한다고 합니다. 요즘 온라인 개학으로 아이들이 컴퓨터 앞에서 집중할 수 있겠느냐는 논란이 있는데요. 디지털교과서의 경우 문제와 정답까지 나와 있어서 가정에서 예습과 복습을 할 때 활용하면 좋겠습니다.

전자책과 종이책의 장단점, 그리고 전자책과 종이책을 실험한 결과까지 살펴봤습니다. 전자책과 종이책 중에 무엇을 선택하든 개인의 취향이라고 생각합니다. 검은 고양이든 흰 고양이든 쥐만 잘 잡으면 된다는 흑묘백묘론이 생각납니다. 글을 읽고 생각과 사고를 발전시킬 수 있다면 종이책이든 전자책이든 다 좋습니다. 어떤 방법으로 읽는가보다 어떤 책을 얼마나 다양하게, 많이, 깊이 읽느냐가 더 중요합니다.

09

하루 한 권
초등 영어책밥

: 영어독서는 초등학교 3학년부터

아이가 글을 배우기 시작하면 부모님은 영어독서에 대한 질문을 많이 합니다. 저도 영어유치원을 보내야 하나, 몇 학년부터 영어학원에 보내야 하나 고민을 많이 했는데요. 모국어를 잘하는 아이가 영어도 잘합니다. 그러므로 초등학교 2학년까지는 한국어를 읽고 쓰고 말하는 것에 집중하다가 영어독서는 초등학교 3학년부터 시작하기를 추천합니다.

왜 초등학교 3학년이냐고요? 먼저 영어유치원에 관한 창의력 실험의 결과부터 볼까요? 동덕여대의 우남희 교수는 영어유치원을 18개월 이상 다닌 아이와 일반 시설에 다닌 아이의 창의력을 비교했습니다. 일반 육아시설에 다닌 아이는 언어창의력이 92점이지만 영어유치원을 다닌 아이는 68점을 기록했다고 합니다.

이러한 결과가 나온 이유가 뭘까요? 아이에게 한국어로 설명을 하면 더 다양하고 세분화된 의미를 가르칠 수 있습니다. 하지만 영어로는 한정된 의미를 전달하는 데서 끝나기 쉽습니다. 또 영어유치원에 다니면 영단어 실력은 향상될지 모르지만, 창의력은 나빠집니다. '영어유치원이 열 개 생기면 소아정신과도 한 개 생긴다'라는 말이 있습니다. 강남구는 서울의 25개 구 중에 소아청소년의 주의력결핍과잉행동장애(ADHD)와 우울증 진료 현황에서 1위라고 합니다. 영어 지도가 너무 일러도 좋지 않습니다.

저는 영어학원에도 독서법을 강의하러 가는데요. 영어학원 원장님이 저를 이렇게 소개했습니다.

"아이들이 영어를 잘하려면 모국어를 잘해야 해요. 한국어를 잘하는 방법은 결국 독서인 것 같아서 전안나 작가님을 강사로 모셨습니다."

서울대학교 영어교육과의 이병민 교수가 말하길, 아이에게 영어를 효과적으로 가르치고 싶으면 한글 그림책이나 영어 그림책 등 책을 많이 읽어주라고 했습니다. 어려서부터 책 읽기를 좋아하고 책을 읽는 습관이 잡힌 아이가 영어에 흥미를 보일 가능성도 큽니다.

우리나라 공교육 교과과정에서 영어가 시작되는 때가 초등학교 3학년입니다. 왜 그럴까요? 서울대학교의 서유헌 교수는 초등학교에 입학한 후에 빠르면 만 7~8세, 보통은 만 10세쯤에 영어를 가르치면 좋다고 합니다. 이는 우리나라 공교육 과정에서 영어가 시작되는 시기와 일치합니다.

: 초등 학년별 영어독서지도

말은 문법을 몰라도 많이 듣고, 많이 말하고, 많이 읽고, 많이 쓰면 깨칠 수 있습니다. 우리도 처음 한글을 배울 때 다른 사람이 하는 말을 듣고, 따라 하고, 글을 배우고, 문법을 배웠습니다.

초등학교 저학년 때는 영어보다 한국어에 더 집중해주세요. 한국어 책을 읽어주는 독서와 책놀이를 많이 하고 스스로 읽는 독서습관부터 만들어주세요. 한글을 깨친 아이라면 쉬운 영어책을 엄마가 읽어주거나 영어노래를 들려주세요. 읽기부터 시작하는 건 권하지 않습니다.

영어 알파벳을 익힌 후에 쉬운 영단어를 알려주세요. 아이가 원어민의 발음을 많이 들을 수 있는 영상, CD, 영어동요를 자주 접하기만 해도 충분합니다. 책보다는 시청각자료가 흥미를 유발하기에 좋습니다. 영어책 듣기와 시청각자료만으로도 영어권에서 사용하는 무수한 표현과 어휘가 저절로 체화됩니다. 문법을 배우지 않아도 말의 구조를 알게 되고 관용적인 문법을 저절로 알게 됩니다.

초등 중학년부터는 하루 5분 이내의 짧은 영어동화책을 읽어도 좋습니다. 기본기를 잘 다질 수 있는 영어공부법이 바로 영어낭독입니다. 영어는 듣기, 말하기, 읽기, 쓰기, 단어, 문법 등 6개의 영역으로 구성됩니다. 입으로 책을 읽어서 언어를 배우는 방법을 '청각구두교수법'이라고 하는데요. 이는 이론에 근거한 교수법입니다.

청각구두교수법은 문장을 끊임없이 큰 소리로 읽으라고 강조합니다. 제2차 세계대전 때 짧은 시간에 통역병을 많이 만들기 위해서 이 교수법을 썼는데요. 하루 10시간, 주 6일간 문장을 끊임없이 큰 소리로 읽게 했더니 3개월 뒤에 기본적인 의사소통이 가능한 수준까지 발전했다고 합니다.

원어민 교사도 말하기를 통한 영어 수업이 영어 실력을 높이는 방법이라고 합니다. 책의 한 쪽에 모르는 단어가 다섯 개가 넘으면 적절하지 않습니다. 영어동화책에서 모르는 단어가 나올 때마다 찾게 하지 마세요. 아이가 한글을 모를 때와 마찬가지로 영어동화책을 통해서 자연스럽게 단어를 배우도록 하면 좋습니다. 모르는 단어가 나와도 바로 사전을 찾지 말고 앞뒤 문맥으로 뜻을 유추하도록 하는 거죠.

영어동화책 읽기는 총 3단계로 이뤄집니다. 1단계는 흥미있는 한 권으로 시작해서 읽습니다. 2단계는 쉬운 이야기책 10권을 반복해서 정독하고요. 3단계는 수준에 맞는 책을 300권 읽고 따라 합니다. 무조건 새 책을 많이 읽게 하기보다 아이가 관심을 보이는 주제를 다룬 책 중에서 재미있고 쉬운 책을 고르세요. 책과 함께 제공되는 MP3를 듣고 소리 내어 따라 읽어도 좋습니다. 낭독은 기억력을 높여주고 스피치 훈련에도 도움이 됩니다.

초등 고학년은 하루 15분 이내로 영어동화책 읽게 하세요. 눈으로 영어책을 보는 동시에 같은 내용을 오디오로 들으면 청독을 함께 할 수 있습니다. 처음에는 지문을 보면서 듣다가 단어와 문장이 들리면 대본 없이 듣도록 합니다. 읽고 들은 영어동화책에서 좋은 문장 따라 쓰는 연습을 같이 시켜도 좋습니다.

아이에게 적절한 수준의 책은 온라인서점에서 고르면 좋습니다. 구글에서 '영어 공부하기 좋은 책(Books to read for English)', '영어 공부하기 좋은 쉬운 영어소설(Novels for English learners)'을 검색해도 됩니다. YES24나 알라딘에서는 외국도서 부분에 들어가면 렉사일(LEXILE) 지수를 취학전(BR-200L), 1학년(200~500L) 2학년(470~620L), 3학년(590~790L)부터 대학생(1360L) 이상으로 구분해서 판매합니다. 이 중 아이의 독서 나이에 맞는 책을 선택하면 됩니다.

: 무료 온라인자료와 영어도서관 활용하기

온라인에는 양질의 무료 영어자료가 많이 있습니다. 주니어 네이버에는 오디오 영어동화, 영어동요가 1,500개 이상 있습니다. EBS의 영유아 잉글리시 사이트도 있고 경기영어마을의 사이버영어마을도 활용하세요. 리틀팍스의 어린이 영어도서관, 삼성출판사의 스마트북스 등에도 자료가 있습니다.

유료 회원제로 운영하는 민간영어도서관 외에 무료 공공도서관 중에도 어린이 영어책을 대여하고 어린이 영어책 프로그램을 진행하는 곳이 많습니다. 회원 가입을 하면 1인당 세 권 이상 14일간 영어책을 대여해줍니다. 또 AR테스트(영어 모국어 사용자를 위한 텍스트 난이도)를 통해서 아이의 영어 수준에 맞는 영어책을 추천해줍니다. 어린이영어도서관 내에 구비된 음성기기와 모니터를 통해서 영어듣기나 영어동화 읽기, 영화감상이 가능한 곳도 많습니다. 1만 권의 영어책을 보유한 곳도 있으니 가까운 도서관을 이용해보세요. 무엇보다 모국어를 잘하는 아이가 영어를 잘한다는 사실을 잊지 마세요.

지역	이름
서울 (12)	송파 어린이영어 작은도서관 강서영어도서관 서초구립반포도서관 신도림어린이영어작은도서관 양천구 영어특성화도서관 은평어린이영어도서관 마포어린이영어도서관 청파어린이영어도서관 용암어린이영어도서관 용두어린이영어도서관 꿈나래어린이영어도서관 국립어린이청소년도서관
경기 (1)	성남시 중원어린이도서관
대구 (3)	대구 중구영어도서관 대구 서구영어도서관 달서영어도서관
대전 (1)	갈마도서관내 어린이영어자료실

경상도 (4)	포항시립어린이영어도서관 양상영어도서관 밀양시립영어도서관 사천시어린이영어도서관
전라도 (3)	완주군립둔산영어도서관 목포영어도서관 익산시립어린이영어도서관
부산 (3)	동구어린이영어도서관 영도어린이영어도서관 부산영어도서관

6장

말하기 독서

생각을 키우는
말하기 독서

⠿ 아웃풋 독서가 시작된다

말하기 독서는 독서의 연계 활동으로서의 말하기를 뜻합니다. 읽는 독서 다음에 말하기 독서가 필요한 이유는 무엇일까요? 그 이유는 책을 다 읽어야 비로소 진짜 독서가 시작되기 때문입니다.

사람이 소리를 발음하는 데는 혀, 치아, 입술, 아래턱, 얼굴 근육 등 많은 기관이 필요합니다. 또한 말을 할 때는 뇌의 다양한 부분도 함께 작동합니다. 특히 좌뇌의 언어중추인 브로카 영역과 베로니카 영역이 사용됩니다. 베로니카 영역을 통해서 의미를 해석하고 단어를 선별한 후, 브로카 영역을 거쳐서 입 밖으로 말을 내보냅니다. 이렇게 다양한 신체 기관을 사용하기 때문에 말하기에는 다양한 장점이 있습니다.

1) 사고력 향상

공자는 "들은 것은 잊어버리고 본 것은 기억하며 말한 것은 이해한다"라고 했습니다. 그만큼 말하기가 중요하다는 뜻인데요. 말하기 독서를 하면 생각을 키우게 됩니다. 읽어주는 독서와 스스로 읽기가 입력이라면 말하기 독서와 쓰기 독서는 출력입니다. 처음에는 듣기 독서와 읽기 독서에 많은 시간과 노력을 들입니다. 이렇게 어느 정도 입력된 정보가 쌓이면 입이 근질근질해서 쓰기와 말하기로 발산하고 싶어집니다. 독서는 입력과 출력이 동시에 되어야 잘할 수 있습니다.

유대인의 도서관 하시바에서는 조용히 책만 읽지 않습니다. 모르는 사람과 일대일로 책에 대해서 토론을 합니다. 유대인이 전 세계에서 노벨상을 가장 많이 받는 이유를 아세요? 바로 읽고 토론하는 '하브루타' 때문이라고 합니다.

읽는 것은 생각 없이도 할 수 있지만 말은 생각 없이 할 수 없습니다. 그런데 말은 생각을 부르고 생각은 또 생각을 부르기 때문에 생각을 키우기 위해서 말을 해야 합니다. 말하기는 나도 몰랐던 내 생각을 정리하고 어휘나 표현을 활용하는 기회입니다.

2) 언어력 향상

"세계의 운명은 좋든 싫든 간에 자신의 생각을 남에게 전달할 수 있는 사람에 의해서 결정된다."

로즈 케네디 여사가 이렇게 말했습니다. 거창하게 세계 운명까지 가지 않아도 이 말은 유효합니다. 요즘은 채용을 할 때 블라인드 채용으로 학력, 성적, 집안 배경 등을 적지 못하게 합니다. 업무에 관련된 자격증만 있으면 서류를 넣을 수 있어서 결국 자격증을 똑같이 가졌다면 면접에서 당락이 결정됩니다. 즉 채용되기 위해서는 말하기를 잘해야 합니다. 회사에 들어간 다음에도 상사, 동료, 고객을 대상으로 의견을 말하고 설득하는 과정이 곧 업무입니다.

생각하면서 독서하면 사고력이 생기고 이를 입 밖으로 표현을 하면 언어력이 향상됩니다. 하버드대의 캐서린 스노우 교수가 말했습니다.

"엄마가 책을 읽어주기만 한다고 아이의 어휘력이 달라지지 않는다. 엄마가 책을 읽고 나서 아이에게 질문을 하고 마음에 들었던 점을 이야기하고 다음에 생길 일을 예상해보게 하면 책 읽기가 토론으로 발전한다. 이런 과정을 거친 아이는 어휘력이 풍부해질 가능성이 매우 크다. 아이의 어휘력은 처음에는 대화로 시작되었다가 독서를 통해서 발달한다. 이때 아는 단어가 적어서 독서를 어려워하는 아이는 그만큼 텍스트에 대한 이해도가 떨어진다. 이는 곧 학습부진으로 이어진다."

이는 대화의 중요성을 강조하는 말입니다.

아이의 언어발달을 위해서는 일상에서 아이의 생각이나 의견을 많이 물어보면 좋습니다. 평소에 감정이나 생각을 표현할 기회를 많이 주어야 말하기를 잘할 수 있습니다. 그런 일상의 대화는 일방적인 잔소리로 끝날 가능성이 큽니다. 책을 활용해서 말하기 독서를 하면 쌍방향으로 의사소통이 가능합니다. 말을 잘하면 똑똑해 보이고 리더십이 있어 보이는 효과가 있습니다.

3) 글쓰기의 기초

대학 입시나 채용에서 글쓰기가 강조되면서 그 중요성을 누구나 알고 있습니다. 단순하게 생각하면 말을 종이에 옮기면 글이 됩니다. 즉 말하기로 생각의 기초를 쌓아야 글쓰기를 잘할 수 있습니다. 어른도 자신의 생각을 조리 있게 글로 쓰기는 어렵습니다. 그래서 글쓰기 전에 말하기를 먼저 배우면 좋습니다. 말을 해보고 글을 쓰면 글쓰기를 어려워하던 아이도 조금 더 쉽게 글쓰기를 시작할 수 있습니다.

또 말하기 독서는 시야를 넓혀줍니다. 자신과 같은 의견을 들으면 자신감이 생기고 다른 의견을 들으면 생각의 폭이 넓어지고 다양해집니다. 나의 의견과 다른 사람의 의견을 종합해서 글을 쓰면 더욱 풍부한 글이 됩니다.

⋮ 0~7세는 책 읽어주기와 말 걸기

말하기는 인간의 본능이자 자기표현이며 에너지를 발산하는 기회입니다. 7세 미만 아이에게는 부모님이 책을 읽어주고 동시에 말을 많이 걸어주세요. 아이가 발성할 때 반응해주는 것으로 충분합니다.

스탠퍼드대학교의 심리학 교수인 앤 퍼날드는 아기가 24개월이 됐을 때 어휘력을 측정했습니다. 이후 3년간 추적조사를 하고 결과를 발표했습니다. 24개월일 때 어휘력이 높았던 아기가 다섯 살이 됐을 때도 언어능력은 물론이고 지능지수도 높았습니다. 즉 부모나 양육자의 말을 많이 접한 아기일수록 언어발달에 유리합니다.

평소에 말을 많이 해야 아이가 말하기를 잘하게 된다고 합니다. 부모가 말이 없을 경우 그 여파로 아이도 말을 못하는 것 같다고 고민을 토로하는 부모님이 있는데요. 꼭 말을 많이 해야만 하는 것은 아닙니다. 이에 관해서 EBS의 《퍼펙트 베이비》 제작팀이 언어심리학자인 서강대학교 조숙환 교수와 함께 옹알이 실험을 해봤습니다. 아기가 소리를 낼 때마다 엄마는 아기를 쓰다듬거나 뽀뽀하며 보상을 했습니다. 그러자 아이의 발성 수가 10~15퍼센트 증가하고 소리의 질적 변화도 최대 세 배까지 증가했습니다. 이 실험의 결과는 엄마가 수다쟁이처럼 떠들지 않고 아이가 소리를 낼 때마다 적절한 반응만 해줘도 아이에게는 자극이 된다는 겁니다.

⦂ 8~10세는 낭독과 책으로 대화하기

앞에서 초등학교 1학년, 2학년에게는 낭독을 권했습니다. 소리 내어 읽다 보면 책의 내용이 귀로 들어와서 집중력이 생기고 내용 파악도 더 잘됩니다. 발표력은 생각이나 주장을 말로써 공개적으로 알릴 수 있는 능력을 말하는데요. 낭독하면 발표력도 향상됩니다.

발표를 잘하지 못하는 아이는 성격이 내성적이거나 자신감이 없어서 말을 입 밖으로 꺼내는 것 자체를 두려워하는 경우가 있습니다. 아무리 짧은 말이라도 사람들이 나를 보고 있다고 생각하면 가슴이 두근거리고 다리가 후들거리고 얼굴이 빨개지고 목소리가 나오지 않는데요. 말하기의 두려움은 마음의 준비로 10퍼센트, 심호흡으로 15퍼센트, 사전 준비와 연습으로 75퍼센트를 극복할 수 있습니다. 말하기 사전 연습으로는 낭독이 좋습니다. 낭독은 청중 없이도 말하기 연습을 할 수 있는 좋은 방법입니다.

발표를 잘하지 못하는 아이를 보면 어떤 말을 해야 할지 모르는 경우가 많습니다. 같은 주제라도 독서를 많이 한 사람은 자신의 의견을 전달해줄 배경지식이 있어서 말을 잘합니다. 결국, 말하기에서 가장 중요한 건 말할 내용, 콘텐츠입니다.

발표력을 기르는 또 다른 방법은 일상의 대화입니다. 말하기는 정상적인 언어능력을 가진 사람이라면 연습을 통해서 얼마든지 좋아질 수 있습니다. 아이가 말을 잘하게 하는 방법은 독서보다 대화에 있습니다. 책만 읽기보다 일상에서 대화나 수다를 많이 나누면 발표력이 좋아집니다. 평소 엄마가 말하는 단어와 문장의 수가 아이가 쓰는 단어와 문장의 수에 영향을 끼칩니다.

밥상머리 교육이라고 해서 가족과 함께 식사하는 시간이 많을수록 자녀의 성적이 더 좋다는 연구가 있습니다. 밥 먹은 횟수에 따라서 성적이 비례하는 건데 왜 그럴까요? 밥을 먹으면서 공부를 하는 건 아닌데 말이죠. 답은 바로 밥을 먹으면서 나누는 가족 간의 대화입니다. 부모와 자식 간의 대화는 대체로 부모의 일방적인 잔소리나 훈육으로 끝나는 경우가 많은데 이는 대화라고 할 수 없습니다.

한국인은 외국인에 비해서 설득력, 협상력, 표현력이 모두 떨어진다고 합니다. 이는 우리나라의 문화가 나보다 연장자인 부모님, 선생님, 상사의 말에 반론 없이 듣기만 하는 문화여서 그렇습니다. 존칭어와 존댓말과도 상관이 있는데요. 영어의 경우 존대 없이 의사소통할 수 있습니다. 그래서 한국보다 나이를 넘나드는 대화를 잘합니다. 자녀를 말 잘하는 아이로 키우고 싶다면 부모가 말하기 동반자가 되면 됩니다. 부모나 선생님과 스스럼없이 대화해본 경험이 있는 아이는 어른과도 두려움 없이 의사소통하게 됩니다.

일상에서 아이와 대화를 많이 하려면 좋은 관계부터 만들어야 합니다. 아이가 부모님에게 자기 생각을 스스럼없이 이야기하려면 친밀감이 있어야 합니다. 평소 부모가 대화를 많이 하고 이 대화를 아이가 들을 기회를 주세요. 대화할 때 아이와 관련된 내용이 있으면 아이에게 의견을 물어보고 선택하도록 하세요. 대화하기 전에 재미있는 놀이를 먼저 해서 편안한 분위기에서 대화해도 좋습니다. 딱딱하게 마주 보고 앉아서 대화하지 않고 글씨를 쓰거나 그림을 그리면서 대화하면 긴장이 많이 해소됩니다.

책을 화제로 삼을 때는 처음부터 책으로 대화를 하자고 하지 마세요. 일상에서 대화를 많이 하고 5분, 10분 정도만 책에 관한 이야기를 해도 됩니다. 아이가 학교에서 받아온 가정 통신문을 소리 내어 아이에게 읽어주고 설명해주는 것도 좋은 대화입니다.

그렇다면 어떤 주제로 대화해야 할까요? 아이가 좋아하는 만화 캐릭터 중에 가장 좋아하는 캐릭터 3개를 소개하거나, 캐릭터 중에 누가 가장 강한지 이야기해도 좋습니다. 눈을 감고 불도 끄고 누워서 유튜브 음악을 틀어주고 느낀 점을 말해도 됩니다. 등하굣길에 재미있는 대화를 해도 좋고 최근에 있었던 가장 좋은 일 세 가지를 말해도 좋습니다. 아이가 읽은 위인전 중에서 같은 시대의 인물끼리 비교해서 대화해보세요. 아이가 어릴 때 읽었던 동화책 이야기를 해도 재미있어합니다. 아이가 일상을 이야기하게 하려면 부모님도 아이에게 부모님의 일상을 공유해야 합니다. 어른에게 존중받은 아이는 어른처럼 행동하고 생각합니다.

책을 읽고 나서 아이는 아이가 읽은 책을 이야기하고 엄마는 엄마가 읽은 책을 이야기해줘도 좋습니다. 부담 없이 책으로 대화하면서 책에 점수도 매기고 가장 재미있던 부분을 이야기하세요. 이렇게 읽은 책을 기억하는 대화를 나눌 기회를 많이 가지세요. 특히 열 살이 되기 전에 일상의 대화를 많이 하는 게 아이가 사춘기에 접어들 때도 좋습니다. 부모와 좋은 관계를 맺은 아이는 질풍노도의 강도가 상당히 약하다고 합니다. 아이에게 어릴 때부터 정서적인 안정이라는 배경을 든든하게 세워주면 사춘기에 부는 태풍도 잘 헤쳐 나갈 수 있습니다.

⋮ 11~19세는 강연 따라 하기와 독서토론

초등 고학년과 청소년에게는 말 잘하는 사람을 관찰할 기회를 주면 좋습니다. 유명인의 강연장에 직접 가서 강연을 듣거나 강의 영상을 보여주는 방법이 있습니다. TED나 《세상을 바꾸는 시간, 15분》, JTBC의 《차이나는 클라스》, 한국직업방송의 《청산유수》 등의 프로그램을 보면 유명인이나 일반인이 선보이는 다양한 연설을 볼 수 있습니다.

TED는 1984년 미국에서 시작된 강연회입니다. 기술, 오락, 디자인 분야에서 인재가 등장하는데 유명인의 강연을 무료로 볼 수 있습니다. TED는 영어 자막과 함께 우리말 자막이 제공되어 영어 공부에도 도움이 됩니다. 또 전 세계의 쟁점에 대해서 알 수 있어서 배경지식을 넓히는 데도 유용합니다.

말하기에는 말로 하는 언어 외에 손동작, 표정, 자세 같은 몸짓언어도 많은 영향을 끼칩니다. 아이가 좋아하는 강연을 여러 번 반복해서 듣고 자막을 소리 내어 읽거나 말투나 몸짓을 함께 따라 해보세요. 표현력을 기르는 데 도움이 됩니다.

초등 고학년과 청소년의 대화 주제는 어떤 것이 좋을까요. 뉴스영상을 5분 정도 같이 본 후에 아이가 내용을 어떻게 이해했는지 물어보세요. 그런 다음 아이에게 내용을 설명해주면 좋습니다. 신문 칼럼이나 기사를 한 개 읽어주고 아이가 내용을 어떻게 이해했는지 물어보고 아이에게 내용을 설명해줘도 좋습니다.

아이가 동물을 좋아한다면 직업을 가진 동물을 찾아보고 이야기를 나눌 수 있어요. 개도 인명구조견, 경찰견, 모델, 배우, 묘기견이 있습니다. 이와는 반대로 떠돌이, 유기견, 안락사당하는 개, 식용으로 길러지는 개, 장애가 있는 개도 있죠. 개를 위한 시설로 개 유치원이나 개

스파도 있음을 알려주면 세상을 보는 다양한 시각을 기를 수 있습니다.

제가 주말마다 책을 읽으러 가는 카페에서 부모, 딸, 아들이 커피를 마시면서 대화하는 걸 본 적이 있습니다. 개학 연기, 코로나, 환경오염에 대해서 자유롭게 이야기를 나누고 있었어요. 바로 제가 바라는 가족 대화였습니다.

초등 고학년과 청소년은 독서토론을 꾸준히 해도 좋습니다. 초등학교 5학년부터 비판적 사고가 가능한 나이입니다. 그러므로 학기 중에도 월 두 권 이상 책을 읽고 공부가 아닌 새로운 주제로 토론하는 시간을 가져보면 좋습니다. 저는 아이가 중학생이 되면 월 1~2회 정도 가족 독서토론을 열 생각입니다. 온 가족이 일주일에 한 번 1,000자 에세이를 쓰는 게 목표인데요. 말하기와 쓰기의 기본은 독서입니다.

낭독 독서기
7~9세

낭독은 입 밖으로 소리 내어 책을 읽는 독서법을 말합니다. 낭독은 중세시대부터 대표적인 독서법이었습니다. 중세에는 책을 소리 내지 않고 속으로만 읽는 모습을 이상하게 생각했습니다. 수업 시간에 선생님이 소리 내어 책을 읽으면 모든 학생이 필사하며 수업이 진행됐다고 합니다.

: 낭독의 효과

낭독은 정확한 발음, 발표, 말하기를 연습할 수 있고 집중력이 높아지는 효과가 있습니다. 초등 저학년 아이는 책을 제대로 읽었어도 책 내용을 조리 있게 말하기가 어렵습니다. 제법 분량이 긴 책도 읽을 수 있지만, 너무 대충 읽는 듯하고 내용을 물어보면 아는 것 같은데 대답을 잘하지 못합니다. 엄마는 이럴 때 답답해합니다.

그래서 저는 초등 저학년 아이에게는 낭독을 권합니다. 책을 소리 내어 읽으면 부정확한 발음을 교정하고 책을 정확히 읽는지도 파악을 할 수 있습니다. 또 입으로 읽으면 머리에 남는 게 아니라 입 근육에 기억이 되고 자기도 모르게 듣기 연습이 됩니다.

MBC에서 《우리 아이 뇌를 깨우는 101가지 비밀》*을 방영한 적이 있습니다. 낭독할 때 뇌 MRI를 촬영해보니 1차로 운동영역이 활성화 됐습니다. 다음은 말하기 중추인 브로카 영역과 청각 영역이 활성화됩니다. 묵독 때는 가만히 있던 영역이 활성화된다고 합니다. 그러므로 낭독은 시각, 청각, 입 등에 자극이 동시에 이루어지고 쉽게 뇌를 활성화합니다.

묵독으로 읽을 때는 조금 읽다가 딴생각이 드는 경우가 있는데요. 소리를 내서 읽으면 두뇌의 다양한 부분이 동시에 자극이 돼서 딴생각이 들지 않습니다. 그래서 저도 집중이 잘 안 될 때는 소리 내어 책을 읽습니다. 특히 버스에서나 카페에서 크게 떠드는 사람이 있으면 나도 모르게 그 말소리에 집중하게 됩니다. 이럴 때 소리 내어 책을 읽으면 다른 곳으로 주의가 쏠리지 않고 책의 내용에 다시 집중할 수 있습니다.

또 입으로 말하면 눈으로만 볼 때보다 3~4배의 학습효과를 얻을 수 있습니다. 재미있는 책을 유창하게 낭독하면 말하기의 두려움이 사라지고 표현력이 풍부해집니다. 이뿐만 아니라 입 밖으로 소리를 내면 자신감이 생기고 목소리가 커지고 또렷하게 발성할 수 있습니다.

● 낭독의 오류

처음 아이가 책을 읽을 때는 정확하게 읽기 어렵습니다. 생략하거나 잘못된 발음으로 읽거나 거꾸로 뒤집어서 읽기도 합니다. 또 삽입, 반복, 동의어 대체, 줄 잘못 읽기 등의 오류가 발생하기도 합니다.

생략은 낱말 전체를 생략하거나 3초 이내에 읽지 못하는 경우를 의미합니다. 잘못된 발음으로 읽기는 단어를 잘못 발음하는 경우를 말합니다. 저희 첫째는 'ㄱ'을 '디귿'으로 발음했습니다. '구구구'라고 쓰인 단어를 '두두두'라고 읽었는데요. 처음에 발음을 배울 때 ㄱ을 디귿으로 발음했지만, 어른들이 인식하지 못하고 넘어갔습니다. 그랬더니 잘못된 발음이 그대로 굳어졌습니다.

거꾸로 뒤집어 읽기도 종종 있는 일입니다. 예를 들면 두 번째 음절을 먼저 읽고 첫음절을 읽습니다. 이런 경우 '의자를'이라고 읽어야 하는데 '자의를'이라고 읽습니다.

삽입은 책에서 없는 낱말을 추가해서 임의로 읽는 경우이고 반복은 '우, 우리는', '소…소리가'처럼 맨 앞 글자를 한 번 더 읽고 낱말을 읽는 경우입니다.

동의어 대체는 자기도 모르게 같은 뜻의 다른 말로 바꿔서 읽는 경우를 뜻합니다. 줄 잘못 읽기는 읽어야 할 줄이 아닌 윗줄을 다시 읽거나 한 줄을 건너뛰고 다음 줄을 읽는 경우를 가리킵니다.

● 유창한 낭독

묵독보다 낭독으로 읽으면 읽는 속도가 느려집니다. 하지만 여러 번 반복하면 무의식중에 말이 빨라지고 유창해집니다. 특히 같은 책을 반복해서 읽으면 점점 더 유창해집니다. 여러 권의 책을 한 번씩 읽는 것보다 한 권의 책을 반복해서 읽으면 낭독에 더 좋습니다.

어른과 함께한다면 부모님이 문장을 큰 소리로 읽어주세요. 아이가 듣고 그대로 따라 하는 방법으로 책을 읽으세요. 부모님이 문장을 큰 소리로 읽어줄 때 아이가 부모님의 입 모양을 보고 그대로 따라 하는 방법입니다.

마지막으로 합창 읽기도 있습니다. 합창 읽기를 하려면 먼저 짧은 문장을 하나 고릅니다. 그리고 부모와 아이가 동시에 읽습니다. 마치 한목소리로 읽는 것처럼 될 때까지 반복하면 유창한 낭독에 도움이 됩니다.

● 낭독 잘하는 법

낭독은 어떻게 해야 할까요? 평소 부모님이 책을 읽어줄 때 이렇게 낭독하면 아이에게는 본보기가 됩니다.

1) 낭독 자세

낭독할 때 고개를 숙이면 소리가 밖으로 발산되지 못합니다. 그래서 고개를 들고 팔을 앞으로 하고 책도 손에 듭니다. 이렇게 읽으면 발성하기에 편합니다. 앉아서 읽는 것보다 서서 읽으면 발성이 잘되니까 서서 읽어도 좋습니다.

2) 천천히 또박또박

말하기의 목적은 내가 원하는 바를 상대방에게 효과적으로 전달하는 데 있습니다. 귀에 쏙쏙 들어오도록 말하기도 연습을 해야 합니다. 낭독할 때 또박또박, 큰 소리로, 정확하게 읽도록 지도해주세요. 속도가 빠르면 소리는 잘 들리지 않습니다. 아이가 작은 소리로 낭독한다면 또박또박 발음하도록 속도를 늦춰 주세요. 말하는 속도는 라디오나 텔레비전에 나오는 아나운서의 속도를 기준으로 하면 좋습니다. 일상의 대화보다는 약간 느립니다. 그리고 정확하게 읽으려면 입 모양을 크게 하는 것이 좋습니다.

띄어쓰기에 맞춰 읽기도 중요합니다. 한국어는 띄어쓰기대로 읽지 않으면 뜻이 달라질 수 있습니다. 끊어 읽기와 강조하기도 구분하면 좋은데요. 끊어 읽기는 단어와 단어 사이, 구나 절 사이, 문장과 문장 사이에 구두점이 없어도 쉬는 걸 말합니다. 만약 강조하고 싶으면 특

초등 하루 한 권 책밥 독서법

정 음절이나 단어, 구에 힘을 주세요. 때로는 문장부호에 따라서 잠깐 멈춰야 할 때도 있는데요. 쉼표는 글을 읽을 때 잠깐 쉬라는 뜻입니다. 마침표는 하나의 문장이 끝났다는 뜻으로 쉼표보다 길게 쉽니다. 느낌표는 강조하거나 감탄할 때 쓰는 기호로 잠깐 멈춥니다. 물음표는 의문을 표하거나 상대방에게 질문할 때 쓰는 기호이고 역시 잠깐 멈춥니다.

3) 리듬감

그림책은 대화체가 70퍼센트 이상입니다. 낭독할 때는 누가 누구에게 하는 말인지 생각하고 읽으면 좋습니다. 할머니가 아이에게 하는 말인지, 나무가 참새에게 하는 말인지에 따라서 읽는 방법이 달라질 것입니다.

읽기가 능숙해질수록 리듬감 있게 읽게 됩니다. 말하기에서 소리의 크기와 리듬은 세트입니다. 단어마다 뜻과 상황에 따른 느낌이 있습니다. 의성어, 의태어, 동작과 감정을 나타내는 단어는 읽는 속도, 목소리 톤, 음의 높이, 음 길이 등이 단어와 어울리게 읽어보세요. 그래서 외국어나 사투리를 들을 때 무슨 뜻인지 몰라도 오르락내리락하는 음조가 제일 먼저 의식이 됩니다.

소리 내어 읽을 때는 빠르게 읽기, 느리게 읽기, 보통 속도 읽기 등 속도를 선택할 수 있습니다. 목소리 크기도 크게, 작게, 보통으로 선택할 수 있습니다. 억양도 높게, 낮게, 보통 중에서 선택할 수 있습니다. 단어의 길이는 장음과 단음을 구분해서 읽는 방법이 있습니다. 아이들은 같은 발음인데 뜻이 다른 단어를 재미있어합니다. 예를 들어서 '밤'은 장음으로 읽으면 '밤나무에 열리는 열매'라는 뜻이고 단음으로 읽으면 '어두워지는 때'라는 뜻입니다. '굴'도 장음으로 읽으면 '동굴'이라는 뜻이고 단음으로 읽으면 '바다에서 나는 굴'라는 뜻입니다. '말'도 장음으로 읽으면 '사람이 하는 말'이고 단음으로 읽으면 '동물의 한 종류'라는 뜻입니다. '배'도 장음으로 읽으면 '곱절'을 뜻하지만, 단음으로 읽으면 '과일'이나 '사람의 신체', '바다를 항해하는 선박'이라는 세 가지 의미가 있습니다.

: 낭독을 거부하는 아이

낭독으로 책을 읽으면 묵독으로 읽을 때보다 힘이 듭니다. 아이가 책을 쉽게 읽고 싶어서 낭독을 거부할 수 있습니다. 1~2학년 아이에게 소리 내어 읽기를 연습할 때는 책 외의 글도 활용해보세요. 아이가 좋아하는 과자 상자에 적힌 글을 소리 내어 읽어보게 하거나 어린이영화포스터를 읽어도 좋습니다. 장난감 상자에 쓰인 글, 어린이신문이나 어린이잡지 등 다양한 읽기를 함께 해서 흥미를 돋워 주면 좋습니다.

저희 아이들은 캐릭터카드 읽기를 좋아합니다. 캐릭터카드 앞면에는 그림과 함께 캐릭터의 속성, 공격력, 방어력, 어느 캐릭터의 진화형인지, 캐릭터에 대한 설명이 촘촘하게 쓰여 있습니다. 그래서 아이들이 좋아하는 카드로 읽기 놀이를 합니다. 각자 캐릭터카드를 10개씩 나눠 가지고 낭독으로 캐릭터 설명을 읽습니다. 그러면 다른 가족이 캐릭터를 맞춥니다. 책놀이 중에도 낭독을 이용한 놀이가 있습니다. 틀리지 않고 책 오래 읽기 게임이나 주사위로 낭독 순서를 정해서 읽는 놀이로 낭독을 시작해도 좋습니다.

아이에게도 낭독하면 좋은 점이 무엇인지 설명해주세요. 두뇌가 다양하게 자극되고 읽은 내용을 더 잘 기억할 수 있고 말을 잘할 수 있게 된다고 알려주세요. 혹시 아이가 낭독할 때마다 발음이나 단어가 틀렸다고 지적하지는 않나요? 아이가 낭독을 거부하거나 엄마 앞에서 낭독하는 걸 싫어하는 이유일 수도 있습니다. 이런 아이는 방에 들어가서 혼자 낭독하도록 해주세요.

"엄마는 설거지할 거니까 문 조금만 열어놓고 너만 들리게 낭독해 봐."

이렇게 시작해서 일단 책에 몰입하면 나중에는 엄마의 시선을 신경 쓰지 않고 독서에만 집중합니다.

하브루타 질문 독서기
7~19세

⁝ 두뇌발달에 도움되는 유대인 전통교육법

유대인의 가정교육은 크게 두 가지입니다. 밥상머리 교육이라고 해서 아버지가 주축이 되어 식탁에서 온 가족이 토론합니다. 토론의 소재는 무엇이든 될 수 있습니다. 밥상머리 토론은 아이의 지능발달과 논리적인 말하기, 언어력 향상에 도움이 됩니다. 베갯머리 교육은 어머니가 주축이 되어 자기 전에 책을 읽어주고 하루 동안 아이의 마음은 어땠는지를 대화합니다. 베갯머리 독서와 대화는 감성발달에 도움이 됩니다.

유대인의 전통교육법 중에 '하브루타'도 있습니다. 보통 2~4명의 인원이 짝을 지어서 끊임없이 토론하는데요. 서로 질문을 주고받으며 끝장을 볼 때까지 토론합니다. 질문은 생각의 시작이고, 두뇌발달에 도움이 되고, 타인과 소통하는 연습이 됩니다. 또 사고력을 발전시키고 창의력 발달에도 도움이 됩니다.

우리나라 학생들은 수업에 대해서 질문하지 않기로 유명합니다. 왜 그럴까요? 주입식 교육이라서 궁금한 게 없기 때문입니다. 반면에 유대인의 전통교육법은 질문 만들기가 가장 중요한 과제입니다.

엄마들과 이야기를 나누면 아이가 미취학 아동일 때는 책에 관한 대화가 어렵지 않았다고 합니다. 그런데 아이가 초등학교 4학년만 되어도 책을 읽고 대화하기가 부담스럽다고 합니다. 엄마가 함께 읽고 공부하는 것 외에 깊은 대화를 끌어낼 방법을 잘 모르겠다고 합니다. 또 책을 읽고 어떤 질문을 하고 이야기를 나눠야 할지도 잘 모르겠다고 어려움을 토로합니다. 이런 엄마들에게 가장 좋은 독서토론 방법이 바로 하브루타 독서입니다. 하브루타는 질문 만들기부터 아이와 함께해서 엄마들이 무슨 질문을 해야 할지 고민할 필요가 없습니다. 질문 만들기는 미취학 아이도 재미있어합니다. 미취학 아동부터 성인까지 모두가 하브루타 독서를 재미있어합니다.

: 하브루타 독서토론 방법

저는 하브루타 독서를 활용해서 이렇게 토론을 진행합니다. 우선 같은 책을 함께 읽습니다. 그런 다음에 책을 읽고 떠오르는 질문을 자유 연상으로 종이에 적습니다. 처음에는 1~2개만 겨우 적던 아이도 여러 번 반복하면 한 권을 읽고 질문 10개 이상을 만들어냅니다. 아이가 만든 질문 10개에 엄마가 만든 질문 10개가 더해지면 이미 20개의 질문이 생깁니다. 그중에 같이 이야기해보고 싶은 질문을 몇 개 골라서 이야기를 나눕니다. 한 시간이나 두 시간씩 하지 않아도 됩니다. 처음에는 목표를 낮게 잡고 5분, 10분간 토론하다가 점점 질문이 다양해지면 시간도 차츰 늘어납니다.

1) 낭독

하브루타 독서는 먼저 낭독으로 책을 읽으며 시작합니다. 책이 두꺼워서 전체를 낭독하기 어렵다면 부분만 낭독해도 됩니다. 혹은 짧은 단편으로 선정해서 돌아가며 한 쪽씩 소리 내어 읽어도 좋습니다. 탈무드처럼 짧은 이야기도 좋습니다.

2) 질문 만들기

책의 내용과 관련해서 떠오르는 질문을 적도록 합니다. 흰 종이에 번호를 붙여서 적게 해도 되고 메모지 한 장당 질문 한 개를 적어도 됩니다. 처음에는 누가 가장 질문을 많이 만드는지, 질문 만들기 경쟁을 해보세요. 질문을 가장 많이 만드는 사람이 이기는 게임이라고 하면 아이들이 다양한 질문을 고민합니다. 만약 아이가 글을 잘 쓰지 못한다면 아이가 질문을 말하고 어른이 대신 적어도 됩니다.

질문 많이 만들기 게임을 할 때는 사진으로 연습 게임을 해도 좋습니다. 또 하브루타 토론의 주요 소재인 탈무드로 시작해도 좋습니다. 저도 처음 하브루타 독서를 배울 때 탈무드로 질문 만드는 훈련을 받았습니다. A4 반 장 분량의 탈무드를 읽어주고 누가 질문을 가장 많이 만드나 게임을 합니다.

질문은 다양할수록 좋습니다. 최대한 질문이 많이 나올수록 더 좋습니다. 아이가 질문을 적으면 이미 책에 대해서 풍부하게 생각하는 기회를 가진 셈입니다. 적은 질문을 서로 살펴보면서 같은 질문은 무엇이고 다른 질문은 무엇인지 비교해보세요. 엄마가 아이의 질문을 보고 '한 번도 안 나온 질문이야.', '기발한 질문인데?', '엄마도 그게 궁금했는데 적지 못했네', '엄마 의견과 다르지만 좋은 의견이야.', '넌 그렇게 생각하는구나!' 하고 질문을 독려해주세요.

아래는 『이건 내 모자가 아니야』라는 제목의 4~7세 그림 동화책을 읽고 만든 질문입니다. 글자가 얼마 없는 그림 동화책인데도 질문을 30개 넘게 만들었습니다.

예시 『이건 내 모자가 아니야』 / 존 클라센
1. 큰 물고기와 작은 물고기는 무슨 사이일까?
2. 모자는 누구 것일까?
3. 큰 물고기는 왜 작은 모자를 쓰고 있었을까?

4. 큰 물고기는 모자를 어떻게 갖게 됐을까?

5. 왜 꽃게는 작은 물고기의 부탁을 들어주지 않았을까?

6. 꽃게는 거짓말을 한 걸까, 아닐까?

7. 작은 물고기는 왜 큰 물고기가 모를 거라 생각했을까?

8. 작은 물고기는 왜 수풀로 갔을까?

9. 큰 물고기는 어떻게 모자가 없어지자마자 바로 알아챘을까?

10. 큰 물고기에게 모자는 어떤 의미일까?

11. 이런 일이 여러 번 있었을까?

12. 작은 모자는 큰 물고기가 작은 물고기를 잡는 미끼이지 않을까?

13. 수풀에서 무슨 일이 있었을까?

14. 큰 물고기가 수풀에 들어갔다 나오고 나서 작은 물고기가 다시 등
    장하지 않는데 이유가 뭘까?

15. 작은 물고기는 죽었을까?

16. 작은 물고기는 창피해서 수풀에서 나오지 못하는 걸까?

17. 왜 바다색은 예쁜 색이 아닐까?

18. 동화책의 색이 검은색, 흰색, 회색, 베이지색인데 이유가 뭘까?

19. 제목 『이건 내 모자가 아니야』에서 '내'는 누구일까?

20. 이 동화책의 결론이 뭘까?

21. 작가가 이 이야기로 전달하려는 메시지가 무엇일까?

22. 작은 물고기는 왜 모자를 말없이 가지고 갔을까?

23. 작은 물고기는 왜 눈치를 채지 못할 거로 생각했을까?

24. 내가 작은 물고기라면 갖고 싶은 모자가 있을 때 어떻게 할까?

25. 내가 큰 물고기라면 내 모자가 없어졌을 때 어떻게 할까?

26. 큰 물고기는 모자를 쓰고 있을 때 잠을 자고 모자를 쓰지 않으면
    깨어 있는데 왜 그럴까?

27. 글과 그림이 정반대로 어긋나게 그려져 있다. 왜 작은 물고기의 생각은 다르게 나타날까?
28. 작은 물고기의 착각, 큰 물고기의 민첩함, 붉은 게의 비밀 노출이 등장한다. 이 동화책의 분야는 사실 스펙터클인가?
29. 이야기가 너무 단순한 거 아닌가?
30. 동화책치고 너무 칙칙하고 어두운 색이 많다. 그런데도 많이 읽히는 이유가 뭘까?

아래는 『회색 인간』이라는 단편을 읽고 만든 질문입니다. 20쪽 정도 분량의 단편인데도 50개가 넘는 질문을 만들었습니다.

예시 『회색 인간』 / 김동식

1. 지저 인간은 왜 나타났을까?
2. 본능에 충실한 인간을 회색 인간이라고 표현한 건가?
3. 사람들이 점차 순응하고 적응하며 회색 인간으로 변해가는 모습을 어떻게 봤나?
4. 처음 여인이 노래를 불렀을 때 왜 사람들이 때리고 욕하고 돌을 던졌을까?
5. 지저 인간은 어떠한 존재로 묘사된 걸까?
6. 사회는 기록을 통해서 긍정적인 방향으로 나아갈 수 있을까?
7. 만 명은 인류를 구하기 위한 수라고 하는데 왜 하필 만 명일까?
8. 처음 여인이 부른 노래는 무엇이었을까?

9. 악마 같은 희망은 새로운 희망(노래, 소설, 그림)으로 대체되는 것인가?

10. 모두가 저항하여 다 죽었다면?

11. 인간은 어떻게 살아남았을까?

12. 회색 인간들이 땅을 판 기간은 얼마나 될까?

13. 이 책의 결말이 희망적이라고 보는가?

14. 지저 인간 중에 인간의 세력에 동조하는 이가 있었다면?

15. 희망을 주는 것이 문화, 예술만일까? 왜 철학, 종교, 사랑에 관한 이야기는 없을까?

16. 곡괭이 자루도 먹을 정도라면 배고픔은 노동의 강도와 비례하는 것일까?

17. 빵의 존재는 무엇일까?

18. 마지막까지 살아남은 사람은 몇 명일까?

19. 인간에게 가장 중요한 것은 무엇인가?

20. 노래, 소설, 그림을 쓰고 그린다고 무엇이 달라지는가?

21. 삶에서 예술과 문화가 주는 힘이란 무엇인가?

22. 지저 인간은 지상 사람에게 어떠한 존재로 묘사되는가?

23. 삶에서 예술이 주는 힘이란?

24. 희망이 우리 삶에서 중요한 이유는? 맹목적일지라도 희망은 도움이 되나?

25. 인간의 본성은 회색인가?

26. 이 책이 주는 교훈은 무엇인가?

27. 회색 인간이 유채색 인간으로 변화하는 데 필요한 것은 무엇인가?

28. 변화의 과정에서 희생당하는 사람들은 신념인가? 개인의 욕구가 표출되어 예술의 힘으로 승화된 것인가? 대의인가?

29. 현시대의 노동력, 구조는 불합리하다. 희망은 없는가?

30. 기록을 남기고 싶어 하는 이유는 뭘까? 존재의 욕구란 뭔가?

31. '인간의 존재가 밑바닥까지 추락한다'는 표현에서 인간의 밑바닥 이라고 단정 지은 이유는 뭔가?

32. 노래 부르는 여인이 돌을 계속 맞는데도 노래를 멈추지 않는 이유 는?

33. 빵을 나누어 준 이유는 생존보다 더 중요한 것에 의미를 두기 때 문인가?

34. 지상 세계 사람이 만 명이나 실종(납치)되었는데 찾지 않는가?

35. 지저 세계 인간은 지상 세계 사람과 어떤 관계인가?

36. 지저 인간들이 자신은 평화를 사랑해서 만 명의 사람들만 지하로 데리고 온 거라고 하는데 그들이 말하는 평화란 무엇인가?

37. 지구인 말고 다른 생명체(지저 인간, 외계인)가 있을까?

38. 과연 마지막까지 살아남는 인간은 몇 명일까?

39. 이런 일이 처음 있었을까?

40. 이전에도 있었지만 기록되지 않아서 모르는 것은 아닐까?

41. 노래, 소설, 그림을 남긴다고 무엇이 달라지는가?

42. 여인은 왜 노래했고 무슨 노래를 불렀을까?

43. 그 노래가 사람의 마음을 움직인 까닭은?

44. 이런 일이 생긴다면 사랑하는 사람과 함께인 게 좋을까, 혼자인 편 이 좋을까?

45. '그녀는 배가 고팠다. 정말 정말로 배가 고팠다.' 이런 감정을 내가 진심으로 공감할 수 있을까?

46. 기분이 찝찝하고 불길한 이야기다. 작가가 이런 이야기를 쓴 까닭 이 뭘까?

47. 글로리아, 콤, 콜슨의 이야기를 보면 그날 이후 사람들은 조금씩 변해갔다. 왜? 무엇이 그들을 변화시켰나?

48. 왜 꼭 살아남아서 이곳의 이야기를 세상에 전하기를 원했을까?

49. 사람들은 삶의 조건이 아무것도 변하지 않았지만 더는 회색이 아니라고 한다. 왜일까?

50. 이들은 과연 성공해서 지구로 돌아갔을까?

3) 질문 중 몇 개만 골라 토론하기

모든 질문에 관해 토론하면 좋겠지만 시간보다 효율성이 떨어집니다. 질문 중에 같이 이야기해보고 싶은 질문 몇 개를 같이 고른 후에 그것만 깊이 이야기하면 됩니다. 고르기 어렵다면 제비뽑기로 고른 질문에 대답해도 됩니다. 질문을 만든 사람이 무슨 뜻인지 설명하고 질문에 대한 각자의 생각을 이야기합니다.

하브루타 독서의 마무리는 토론 소감 말하기입니다. 혼자 책을 읽었을 때와 질문을 만들었을 때, 질문이 있고 이야기를 했을 때를 비교합니다. 어떤 점을 새로 알게 되었고 책으로 토론을 해보니 어떤지 소감을 나누고 박수로 마무리하세요. 이 모든 과정에서 즐거움과 흥미를 느끼게 하는 게 가장 중요합니다.

대화 독서기
10~11세

초등학교 3~4학년 국어 교과서에는 서로의 생각을 나눠보는 활동이 등장합니다. 글과 책 내용을 요약하는 활동도 처음 나옵니다. 줄거리를 인물, 사건, 배경으로 나누어 요약하기도 하고 중심 문장과 뒷받침 문장을 찾는 방법도 배웁니다.

3~4학년 독서를 지도할 때는 처음에는 아이가 책 내용을 마음껏 떠들게 하다가 대화 독서에 익숙해지면 줄거리를 요약해서 말하도록 지도해주세요. 꼭 글이 많거나 어려운 책일 필요는 없습니다. 미취학 아동이 읽는 그림책으로도 깊이 있고 의미 있는 대화를 나눌 수 있습니다. 부모님과 책을 읽고 대화를 해도 됩니다. 만약에 책 읽기 습관이 잡힌 아이라면 또래가 있는 독서모임에 참여해도 좋습니다.

⦂ 아이가 책 내용을 마음껏 떠들도록 하기

1~2학년용 책은 글이 적고 그림이 많아서 낭독으로 독서를 해도 됩니다. 그런데 3학년부터는 점점 글씨가 많아져서 아이가 낭독을 힘들어합니다. 초등학교 3학년부터는 책을 속으로 정독해서 읽은 후에 대화하면 좋습니다. 아이가 자기가 좋아하는 부분을 마음껏 떠들도록 해주세요.

읽은 책을 모두 말하게 할 필요는 없습니다. 저도 책을 읽었을 때 어떤 책은 주변 사람들에게 얘기해주고 싶은데 어떤 책은 읽었는데도 할 말이 없기도 합니다. 아이도 그렇습니다. 책을 읽었는데 할 말이 없을 수 있으니 모든 책을 말하게 하지 마세요. 책을 읽고 대화하는 이유는 칭찬할 거리를 찾기 위해서라고 생각하면 좋겠습니다.

제가 책을 읽을 때 목표가 '한 권의 책을 읽으면 한 가지를 깨닫고 한 가지를 실천한다'입니다. 아이에게도 이 목표가 적용되어야 합니다. 활자만 많이 읽는다고 아이가 달라지지 않습니다. 아이에게는 책을 읽은 후 몸으로 놀고 대화하며 깊이 사고하게 하고 실천하는 독서가 필요합니다. 대화 독서는 입으로 쓰는 독후감이라고 생각하면 됩니다. 책을 읽은 내용을 생각하고 기억하는 것이 목표입니다.

대화 독서를 지도할 때 책 점수 주기와 점수를 준 이유 말하기, 가장 재미있던 부분 이야기하기 등으로 시작하면 좋습니다. 책에 작가가 제안하는 질문이나 주제문이 있다면 활용해도 좋습니다.

대화 독서에는 정답이 없습니다. 책을 읽으면서 인상적인 부분은 표시하고 싶은 책이라도 끝까지 읽어봅니다. 가령 책을 읽은 후의 소감이 '지루하다', '어렵다', '재미없다', '안 읽힌다'일지라도 괜찮습니다. 다만 왜 그렇게 느꼈는지 구체적으로 설명하는 습관을 지녀야 합니다. 그래야 내 감정을 말로 표현하는 설득력과 논리를 키울 수 있습니다.

대화 독서를 하면 아이가 잘못 이해했거나 오해할 만한 점을 알려줄 기회가 생깁니다. 아이와 책으로 대화하기 위해서는 부모가 책을 미리 훑어보면 좋겠습니다. 전래동화의 경우 성차별적이거나 폭력적인 내용, 무섭고 엽기적인 이야기도 있어서 아이에게 읽게 해도 되는지 걱정하는 엄마들이 많습니다.

예를 들어서 『선녀와 나무꾼』은 상당히 성차별적입니다. 오늘날의 기준으로 보면 나무꾼은 선녀가 목욕하는 모습을 훔쳐보는 성범죄자이고, 선녀의 옷을 숨겼으니 도둑이고, 아들 세 명을 낳을 때까지 선녀 옷을 돌려주지 않은 점에서 유괴 납치범입니다. 성희롱 예방교육 강사가 『선녀와 나무꾼』을 성범죄 예시로 사용할 정도입니다.

아이에게 전래동화가 좋은지에 대해서 의견이 분분합니다. 저는 전래동화는 상식으로 읽어야 한다고 생각합니다. 일상의 배경지식이라고 할까요? 다만 책을 읽은 후에 아이와 책에 관해서 이야기를 나누어야 합니다. 책의 내용이 다 옳은 것이 아니고 어떤 교훈을 주기 위한 내용인지 생각할 기회로 활용하면 좋겠습니다.

저도 아이들에게 『선녀와 나무꾼』을 읽어준 후 성교육을 했습니다.

"네가 좋아하는 친구가 있어도 나무꾼처럼 옷을 훔치면 안 돼. 남의 옷을 훔치면 도둑이 되고 네가 좋아하는 사람을 괴롭혀서도 안 되고 목욕을 할 때 훔쳐봐도 안 돼."

그러자 아이들이 말했습니다.

"목욕할 때 몰래 보면 변태야."

: 줄거리 요약 말하기

책 읽은 후에 줄거리를 요약하면 무엇이 좋을까요? 일본의 언어학자 사이토 다카시는 '무언가를 기억하는 최고의 방법은 이야기'라고 말했습니다. 스스로 생각해서 줄거리를 파악하고 말하면 자기도 모르게 분류, 비교, 요약하는 방법을 터득하게 됩니다. 그리고 내가 내용을 얼마나 잘 이해했는지 객관적으로 알게 됩니다. 이렇게 생각하며 책을 읽으면 오래 기억에 남습니다.

책을 이해하는 데도 도움이 됩니다. 텍스트를 충분히 이해해야 메인 줄거리와 곁가지를 구분할 수 있습니다. 즉 책의 주제를 파악해야 주제에 따른 내용 요약이 가능합니다. 이 과정에서 여러 가지 정보를 조합하여 새로 축약된 이야기를 만들어내는 훈련이 됩니다. 이런 훈련을 많이 하면 어떤 글을 읽든 핵심을 파악하는 능력이 길러집니다.

：대화 독서에 필요한 기술

1) 설명 기술

조선 중기 문신 유성룡은 유명한 말을 남겼습니다.

"독서는 생각이 중심이다. 생각하지 않으면 보고 들은 것을 그대로 다른 사람에게 전달하는 데 그치는 수준에 머문다. 그러면 많은 책을 읽어도 소용없다. 많은 책을 읽고 외워도 글의 뜻과 의미를 모르는 이유는 생각하지 않으면서 책을 읽기 때문이다."

줄거리를 요약해서 다른 사람에게 설명하면 내가 알고 있는 것과 모르는 것이 분명하게 드러납니다. 이게 바로 메타인지인데요. 메타인지를 통해서 내가 모르는 것이 무엇인지 확실히 알 수 있습니다.

학습효과의 피라미드를 보면 학습방법에 따른 평균 기억률이 수치로 표현됩니다. 수업 듣기의 평균 기억률은 5퍼센트, 읽기는 10퍼센트, 듣고 보기는 20퍼센트, 시연하기는 30퍼센트입니다. 반면에 참여적 학습방법인 집단 토의는 기억률이 50퍼센트, 연습하기는 75퍼센트, 가르치기가 90퍼센트로 가장 높습니다.

글로만 읽을 때는 이해되지 않았던 부분이 다른 사람에게 설명하다 보면 갑자기 이해되는 일이 종종 있습니다. 비슷한 경험 해보신 적 있으시죠? 다 읽은 후에 누군가에게 설명해야 한다고 생각하고 책을 읽어보세요. 잘 모르는 부분은 더 꼼꼼히 보게 되어 이해력을 높일 수 있습니다.

2) 핵심 내용 파악 기술

초등 저학년은 요약하라고 하면 책 전체 줄거리를 그대로 말합니다. 그런데 고학년이 되면서는 점차 핵심을 추려서 요약하는 방법을 알게 됩니다. 아이가 요약하기를 잘하지 못하는 이유는 글에 대한 이해력이 낮아서입니다. 전체 내용을 파악하지 못하기 때문에 이야기의 핵심만 추리기가 어렵습니다.

요약하기는 책의 내용을 바르게 이해하기 위한 필수 과정입니다. 요약하기를 잘하려면 글의 내용을 종합하고 중요도를 판단할 줄 알아야 합니다. 핵심 내용을 파악하기 위해서 요약하는 방법이 따로 있습니다. 먼저 반복되는 이야기부터 삭제합니다. 글에서 사소하거나 불필요한 이야기는 삭제할 줄 알아야 합니다. 그런 다음에 하위 항목 중에 상위 항목이나 포괄적 항목으로 대체 가능한 부분이 보이면 핵심 내용을 파악하게 됩니다.

모든 글에는 글쓴이의 의도가 담겨 있습니다. 글쓴이의 의도를 잘 파악하려면 글의 중심 생각을 찾으면 됩니다. 중심 생각은 제목이나 반복되는 내용에 많이 나옵니다. 제목이 무엇인지, 내용 중에 반복되는 문장이 있는지 살펴보고 먼저 문단을 나누어봅니다. 문단을 나누면 중심 문장과 뒷받침 문장으로 구분되는데요. 문단별 중심 문장 한 개를 찾아서 밑줄을 그으면 중심 생각을 찾을 수 있습니다.

초등 하루 한 권 책밥 독서법

독서토론기
12~19세

독서토론은 초등학교 5학년 이후부터 시작하면 좋습니다. 초등학교 국어 수업에 토론이 처음 나오는 시기가 초등학교 5학년입니다. 아이는 이 시기에 교과서에 나온 주제로 모둠별, 학습별 토론을 경험합니다. 이는 아이의 발달 단계에 맞춘 것으로 5~6학년 아이는 논리적, 비판적 사고가 특히 발달합니다. 토론하기에 적절한 수준이 되었다는 뜻이죠.

따라서 초등학교 4학년 이전 아이에게 토론수업을 시키는 것은 적절하지 않습니다. 비용이나 시간 면에서 투입 대비 효과가 적습니다. 5~6학년은 되어야 추상적인 사고력이 꽃을 피우고 객관적인 사실에다 자신의 의견을 덧붙일 수 있습니다.

독서토의와 독서토론은 어떤 차이가 있을까요? 독서토의와 독서토론은 둘 다 책을 더 깊이 이해하고 싶은 사람들이 모여서 이야기하는 것을 의미합니다. 독서토의와 독서토론을 하면 내 생각을 정리하게 됩니다. 책과 세상에 대해서 깊게 알 기회도 생기고 생각을 키울 수 있습니다. 또 다른 사람과의 차이에서 나를 발견하는 기회가 되기도 합니다.

토의는 두 사람 이상이 모여서 공동의 주제에 관해 가장 좋은 의견을 논의하는 것입니다. 자유로운 분위기에서 다양한 의견을 나누고 하나의 결론을 낼 필요가 없죠. 반면에 토론은 어떤 논제에 대해 찬성과 반대로 팀을 나누어서 정해진 규칙에 따라 주장과 반론을 거듭합니다. 상대방을 설득해서 하나의 결론을 내는 게 특징입니다.

⦂ 전통적인 독서토론

독서토론은 보통 두 시간 정도 진행하고 적정 인원은 8명에서 12명입니다. 한 달에 1~2번, 정기적으로 진행합니다. 책은 다양한 분야의 책을 다루면 좋습니다. 쉬운 책과 어려운 책을 번갈아서 선정하세요. 서로 얼굴을 볼 수 있도록 둥글게 마주 앉아서 진행하는데, 책이나 종이들을 올려놓을 수 있게 책상이 있으면 좋습니다.

진행자는 미리 지정도서와 토론 시간을 정하고 진행 순서를 공유합니다. 참여자는 지정도서를 읽고 오되, 다 읽지 않았더라도 참여할 수 있습니다. 진행자가 작가 소개와 책에 대한 간략한 정보를 제공한 다음 책을 완독했는지를 조사합니다. 완독한 사람이 적으면 책을 더 자세히 안내할 필요가 있습니다. 읽지 않은 부분에 관해서 토론을 진행될 때는 대답은 하지 않고 듣기만 하도록 안내합니다.

먼저 참여자 개개인이 책에 대한 점수를 매기고 점수를 준 이유도 함께 설명합니다. 책에서 가장 중요하다고 생각하거나 인상적인 부분의 문장을 한 개씩 낭독하고 소감을 나누세요. 그런 다음에 진행자가 준비한 자유 논제와 찬반 논제에 관한 토론을 진행합니다.

자유 논제는 책에 나온 내용 중에서 참여자의 경험이나 생각을 이야기해보고 싶은 논제 3~5개를 준비합니다. 자유 논제는 발언 순서에 상관없이 돌아가며 골고루 의견을 나눕니다. 찬반 논제는 책에 나온 내용 중에서 찬성과 반대, 동의와 동의하기 어려운 내용의 논제로 2~3개 준비합니다. 찬반 논제는 찬성과 반대를 거수로 표현합니다. 그리고 찬성 두 명에게 발언권을 주고, 반대 두 명에게 발언권을 주고, 다시 찬성 한 명에게 발언권을 주고, 반대한 한 명에게 발언권을 주는 식으로 진행합니다. 독서토론이 끝난 후에는 참여자끼리 소감을 나누고 다음에 토론할 책을 소개하고 마무리합니다.

⁝ 가족 독서토론

처음부터 독서토론하기가 부담스럽다면 아이와 관련된 주제로 토론을 시작해도 좋습니다. 아이가 스마트폰 사용 시간을 늘려달라고 하거나, 용돈을 올려달라고 하거나, 교복을 줄이고 싶다거나, 학원을 그만 다니고 싶다거나 하는 경우가 있습니다. 아이와 의견이 갈리는 주제를 선택해서 각자의 처지에서 이야기하고 타협점을 찾아보세요.

가족끼리 독서토론을 진행하는 경우 엄마나 아빠가 독서 논제를 준비합니다. 독서 논제를 준비한 사람이 사회자 역할을 합니다. 사회자는 자신의 의견을 말할 발언권이 없습니다. 토론 참여자들이 발언하는 순서대로 진행만 하고 다른 가족들은 토론합니다. 토론에서 사회자인 부모님은 적절한 책을 선정하고 좋은 질문을 제시해야 합니다. 참여자들이 주제를 벗어나면 다시 주제로 돌아오게끔 하고 충분히 이야기했다면 다음 질문으로 넘어가면 됩니다. 참여자들이 예의 바른 분위기로 토론하도록 하고 정해진 시간이 되면 끝내면 됩니다.

부모님이 토론 참여자가 되면 아이보다 말을 많이 하지 않도록 주의합니다. 독서토론은 아이의 머릿속에 정답이 아니라 질문이 가득 차게 하는 게 목표입니다. 마무리할 때는 그날 토론에서 배운 중요한 결과를 요약하고 다음 시간을 안내하면 됩니다.

⠂ 남자아이와 여자아이가 대화할 때는 차이를 둬야

보통 남자아이는 여자아이보다 유창하게 말하지 못합니다. 남자아이가 발달이 느리게 진행되는 것처럼 느껴지는데요. 이유가 뭘까요? 연구결과를 보면 여자아이의 뇌가 더 빨리 성장하고 집중할 수 있는 시간이 길다고 합니다. 신체적인 특징으로 여자아이는 우뇌와 좌뇌가 연결이 잘되어 있어서 멀티플레이를 하기 좋습니다. 또 여자아이는 남자아이보다 남의 말에 귀를 기울이거나 얼굴을 쳐다보는 시간이 깁니다. 여자아이는 잘 듣기 때문에 남자아이보다 말을 더 잘하고 빨리 합니다.

반면에 남자아이의 뇌는 구획으로 나뉘어 있습니다. 한 가지 일에 집중하기 좋죠. 여자아이는 동시에 여러 명과도 대화하고 다른 일을 하면서도 듣고 대답하기가 가능합니다. 그러나 남자아이는 무언가에 집중하고 있으면 소리를 아예 듣지 못하고 대답도 하지 못합니다. 그러니 남자아이가 무엇에 집중하고 있으면 기다려주세요. 초등 저학년 때는 여자아이가 신체적, 정신적 발달이 남자아이보다 빨라서 이런 차이가 더 크게 느껴지기도 합니다.

남자아이와 여자아이가 대화할 때는 차이를 둬야 합니다. 여자아이에게는 명령조보다 느낌이나 생각을 물어보면 대답을 더 잘합니다. 남자아이에게는 느낌이나 기분보다 행동이나 방법을 물어보는 것이 좋습니다.

남자아이라고 해서 감정표현을 하지 못하는 것은 아닙니다. 아빠가 감정표현이 풍부하다면 아들도 감정을 잘 이해하는 경향이 있다고 합니다. 아빠가 감정표현을 풍부히 해주는 게 좋은 학습인 셈이죠. 여자아이는 큰 소리에는 위축될 수 있으니 낮은 소리로 차분히 말해주세요. 남자아이에게는 한 번에 여러 가지 답을 요구하는 복합적인 질문을 하지 마세요. 한 번에 한 개씩 쉬운 질문으로 대화를 이끌어가세요.

어휘력
향상 방법

: 어휘력이 지능을 결정한다

하버드대 연구진이 1988년부터 홈스쿨 스터디를 연구했습니다. 85개 가정 중에서 53개 가구를 추적 조사했는데 연구결과를 한마디로 요약하면 다음과 같습니다.

'아이의 학업성적은 언어능력에 의해서 좌우되고 학업성적의 직접적인 기반은 다름 아닌 어휘력이다.'

공부를 막 시작하는 초등 1학년 때 단어를 더 많이 알고 어휘력이 풍부한 아이는 4~10년 후의 독해력이 훨씬 우수해집니다.

미국에서는 지능검사를 할 수 없을 때 어휘력 검사를 한다고 합니다. 그 정도로 어휘력은 지능의 핵심요소입니다. 어휘력이 부족한 아이는 과목과 상관없이 글의 전체적인 내용 파악에 어려움을 겪습니다. 사용할 수 있는 어휘량의 차이는 생각의 차이를 불러옵니다.

우리는 생각할 때 머릿속에 있던 단어를 나열해서 외부로 표현하곤 합니다. 기존에 알고 있는 어휘가 적다면 표현의 폭이 좁아집니다. 또 기존에 알던 어휘는 새로운 단어를 만났을 때 새 단어를 이해하고, 비교하고, 구분할 수 있는 마중물 역할을 합니다. 그래서 사용할 수 있는 어휘가 많은 아이는 더 많은 어휘를 배우고 사용할 수 있는 어휘가 적은 아이는 더 적게 배웁니다.

어휘력의 폭이란 우리가 사용하는 어휘의 크기와 범위를 말합니다. 어휘력의 깊이란 어휘의 이해 수준을 말합니다. 어휘 실력은 다섯 가지로 세분됩니다. 이미 알고 있는 낱말의 의미를 정확히 파악해야 하고, 아는 낱말의 수가 많아야 하고, 알고 있는 낱말을 적절히 활용할 수 있는 방법을 알아야 합니다. 또 반대말이나 비슷한 말 등 다른 낱말과의 관계를 이해하고, 아는 것에서 끝나지 않고 활용하는 능력이 있어야 어휘력이 높다고 봅니다.

: 수능 국어 영역은 독해에서 실력이 갈린다

12개월 미만 아이에게는 지속적인 언어자극이 아기의 두뇌 능력을 키웁니다. 아기는 목욕하고 분유를 먹고 잠을 자면서 부모와 스킨십을 하는데 이때 시각, 청각, 촉각, 후각, 미각 등 다양한 오감이 자극됩니다. 이 과정에서 아기는 언어를 습득합니다. 비싼 교재나 도서를 살 필요도 없습니다. 일상의 대화, 장난감, 역할 놀이나 소꿉놀이, 책이나 사진만으로도 충분합니다.

생후 12개월 미만 아이는 낱말을 하나만 사용하고 생후 18개월까지는 5~10개 정도 단어를 사용할 수 있습니다. 생후 18개월부터 만 2세 사이에는 50여 개의 단어를 알게 됩니다. 명사뿐만 아니라 대명사, 부사, 동사 등도 사용합니다. 만 2세 이후의 아이는 이해하는 단어가 500~900여 개이고 사용하는 표현 언어는 200~300여 개가 되면서 두 개의 단어를 이어서 만든 문장을 말할 수 있습니다. 만 4세 아동은 900여 개의 단어를 사용하고 4~5단어를 조합해서 긴 문장을 만들 수 있습니다. 만 5세가 되면 아이가 사용하는 단어는 2,000~3,000개가 되는데요. 6~8단어를 조합하여 문장을 만들 수 있습니다. 어휘력은 점차 발전하여 어른이 사용하는 어휘의 수는 2만~10만 개 정도입니다.

수능 국어 영역에서 가장 중요한 것이 독해입니다. 비문학 독해 실력을 단기에 올릴 수 있는 방법의 하나가 어휘를 공부하는 것입니다. 흔히 독서를 통해서 어휘력을 올린다고 하지만 사실은 어휘력이 독서보다 먼저입니다. 국어를 잘하려면 어휘력과 독해력, 문법 능력, 논리 구조 분석력이 있어야 하는데요. 발달 순서상 어휘력이 가장 먼저입니다.

어휘력이 쌓이고 나면 독해력과 문법능력이 쌓이고 논리 구조 분석력이 발달합니다. 즉 단어가 모여 문장이 되고 문장이 모여 문단이 되므로 단어를 알아야 글을 읽고 이해할 수 있습니다. 어휘실력이 좋으면 공부에 대한 이해도가 높고 핵심을 잘 찾아냅니다. 성적이 올라갈 기회가 더 많아지죠. 어휘력이 늘수록 문제를 푸는 데 드는 시간이 줄고 출제자의 의도를 파악하기 쉽습니다. 또 문제에 대한 오독률이 낮아지고 개념을 정확히 이해하게 됩니다.

: 어휘력 높이는 다섯 가지 방법

1) 일상의 대화

부모님 중에 책을 열심히 읽어주는 분도 있고 그렇지 않은 분도 있습니다. 그런데 책을 읽어주는 것만큼 중요한 게 대화입니다. 저도 처음에 책을 많이 읽어주기만 하면 아이에게 좋을 거라고 생각했습니다. 하지만 책을 읽어줄 때 나오는 단어가 140개이고 대화를 하면서 나오는 단어가 1,000개라는 사실을 알았습니다. 책을 읽고 나서 대화를 하는 것이 얼마나 중요한지 깨달았습니다.

엄마가 책을 읽어주기만 한다고 아이의 어휘력이 좋아지지는 않습니다. 책을 읽고 나서 아이에게 질문하고 마음에 들었던 점을 이야기하고 다음에 생길 일을 예상하게 하세요. 이렇게 하면 책 읽기를 대화와 토의, 토론으로 발전시키는 셈입니다. 이 과정을 배운 아이는 어휘력이 풍부해질 가능성이 매우 큽니다.

평소 엄마가 아이에게 사용하는 단어나 문장의 종류가 아이의 어휘 습득에 긍정적인 영향을 끼칩니다. 이를 보여주는 실험이 있는데요. EBS 『다큐프라임』에서 '어휘 인식 실험'을 해서 화제가 된 적이 있습니다.

이 실험으로 엄마가 아이가 놀아주면서 사용하는 단어, 문장의 수를 아이의 표현 어휘 지수 및 단어 인식 속도와 비교해봤습니다. A의 경우 엄마가 사용하는 단어가 338개, 엄마가 사용하는 문장이 137개입니다. A의 표현 어휘 지수는 111개이고, 단어 인식 속도는 1.14초입니다. 반면에 B의 경우 엄마가 사용하는 단어가 647개, 엄마가 사용하는 문장이 296개입니다. B 아동의 표현 어휘 지수는 365개이고, 단어 인식 속도는 0.84초입니다.

구분	엄마 사용 단어	엄마 사용 문장	아이 표현 어휘 지수	아이 단어 인식 속도
A	338개	137개	111개	1.14초
B	647개	296개	365개	0.84초

즉 표현 어휘 지수가 높고 평균 단어 인식 속도가 빠른 아이의 엄마가 사용하는 단어와 문장이 더 많았습니다. 반면에 표현 어휘 지수가 낮고 평균 단어 인식 속도가 느린 아이는 엄마가 사용하는 단어와 문장이 더 적었습니다.

2) 다양한 독서

어휘력 향상은 일상의 대화로 시작해서 독서로 완성됩니다. 언어학자 팬 필드는 '결정적 시기 이론'에서 아동기는 생애 가운데 어휘 습득이 가장 왕성한 시기라고 했습니다. 이때 습득된 어휘는 성인이 되어 원활한 독서와 성취는 물론이고 생각을 글로 쓰고 말로 표현하는 데 사용된다고 합니다. 이 이론에 따르면 풍부하고 좋은 어휘를 사용하는 아이로 자라는 데는 아동기 독서가 결정적 역할을 합니다.

일상의 대화에서는 같은 낱말을 고정적으로 사용하는 경향이 있습니다. 다양한 어휘를 만나려면 다양한 작가가 쓴 책을 통해서 고급 어휘를 만나야 합니다. 문학과 비문학은 사용하는 어휘의 성격이 다릅니다. 그래서 다양한 책을 읽는 게 좋습니다. 어휘력 향상을 위해서는 비문학과 문학을 가리지 말고 다방면의 책을 두루 읽으세요. 다양한 어휘에 노출되는 경험이 반드시 필요합니다.

3) 국어 단어장 만들기

일상에서 대화하거나 책을 읽다가 모르는 단어가 나올 때 그냥 넘어가면 정확한 뜻을 알기 어렵습니다. 책을 처음 읽는데 모르는 단어가 나오면 어떻게 해야 할까요? 모르는 단어가 나올 때마다 하나하나 찾으면 책을 읽다가 중간에 흐름이 끊겨서 책을 계속 읽기 어렵습니다. 책을 처음 읽을 때는 모르는 단어가 나와도 표시만 하도록 지도하세요. 글의 흐름에서 단어의 뜻을 짐작하며 끝까지 읽어야 합니다.

책을 다 읽었다면 사전에서 정확한 단어를 찾아서 뜻을 파악해도 좋습니다. 모르는 단어는 스마트폰에 검색해서 찾거나 사전으로 찾아서 '국어 단어장'을 만들면 좋습니다. 평소에 글을 읽거나 대화를 할 때 아이가 모르는 단어가 있으면 이때도 국어 단어장을 만들면 좋습니다.

국어도 영어처럼 단어를 알아야 문장 쓰기로 발전할 수 있습니다. 저는 아이가 모르는 단어가 있으면 낱말 카드 종이에 써보게 합니다. 이때 사전에 있는 정확한 뜻 그대로 쓰게 하세요. 단어 종이가 여러 장 쌓이면 책놀이 시간에 단어로 빙고 게임을 하면서 어휘의 뜻을 정확히 파악했는지 확인할 수 있습니다.

국어 단어장 예시	
모르는 단어	사극
추측한 뜻	옛날 드라마
사전 뜻	역사에 있었던 사실을 바탕으로 만든 연극이나 희곡
문장 만들기	'대조영'은 아빠가 좋아하는 사극이다.
반대	현대극
비슷	역사극

4) 한자 익히기

우리말 중에 순우리말, 한자어, 외래어의 비중은 얼마나 될까요? 아래 표를 보면 전체 단어 164,125개 중에 순우리말은 74,612개로 45.5퍼센트입니다. 한자어는 85,527개로 52.1퍼센트, 외래어는 3,986개로 2.4퍼센트를 차지합니다. 전체 단어 중에 가장 많은 비중을 차지하는 게 한자어입니다. 무려 52.1퍼센트가 한자어이고 표준어 중에서는 57.9퍼센트가 한자어입니다. 한국에서 어휘력은 한자 실력이 좌우

합니다.

구분	항목수(표준어)	비율(표준어)
순우리말	74,612(56,115)	45.5%(40.0%)
한자어	85,527(81,362)	52.1%(57.9%)
외래어	3,986(2,987)	2.4%(2.1%)
계	164,125(140,464)	100%(100%)

저는 아이에게 한글보다 한자를 먼저 가르쳤는데요. 교육계에 계셨던 시아버님의 조언 때문입니다. 시아버님이 제안하기를 '아이들은 한자를 그림으로 인식해서 한글보다 재미있어 하니까 한자를 제일 먼저 가르치라고 하셨습니다. 그래서 5살 때부터 하루 두 장씩 학습지를 활용해서 한자를 알려줬습니다.

정말로 아이가 한자를 글자라고 생각하지 않고 그림으로 인식했습니다. 그래서 한글을 배울 때보다 스트레스도 덜 받고 재미있어했습니다. 제가 보기에 한자를 그림 그리기, 미술처럼 인식하는 것 같았습니다. 그런데 뇌를 연구하는 학자들은 발달 단계상으로는 추상적인 사고가 가능한 초등 고학년부터 한자를 익히는 것이 좋다고 합니다. 부모님의 교육관에 따라서 한자를 배울 시기를 결정하세요.

아이의 성취감을 위해서 한자능력검증시험에 응시해도 좋습니다. 한자능력검증시험의 경우 5급부터는 난이도가 올라가지만 6~8급은 난이도가 낮습니다. 시험에 합격하면 아이가 성취감을 얻는 데 도움이 됩니다. 가장 낮은 8급은 한자 30개를 익히고 7급은 한자 50개를 익혀서 객관식 25문제를 40분 동안 풀면 됩니다. 6급은 한자 70개를 익히고 그중 객관식 50문제를 40분 동안 풉니다.

아이가 사회나 과학을 배울 때 평소에 접하지 못했던 한자 어휘 때문에 힘들어 합니다. 한자를 잘 아는 아이는 단어의 사전적 정의를 정확히 모르더라도 한자 각각의 뜻으로 단어의 뜻을 유추할 수 있습니다. 그래서 한자는 사회나 과학 공부에 유리하고 어휘력을 키우는 데도 도움이 됩니다.

5) 어휘 놀이 15가지
책놀이 시간에 어휘력 향상 놀이를 해도 좋습니다.

❶ 난센스 퀴즈

놀이 설명	난센스 퀴즈
놀이 규칙	1. 인터넷에 난센스 퀴즈라고 검색하면 많은 문제가 나온다. 한 명이 출제하고 다른 사람들이 맞추기 게임으로 진행한다. 예시) 우유가 넘어지면? → 아야 , 곰을 뒤집으면 → 문 2. 차를 타고 이동하는 시간을 이용해도 좋다.
준비물	스마트폰

❷ 십자 낱말 퀴즈

놀이 설명	십자 낱말퀴즈를 함께 푼다.

놀이 규칙	1. 십자 낱말퀴즈 책을 구입하거나 앱을 설치한다. 2. 함께 푼다.
준비물	십자 낱말퀴즈 책 또는 앱

❸ 도레미 노래방

놀이 설명	도레미 노래방 따라 하기
놀이 규칙	1. 아이들이 좋아하는 노래를 하나 틀어준다. 2. 아이들이 노래를 들으면서 받아쓰기를 한다. 3. 서로 상의해서 수정할 기회를 준다. 4. 가사를 검색해서 맞춰본다.
준비물	종이, 펜

❹ 스피드 받아쓰기

놀이 설명	뉴스나 책을 읽어주면 아이가 아무거나 들리는 단어 20개를 빨리 받아쓰기
놀이 규칙	1. 뉴스 한 꼭지를 틀어주거나, 책을 한 권 읽어준다. 2. 나오는 단어 중 20개를 아무거나 받아쓰기를 한다. 3. 1차로 빨리 쓰기 놀이 하고, 2차로 빙고 놀이도 가능하다. 예시)
준비물	종이, 펜

산업	문화유산	유네스코	강제노동	노동
정보센터	지옥섬	800명	4,750명	역사
군함도	노동자	갈림길	죽음	조선인
평등	사회	계급	공장	서양식
나랏일	학교	대학	직업	새장

❺ 퀴즈 프로그램 풀기

놀이 설명	다양한 퀴즈 프로그램을 보면서 함께 풀기
놀이 규칙	KBS 《우리말 겨루기》, 《다큐 인사이트 – 공사창립특집 KBS 대기획 23.5》, 《도전! 골든벨》, MBC every1 《대한외국인》, tvN 《뇌섹시대 – 문제적 남자》, YTN science 채널 등의 퀴즈 프로그램을 보면서 함께 푼다.
준비물	텔레비전 또는 스마트폰

❻ 초성 퀴즈

놀이 설명	초성을 제시하면 해당하는 단어 말하기 게임
놀이 규칙	1. 초성을 제시한다. 예시) ㄱ, ㄴ 2. 제시한 초성에 해당하는 단어를 돌아가며 한 명씩 말한다. 예시) 가나 가니 그늘 금년 국내 3. 빨리 맞히면 이기는 것으로 해도 되고, 계속 릴레이로 이어서 더 이어가지 못하는 사람이 지는 것으로 해도 된다.
준비물	없음

❼ 단위 알아맞히기

놀이 설명	어휘 게임으로 세는 단위 맞히기
놀이 규칙	1. 물건의 종류를 쓴 종이를 준비한다. 2. 해당 물건을 세는 단위를 맞힌다. 예) 연필 – 자루 – 다스 (12개) 　　생선 – 마리 – 한 미 (두 마리) 　　시계 – 분, 시, 초 (60단위)
준비물	종이, 펜

❽ 단어 연상 놀이

놀이 설명	제시어에 따라 단어 찾기
놀이 규칙	예시) '시장'이라는 단어가 제시어라면 • '시장' 하면 떠오르는 생각 말하기 • 신문에서 '시장' 단어 찾기 • 사전으로 뜻 찾기 • 시장 단어 넣어서 문장 만들기 • 시장과 관련된 어휘 지도 만들기 • 시장 + 다양한 어휘로 문장 만들기
준비물	종이, 펜

❾ 책에 나오거나 나오지 않는 단어 맞히기

놀이 설명	책에서 나올 것 같은 단어를 먼저 적도록 한 후, 책을 읽어주면서 정답을 맞히는 게임
놀이 규칙	1. 읽어줄 책을 정한다. 2. 표지만 보고 아이들이 책에서 나올 것 같은 단어를 10개 적도록 한다(안 나올 것 같은 단어로 변형 가능) 3. 책을 읽어주면서 아이들이 적은 단어가 나오면 O표를 한다. 4. 가장 많이 맞힌 사람이 우승한다.
준비물	종이, 펜

❿ 포스트잇 놀이

놀이 설명	단어를 포스트잇에 적어서 붙인 후 몸을 흔들어서 가장 많이 떨어뜨리고, 몸에 붙은 단어는 뜻을 말해야 뗄 수 있다.
놀이 규칙	1. 낱말 카드에 적었던 단어를 포스트잇에 적는다. 2. 음악과 함께 20초 동안 신나게 몸을 흔들어서 가장 많이 떨어트린다. 3. 몸에 남아 있는 단어는 뜻을 말해야 뗄 수 있다.
준비물	포스트잇, 펜

⓫ 단어 찾기 놀이

놀이 설명	집, 도서관이나 서점에서 제시어가 들어간 책을 빨리 찾아오면 이기는 게임
놀이 규칙	1. 집, 도서관, 서점에 간다. 2. 제시어를 알려준다. 예시) 의자, 가위, 물고기, 역사, 소독, 미래 3. 제시어가 들어간 책을 빨리 찾아오면 이긴다.
준비물	없음

⓬ 《런닝맨》 단어 게임

놀이 설명	아이들이 즐겨보는 런닝맨 방송 프로그램 퀴즈 따라하기
놀이 규칙	1. 아래처럼 해당 낱말이 들어가는 단어 빨리 말하기 리을(ㄹ)이 들어간 영화와 노래 제목, 기역(ㄱ)이 들어간 영화와 노래 제목, 비읍(ㅂ)이 들어간 영화와 노래 제목 말하기 | | 영화 | 노래 제목 | | ㄹ | | | | ㄱ | | | | ㅂ | | | 세 글자 책 제목과 과일 말하기 | | 책 제목 | 과일 | | 세 글자 | | | | 네 글자 | | | | 다섯 글자 | | | 2. 빈칸에 해당하는 단어를 모두 다 가장 빨리 말한 사람이 우승
준비물	제시어를 적을 종이

⓭ 단어 빙고 게임

놀이 설명	제시어로 빙고판에 25개의 단어를 적고 서로 맞추는 게임
놀이 규칙	• 책 속 주인공 이름으로 빙고 게임 • 내가 읽은 책 제목으로 빙고 게임 • 책 속 단어로 빙고 게임
준비물	종이, 펜

⓮ 맞춤법 OX 퀴즈

놀이 설명	맞춤법이 헷갈리는 두 낱말을 종이에 쓰고 정답인 단어 맞히기
놀이 규칙	먼저 손을 들어 정답을 말한다. 예시) • 빗자루 또는 빗자리 • 사이좋게 또는 사이조케 • 맏형 또는 맡형 • 해도지 또는 해돋이
준비물	종이, 펜

⓯ 도서관에 가면 '~있고 게임'

놀이 설명	동물원에 가면 토끼도 있고, 사자도 있고~ 놀이처럼 도서관에 가면 **도 있고, **도 있고 식으로 단어를 이어 붙이는 놀이
놀이 규칙	1. 도서관에 있는 단어만 말해야 함을 안내 2. 첫 주자가 '도서관에 가면 의자도 있고'라고 말을 하면 두 번째 주자가 '도서관에 가면 의자고 있고 사서도 있고'라고 말하고 세 번째 주자가 '도서관에 가면 의자도 있고 사서도 있고 빨간 망토도 있고……' 이런 식으로 앞사람의 말에 새로운 단어를 이어서 말하기 3. 앞사람 제시어를 놓치거나 새로운 단어를 제시하지 못하면 짐
준비물	종이, 펜

7장

쓰기 독서

책은 글쓰기의
좋은 에너지원

아이가 책을 멀리하게 만드는 가장 확실한 방법이 있습니다. 바로 책을 다 읽었으면 독후감을 쓰라고 강요하는 겁니다. 아이가 책을 잘 읽으면 부모님은 성급하게 글쓰기부터 시키려고 합니다. 독서지도의 순서는 듣기 독서에서 책놀이, 스스로 읽기와 말하기 독서, 그다음이 쓰기 독서입니다. 이 순서를 기억해주세요. 쓰기부터 강요하면 아이가 책 읽기를 싫어하게 됩니다. 글을 써야 한다는 생각을 하면 읽는 것도 싫어지는 거죠.

아이들이 글쓰기를 싫어하는 이유가 뭘까요? 좋은 글을 써야 한다 는 부담감이 들거나 평소 글을 써보지 않아 글을 쓸 준비가 되지 않아서입니다. 그렇다면 좋은 글은 어떤 글일까요? 좋은 글은 내용이 정확하고 표현과 문장이 매끄럽습니다. 한눈에 쏙 들어오도록 가독성이 좋습니다. 오타가 없고 맞춤법도 정확합니다. 내용이 신선하고 상투적이지 않으며 읽는 사람에게 유익함이 있고 생각을 불러일으킵니다.

⦂ 왜 글쓰기가 중요한가

미국 사립 중고교에서는 『국부론』 같은 인문 고전을 선정해서 책을 읽고 도서관에서 연관된 책을 추가로 읽어야 합니다. 읽은 내용을 바탕으로 수업 시간에 토론하고 에세이를 쓰게 하는 것이 주요 교과과정입니다.

우리나라에서도 2015년에 개정된 교육 과정부터 '과정중심평가'를 강조하면서 다양한 수행평가, 교내 대회, 교내 활동을 실행합니다. 초등학교 1~3학년의 주요 숙제는 일기 쓰기와 책 읽고 독후감 쓰기입니다. 초등학교 4~6학년에는 답사 보고서, 설명하는 글쓰기, 주제를 정해서 자유 글쓰기, 파워포인트를 활용해서 작성하는 글쓰기 등 형식에 따른 글쓰기가 숙제로 나옵니다.

중고교에서는 수행평가로 매 학기마다 과목별로 글쓰기를 합니다. 매주 월요일마다 1,000자 에세이를 제출하게 하는 학교도 있는데요. 중고교생인 아이는 중간고사, 기말고사 외에도 수시로 수행평가 과제를 제출해야 합니다. 수행평가에서는 제시된 주제의 글을 분량만 채워서 제출해도 기본점수를 부여합니다. 하지만 고득점을 받고 싶다면 분량을 채우는 것을 넘어서 질적으로도 돋보여야 합니다.

중고교 시절을 지나 대학에서도, 직장에서도 쓰기는 매우 중요합니다. 최근 여러 연구에서 글쓰기 기술이 좋은 사람일수록 그렇지 못한 사람에 비해 인기 직종에 종사하거나 더 빨리 승진하고 리더의 자리에 오를 가능성이 크다고 합니다.

우리나라 직장인 중에는 글쓰기의 어려움을 토로하는 사람들이 많습니다. 직장인들의 비즈니스 상황에서 발생하는 의사소통 유형 중에 말하기가 30퍼센트, 글쓰기가 70퍼센트로 더 많은 비중을 차지합니다. 그런데 직장인 중에 80퍼센트는 글쓰기 훈련을 받아본 적이 없고 교육을 받은 사람도 상사에게 배우거나 독학, 책으로 공부한 경우가 대부분입니다.

경영학의 아버지라 불리는 피터 드러커는 '글쓰기 능력은 스펙을 뛰어넘는다. 미래에는 글쓰기가 핵심 역량이다'라고 말했습니다. 아이가 학교 공부를 잘하기 위해서도, 성적을 잘 받기 위해서도, 대학을 가기 위해서도, 직장에 취업하고 일을 잘하기 위해서도 글쓰기는 필요합니다. 하지만 요즘 아이들은 영상 위주의 미디어에 노출되어 문해력과 어휘력 등 언어적 민감성이 떨어집니다. 책 읽기와 글쓰기는 무슨 관련이 있을까요?

: 글 잘 쓰는 세 가지 방법

1) 직접 경험과 간접 경험

글을 잘 쓰기 위해서는 인풋과 아웃풋이 필요합니다. '거인의 어깨에 올라서 세상을 보라'라는 말이 있습니다. 우리가 사는 세상에는 좋은 지식과 정보가 참 많은데요. 기존에 있는 지식과 정보를 바탕으로 우리의 생각을 도출해내는 것이 바로 글쓰기입니다. 작가들도 글을 쓰기 전에 인풋을 많이 합니다. 간접 경험과 직접 경험이 인풋의 재료입니다.

글을 쓸 때 직접 경험을 하고 글을 쓰면 가장 좋습니다. 영국에 대해서 글을 쓰는데 책을 읽고 자료 검색만 하고 쓰기보다 한 달 동안 배낭여행으로 구석구석을 다녀보면 좋겠죠? 떠나기 전에 준비하기부터 현지에서 있었던 에피소드, 다녀와서의 감흥 등 쓸 내용이 풍부해집니다. 그래서 부모님은 다양한 경험을 하게 하려고 아이를 체험학습에 보내는 등의 노력을 합니다. 직접 경험을 많이 하면 글을 더 잘 쓸 수 있습니다.

아이는 아직 사고력이 다 발전되지 않아서 체험을 시켜주면 좋아합니다. 체험을 할 때는 아이가 정보를 찾고 원하는 활동을 할 수 있게 선택할 기회를 주면 좋습니다. 여행을 갈 때도 관련된 정보를 아이가 직접 조사하거나 부모님과 함께 조사하는 거죠. 정보를 수집하고 경험을 하면 재미가 훨씬 커집니다. 이런 체험을 몇 차례 하면 정보를 수집하는 방법을 터득합니다. 이는 곧 간접 경험으로 이어지는데요. 우리가 살면서 모든 경험을 할 수 없기 때문에 간접 경험을 병행합니다.

간접 경험으로는 글을 쓰려는 주제에 맞는 독서, 유튜브 보기, 신문 보기, 칼럼 읽기, 잡지 보기 등의 방법이 있습니다. 글쓰기 실력의 기초는 좋은 글을 많이 읽는 것입니다. 인터넷에 있는 글은 걸러지지 않은 형식의 글이 많습니다. 가짜 정보를 내포하고 있는 경우도 있어요. 좋은 글은 책 속에 있습니다. 책으로 좋은 글들을 많이 접하고 익숙해지기를 권합니다.

아이가 초등학교 저학년 때까지는 반복해서 보는 책은 글쓰기의 좋은 토대가 됩니다. 아이가 유독 좋아하는 책이 생겨서 몇 번이나 읽을 때가 있죠. 그럴 때 '왜 자꾸 그 책만 읽느냐'고 하면서 방해하지 마세요. 같은 문장을 반복해서 읽으면 어휘나 표현 등을 자연스레 체화할 수 있습니다.

초등 중학년 이후로는 글쓰기를 잘하려면 균형 독서가 필요합니다. 이 시기에는 한 분야의 책만 읽으면 같은 어휘가 반복적으로 나와서 어휘가 제한됩니다. 깊고 넓은 독서로 풍부하게 읽어야 합니다. 책을 읽을 때 작가의 이야기에 찬성하거나 반대하거나, 혹은 관련된 내 경험이 떠오르면서 글을 쓸 수 있는 아이디어가 많이 떠오릅니다. 부모님이 여러 가지 책을 제시하고 아이가 마음에 드는 책을 스스로 선택하도록 해주세요. 자발적 선택은 독서의 동기가 됩니다.

꼭 책만 읽어야 하는 것은 아닙니다. 책으로 기본적인 지식을 쌓은 다음, 최신 정보나 흐름은 유튜브, 신문, 칼럼, 잡지 등으로 접해도 됩니다. 주장과 부합하는 견해나 혹은 반대되는 견해를 접하면 글쓰기의 내용이 더 풍부해집니다. 독서를 한 다음에는 성찰, 생각을 이어가게 도와주고 직접 경험을 시켜주면 더 많은 자료가 축적됩니다.

2) 글쓰기를 위한 생각 키우기 훈련

글을 모르던 아이는 처음으로 글을 읽으면서 새로운 세상을 알게 됩니다. 이와 마찬가지로 생각한 것을 글로 쓰면 새로운 가능성이 함께 열립니다. 글을 쓰지 못하는 아이는 아직 생각이 발전하지 못해서 그렇습니다. 생각하는 힘을 키워줘야 합니다.

글은 생각의 수준을 보여줍니다. 좋은 생각은 좋은 글이 됩니다. 글을 쓰다 보면 생각이 정리되고 논리가 탄탄해집니다. 생각을 많이 해본 사람이 생각을 잘하고 글을 많이 써본 사람이 글을 잘 쓰고 말을 많이 해본 사람이 말을 잘합니다. 글을 풍부하게 읽고 경험한 후에 깊이 생각하도록 도와주세요.

처음부터 스스로 생각을 하기 어렵기 때문에 글을 쓰기 전에 말하기 독서로 생각을 키워주세요. 글을 쓰기 전에 말로 한번 해보면 생각을 발전시킬 수 있습니다. 그래서 저는 하브루타를 좋아하는데요. 질문을 만드는 과정에서 책을 샅샅이 훑어보게 되고 질문을 만들기 위해서 내가 알던 지식을 활용해 생각하게 됩니다. 서로가 만든 질문에 대답을 할 수 있죠. '너라면 어떻게 했을 거 같니?', '뒷이야기를 상상해보면?', '네가 작가라면?' 하는 식으로 묻고 답하면 다양하게 생각할 수 있습니다.

인터넷에 있는 자료를 검색해서 붙여 넣기만 하면 누구 봐도 한눈에 알 수 있습니다. 기존에 있는 정보를 조합해서 새로운 지식으로 만들려면 주제에 대한 깊이 있는 생각이 필요합니다.

이를 위해서 초등학교 5학년부터 한 달에 1~2번 독서토론을 해주세요. 독서토론에 참여하기 위해서는 한 달에 두 권을 읽을 수밖에 없습니다. 또 토론을 하는 과정에서 다른 사람의 생각을 수용하여 사고력이 풍부해집니다. 풍부한 사고를 바탕으로 짧은 글쓰기 연습을 한다면 독서와 말하기, 쓰기까지 한 번에 향상시킬 수 있습니다.

3) 다양한 글쓰기 연습

글쓰기는 넓고 다양하게 경험하고 여러 번 깊게 생각한 후에 천천히, 조금씩 시작해야 합니다. 작가들이 말하길 '글쓰기는 타고나는 재능이 아니라 익혀야 하는 기술이다'라고 합니다. 저도 어려서 책은 많이 읽었지만 글쓰기는 잘하지 못했습니다. 글쓰기로 상을 받은 기억이 없어요. 그런데 어른이 된 후에도 계속 책을 읽다 보니 글이 쓰고 싶어졌습니다. 지금은 글쓰기로 돈을 버는 사람이 됐습니다. 글쓰기는 타고나는 재능이 아니라 익혀야 하는 기술이 맞습니다. 일정한 양을 정기적으로 쓰면 익숙해지고 잘 쓰게 됩니다.

작가 중에는 명문장이나 수려한 문장을 구사하거나 감성을 건드리는 작가가 있습니다. 지식과 자료를 기반으로 자신의 생각을 참신하게 쓰는 작가도 있습니다. 아이가 글을 쓸 때는 명문장, 수려한 문장이 아니라 자신의 생각을 참신하고 진솔하게, 짧게 쓰도록 지도해주세요.

아이가 저학년일 때 손글씨로 자신의 생각을 적는 법을 배우면 나중에 글쓰기와 사고에 능숙해진다는 연구가 있습니다. 글쓰기 연습은 필사로 시작합니다. 초등학교 1~2학년 숙제는 일기와 독후감 두 가지입니다. 초등학교 1~2학년부터 책을 한 권 읽으면 책 속에 좋은 문장한 개만 그대로 따라 쓰는 필사로 시작합니다. 따라 쓰기가 익숙해지면 내 생각 한 줄만 쓰면 됩니다.

일기로 쓰면 안 되는 주제는 없습니다. 일기나 독후감을 꼭 글로만 써야 하는 건 아닙니다. 아이의 흥미를 따라서 다양한 글쓰기 예시와 형식을 제공해주세요. 초등학교 저학년 때는 글을 쓰기 전에 말로 하면 쓰기의 부담이 줄어듭니다. 직접, 간접 경험이 풍부하면 더 잘 쓰게 됩니다. 초등학교 저학년 때까지는 무엇을 쓰든 썼다는 사실을 칭찬해주세요. 책으로 받아쓰기 연습을 해도 좋습니다. 부모님이 읽어주던 책, 아이들이 소리 내어 여러 번 낭독했던 책으로 받아쓰기를 하면 아이는 자연스럽게 쓰기 연습을 하게 됩니다.

초등학교 고학년부터는 일기 블로그를 운영해도 좋습니다. 익명으로 운영이 가능한 블로그에 일기를 쓰도록 하는 겁니다. 처음에는 글쓰기 횟수에 따라서 상을 주면 좋습니다. 점차 이웃 수가 늘고 댓글이 달리면 아이도 재미있어합니다. 초등학교 고학년부터는 잘못했을 때 혼내지 말고 반성문을 쓰게 하는 것도 글쓰기의 한 가지 방법입니다.

초등학교 고학년부터 중고교생은 다양한 글쓰기 숙제를 만나게 되는데요. 어떤 형식의 글이든지 아이가 다 쓴 후에 퇴고를 도와주세요. 퇴고는 내용을 수정하는 것을 말하는데요. 맞춤법이 잘 맞는지, 띄어쓰기나 오탈자가 없는지 점검합니다. 그리고 중복되는 내용을 빼고 핵심을 더 강조할 수 있도록 고쳐쓰기를 도와주면 됩니다.

처음부터 글쓰기를 강요하면 아이가 평생 글쓰기를 싫어하게 됩니다. 글쓰기가 힘들고 어렵다는 사실을 부모님이 인정해야 합니다. 먼저 아이에게 책을 읽어주고 좋은 글을 많이 읽게 하고 말로 먼저 표현하도록 도와주세요. 글쓰기는 그다음입니다.

글쓰기
5단계

글을 잘 쓰려면 생각보다 다양한 단계를 거쳐야 합니다. 글을 쓸 때 처음부터 펜을 들고 글자를 쓰기 시작하나요? 아닙니다. 펜을 들고 첫 글자를 쓰기 전에 거쳐야 하는 단계가 있습니다.

첫째, 글 쓰는 형식과 분량을 파악하라

글쓰기 전 준비 단계에서는 써야 하는 글의 형식, 분량, 주의점을 미리 파악해야 합니다. 수기로 작성하는지, 한글이나 MS워드 파일로 작성해야 하는지, 파워포인트인지, 혹은 특별한 사이트에 들어가서 직접 입력을 해야 하는지 알아야 합니다. 정해진 양식이 있는지, 자유형식인지도 알아야 합니다. 또 글씨체나 폰트 크기, 제출 방법도 미리 알면 나중에 고쳐 쓰는 시간이 줄어듭니다.

'책을 읽고 나서 쓰는 글'도 독후감인지, 서평인지에 따라 내용 구성이 달라집니다. 서평은 비평적 책 읽기로 이 책을 누구에게 추천할 것인지를 염두에 두고 작성합니다. 독후감은 책을 읽은 개인의 소감을 중심으로 씁니다.

초등학교 저학년 때 많이 쓰는 일기와 독서록도 초등학교 고학년 때 쓰는 과학·사회 탐구보고서와 답사보고서, 중고교생 때 많이 쓰는 수행평가 보고서도 쓰는 형식과 분량을 파악하고 시작하면 좋습니다.

: 둘째, 자료조사

강원국 작가가 말하길 '한 줄 쓰고 나면 더 이상 쓸 말이 없는 것은 자료조사가 부족하기 때문'이라고 합니다. 책을 쓰는 작가들은 내가 쓰는 원고 분량의 100배만큼 자료를 준비합니다. 내가 쓰려고 하는 주제의 책을 50권이나 100권을 읽으면 쓰지 못할 책이 없다고 말합니다. 그만큼 자료조사가 중요한 것이죠.

초등 저학년 때는 일기나 독후감 외 글쓰기가 거의 없어서 자료조사 할 일이 별로 없습니다. 그렇지만 초등 고학년부터 탐구보고서나 답사보고서를 쓰고 중고교 수행평가도 자료조사 없이 글쓰기가 힘듭니다. 예를 들어서 답사보고서 같은 경우는 사전 답사 계획 수립과 실제 답사 내용이 일치하는지를 평가합니다. 그래서 사전 조사를 철저히 하지 않으면 답사를 잘해도 채점 기준에 맞지 않습니다.

자료조사는 독서, 논문, 인터넷 자료조사, 실험, 관찰, 사례 수집, 인터뷰, 설문조사 등의 방법으로 할 수 있습니다. 자료조사를 하면서 주제를 심도 있게 고민하고 점차 다양한 영역의 정보를 수집하는 과정이 필요합니다. 조사에서 중요한 건 검증입니다. 특히 인터넷에 있는 정보의 경우 가짜 정보나 오류가 있는 경우가 많습니다. 꼭 조사한 내용에 대한 검증이 있어야 합니다. 책이나 사전, 뉴스, 신문 등은 신뢰할 만한 정보이므로 이를 통해서 객관화된 수치를 확인하세요. 아이가 인터넷 검색으로만 자료조사를 끝내지 않도록 도와줘야 합니다.

⦙ 셋째, 개요 구성

자료조사를 하면 대략 글에 어떤 내용을 써야 할지 머릿속에 여러 가지 생각들이 떠오르는데요. 그러한 생각을 큰 줄기로 구성하는 과정을 개요 구성이라고 합니다. 책으로 치면 목차입니다. 일반적인 글을 쓸 때도 개요를 먼저 잡으면 어떤 내용을 쓸지 생각할 수 있습니다. 개요를 짤 때는 두괄식이나 양괄식으로 구성하면 좋습니다. 결론이나 핵심 내용은 처음과 끝에 두 번 넣습니다. 아니면 처음에 결론과 핵심을 던지고 내용을 전개하면 전달하고자 하는 메시지가 분명해집니다.

일기의 경우 주제를 생일파티로 정했다면 앞에서는 오늘 누구의 생일인지를 적고 가운데는 파티가 어떻게 진행되었는지를 씁니다. 마지막에는 소감이나 느낀 점을 쓰도록 부모님이 대강의 개요를 잡아주세요. 이렇게 하면 아이의 부담을 줄일 수 있습니다.

독후감도 앞부분에서 책의 제목과 작가에 대해서 씁니다. 가운데는 책의 핵심 키워드가 무엇인지, 좋은 점과 아쉬운 점을 씁니다. 마무리로 책의 내용 중에 가장 좋은 문장 한 개와 그 문장에 대한 내 생각 한 개로 마무리하도록 알려주세요.

예를 들어서 미나리를 주제로 관찰보고서를 내야 한다면 미나리가 무엇인지 정의부터 씁니다. 미나리 종류에는 무엇이 있고, 어느 지역에서 잘 자라고, 미나리와 얽힌 역사적 사건이 있다면 쓰게 하고, 미나리를 활용한 음식이나 효능을 적도록 구성해주면 아이가 글을 쓰기 편합니다.

⦿ 넷째, 글쓰기

사전 준비와 자료조사, 개요 작성이 끝나면 이제 글을 쓰기 시작합니다. 이때는 자료조사가 끝났기 때문에 하고 싶은 말이 마구 떠오릅니다. 아직 무엇을 써야 할지 안 떠오르면 자료조사부터 다시 해야 합니다. 초고를 쓸 때는 문장을 다듬거나 문맥을 아름답게 하지 말고 무작정 목표 분량까지 작성합니다. 만약 A4 한 장을 써야 한다면 1.5장이나 두 장을 쓰도록 하면 좋습니다. 나중에 중복되는 내용이나 반복적인 단어를 삭제하면 분량이 줄어들기 때문입니다. 최대한 많이 적었다가 분량을 줄이면 더 좋은 글이 완성됩니다.

글을 쓰다가 할 말이 없을 때는 아래의 접속사를 알려주면 글을 길게 쓸 수 있습니다. '그래서'를 쓰면 앞 문장에 어떤 일의 원인이나 근거를 자연스럽게 밝힐 수 있습니다. 결과가 나올 때도 '그래서'를 씁니다. '하지만'은 앞에 나온 내용과 대조되는 내용이 나올 때 씁니다. '그러면'은 앞에서 무언가 행동이나 조건이 주어지고 뒤에 이에 따른 행동이나 결과가 나오는 경우에 사용합니다. '그런데'는 앞에 나온 이야기와 관련이 있지만 다른 내용으로 화제를 전환할 때나 앞의 내용과 상반되는 이야기를 할 때 씁니다. '그리고'는 비슷한 내용이 연달아 나올 때 씁니다.

이상의 다섯 가지 접속사는 아이들이 많이 사용하는 접속사입니다. 이외에도 아이들이 활용하기 좋은 접속사 몇 가지를 소개합니다. '왜냐하면'이라고 쓴 후에 이유를 적거나 '풀어서 말하면'이라고 쓴 다음 설명을 추가할 수 있습니다. '이를테면'이라고 쓰고 예시를 넣어도 되고 '정리하면'이라고 쓴 다음 요약할 수 있습니다. '만약'을 넣어서 가정해도 되고 '빗대면'이라고 쓰고 비유하거나 차이점과 공통점을 비교합니다. '나열하면'이라고 쓴 다음에 열거하기, '거듭 말하면' 다음에 반복하기, '미루어보건대'라고 쓰고 유추하기, '중요한 것은'이라고 쓰고 강조하기, '구분하면'이라고 쓰고 분류하기, '~에 따르면' 다음에 인용하기, '정의하면' 다음에 규정하기, '수치를 제시하면'이라고 쓰고 통계하기, '기억에는'이라고 쓰고 일화를 소개하기도 가능합니다. 아이가 글을 길게 쓰기 어려워할 때 이런 접속사를 알려주세요.

가독성을 좋게 글 쓰는 방법

1) 문장은 짧게 써라

셰익스피어의 글쓰기 방법이 있습니다. 주어와 서술어 사이에 의미 있는 단어를 세 개에서 다섯 개만 넣는 방법인데요. 셰익스피어 시대의 연극은 지금처럼 조용하고 우아하지 않았다고 합니다. 사람들이 극장에서 술을 먹고 아무나 와서 둘러앉아 있는 분위기였다고 합니다. 그래서 배우가 읊는 대사를 짤막하고 누구나 이해할 수 있도록 쉽게 썼습니다. 셰익스피어가 명문장가인 이유는 짧게 쓰기 때문입니다. 아이의 글에서 한 문장에 단어가 12개에서 15개 이상 들어가지 않도록 해주세요. 문장 하나가 두 줄 이상 이어지면 너무 깁니다. A4 기준으로 한 줄 이내에서 문장이 끝나도록 하고 문장을 손으로 공책에 써도 두 줄 이상 길어지지 않도록 지도해주세요.

2) 쉽게 써라

아이가 글을 쓸 때 어려운 단어를 넣어서 어른처럼 쓰면 좋을까요, 읽기 쉽게 정확하게 쓰는 게 좋을까요? 아이슈타인은 '쉽게 쓰지 못한 글은 제대로 이해하지 못했다는 뜻'이라고 했습니다. 글은 쉽게 써야 합니다. 방송작가가 텔레비전 방송 대본을 쓸 때 시청자가 어린이부터 어르신까지임을 의식하고 씁니다. 그래서 초등학교 6학년이 봐도 이해하도록 글을 씁니다. 전문가들은 어른이 쓰는 비즈니스용 글도 초등학교 4학년 수준으로 쓰라고 말합니다.

명문장은 어려운 내용을 쉽게 쓴 글이고 쉬운 내용을 재미있게 쓴 글이며 재미있는 내용을 깊이 있게 쓴 글입니다. 아이가 충분히 이해하지 못한 단어나 사자성어가 아닌 일상의 언어로 편안하게 쓰도록 지도해주세요. 글을 어렵게 써야 한다는 생각을 버렸으면 좋겠습니다. 그보다 하고 싶은 말을 쉽게 정확하고 써야 합니다.

3) 단락 나누기

종이에 글이 빽빽하게 있으면 읽고 싶은 마음이 사라집니다. 아이가 글을 길게 쓰면 소제목을 넣거나 단락을 나눠주세요. 읽기에 훨씬 좋습니다. 글에 여백이 많아질수록 읽기에 편합니다. 보통 한 문단은 3~5개의 문장으로 되어 있습니다. 단어 수로는 45개에서 65개 정도 수준인데요. 아이의 글도 문단을 나누어서 띄어쓰기를 해주거나 주요한 단어에 색을 다르게 쓰거나 글씨 크기를 다르게 하면 같은 글이어도 읽기가 쉽습니다.

4) 사진과 표를 적절히 활용하라

100장의 글보다 한 장의 사진이 효과적일 때가 있습니다. 사진과 표를 적절히 활용하면 글의 전달력이 높아집니다. 초등학교 5~6학년부터 파워포인트를 활용해서 글쓰기 숙제를 하는 경우가 있습니다. 파워포인트로 표와 그림을 활용해서 글을 작성하는 과제인데요. 줄글로 단어를 길게 쓰기보다 사진과 표, 그래프를 활용하면 가독성이 좋아집니다.

5) 숫자로 표현하기

한국어는 모호한 표현이 많습니다. 예전에는 요리책에 '소금 적당히', '설탕 적당히'라고 적혀 있어서 같은 요리를 해도 맛이 다 달랐습니다. 요즘 요리책에는 종이컵 기준 반 컵, 밥숟가락 기준 두 숟가락 등으로 구체적인 표현이 등장합니다. 예전보다 요리하기가 훨씬 편해졌죠. 아이가 글을 쓸 때 '매우', '무척', '꽤', '상당히' 같이 모호한 표현보다는 70퍼센트 이상, 20명이, 7일 등 수치를 적도록 하면 글을 이해하기 좋습니다.

⠿ 다섯째, 모든 글쓰기의 핵심은 고쳐쓰기

대문호 헤밍웨이는 '모든 초고는 걸레'라고 했습니다. 글은 읽는 것이 아니라 보는 것이라고 생각하고 글에 화장을 해주는 과정이 바로 퇴고입니다. 글을 작성한 후에 바로 제출하면 안 됩니다. 최소 세 번 이상 검토해 문장을 다듬고 생각을 정리해서 제출해야 하는데요. 아이가 목표한 분량보다 1.5배나 2배 정도 충분한 양을 적도록 한 다음에 퇴고와 수정을 거쳐야 글 쓰는 실력이 향상됩니다.

퇴고하는 방법으로 보통 세 가지를 추천합니다. 아이가 직접 퇴고

초등 하루 한 권 책밥 독서법

할 경우 글을 쓴 직후가 아니라 하루 이상 묵히고 다시 꺼내서 퇴고를 하면 좋습니다. 처음 쓸 때 보이지 않던 오류들이 보입니다. 두 번째 방법은 소리 내어 읽으면서 퇴고를 하는 겁니다. 시각과 청각을 동시에 사용하면 이상한 문장들이 눈에 보입니다. 세 번째 방법은 부모님과 아이, 형제간에 서로의 글을 퇴고해주는 겁니다. 이상하게 내 눈에 보이지 않던 오타를 상사가 귀신같이 찾아낸 경험이 있죠?

글의 흐름이 자연스러운지 소리 내어 읽어보고 같은 내용이 반복되면 삭제하세요. 전달하고자 하는 주장과 뒷받침 문장 외에는 지우는 식으로 퇴고하세요. 맞춤법, 띄어쓰기는 한글문서나 워드에 있는 맞춤법 검사 기능을 활용하면 자동으로 걸러집니다. 어려운 맞춤법은 국립국어원 안내 전화와 홈페이지 검색으로 정확한 정보를 얻을 수 있습니다. 아이들은 문장부호를 자주 틀립니다. 온점, 반점, 물음표, 느낌표 등 문장부호를 바르게 사용하도록 알려주세요. 동사 시제도 헷갈려합니다. 과거형, 현재형, 미래형을 구분하도록 지도하세요. 요즘은 높임말을 잘못 사용하는 경우도 많아 높임말에 유의하라고 알려주세요. 숫자는 '2020'처럼 아라비아숫자로 표시하게 하고, 단위는 'kg', 'cm' 등 영문으로 표시합니다. 분수는 그대로 사용하거나 한글로 풀어서 씁니다. 연도와 날짜는 '2020년 10월 28일(화)'처럼 쓰고 괄호 안에 요일도 쓰는 것이 기본입니다.

퇴고는 일종의 화장입니다. 민낯으로 중요한 자리에 나가지 않듯, 퇴고를 하지 않은 글은 공개하지 않는 게 맞습니다. 글은 읽는 것이 아니라 보는 것입니다.

쓰기독서1
- 필사

조선 고종 때의 학자인 이상수가 창안한 독서법인 갱신고(更辛苦)가 있습니다.

"어린이를 가르칠 때는 방법이 있다. 단어의 띄어쓰기나 마침표 등이 제대로 된 좋은 문장의 책을 준비한다. 이를 꼭 어린이가 읽고 풀게 하는데 급하게 서두르지 않아야 한다. 정확하게 쓰지 못했으면 다시 쓰게 하고 그래도 틀렸다면 바르게 고치게 한다. 세 번을 거듭하면 통하지 않는 아이가 없다. 이같이 점진적으로 공부하면 글을 푸는 방법을 알 것이다. 반드시 최대 능력보다 낮게 목표를 정한다. 댓 줄을 볼 능력이 있어도 석 줄만 공부한다."

쓰기 독서에서 제가 하려는 이야기도 이와 같습니다. 좋은 책을 선별해서 아이가 따라 쓰게 시키되 목표보다 낮게, 매일 꾸준히 하는 게 쓰기 독서의 기본입니다. 쓰기 독서를 할 때는 선정한 책, 종이, 펜이 필요합니다. 1~2학년은 그림 동화책을 읽은 후에 가장 마음에 드는 문장에 밑줄 치고 따라 쓰기를 시키면 됩니다. 3~4학년부터는 운필력이 생기니까 최대 다섯 개까지 문장을 따라 쓰도록 합니다. 비문학과 문학을 섞어서 다양한 책을 따라 쓰도록 합니다. 5~6학년 이후에는 신문 칼럼 따라 쓰기나 한 권을 정해서 계속 따라 써도 좋고 읽은 책의 일부를 필사해도 좋습니다. 저는 지금도 책을 읽으면서 좋은 문장을 따라 씁니다. 필사는 어른인 저에게도 효과적인 글쓰기 훈련입니다.

필사란 무엇인가

필사는 독후감이나 독서 감상문, 서평이 아닙니다. 내 생각이나 느낌을 적는 게 아니라, 작가가 쓴 문장 그대로 단어와 문장부호, 띄어쓰기까지 똑같이 따라 쓰는 겁니다. 작가 지망생들은 문장력 향상을 목적으로 유명한 작가의 책 한 권을 따라 쓰기도 합니다. 저는 전체를 다 쓰려니 힘들어서 책 한 권을 A4 한 장 분량으로 부분만 필사합니다.

필사는 크게 객관적인 필사와 주관적인 필사로 구분합니다. 객관적인 필사는 책 전체에서 중요한 핵심 문장, 복선, 의미 있는 문장을 따라 씁니다. 주관적인 필사는 문장이 수려하거나 공감이 되거나 내 마음에 드는 문장을 따라 씁니다. 저는 객관적인 필사와 주관적인 필사를 병행해서 사용합니다. 책을 읽다가 마음이 울리거나 핵심이라고 생각되는 문단에 밑줄을 친 뒤, 그중 한 문장만 수기로 작성합니다. 필사는 책을 읽으면서 동시에 합니다. 책을 다 읽은 후 필사를 하려면 귀찮고 혹시 필사를 못 하면 다음 책 읽기가 꺼려집니다. 그래서 필사를 위한 시간을 따로 내지 않고 책을 다 읽으면 필사도 같이 끝나도록 합니다.

: 필사의 장점

천재가 아닌 이상 책을 한 번 읽어서는 기억할 수 없습니다. 에빙하우스가 망각곡선으로 설명했듯 20분이 지나면 기억의 42퍼센트, 1시간이 지나면 56퍼센트, 하루가 지나면 67퍼센트, 1개월이 지나면 79퍼센트가 사라집니다. 저도 평범한 사람이어서 책을 한 번 읽어서는 기억할 수 없습니다. 그래서 책을 읽으면서 손으로 써서 머릿속에 각인시키고 일주일이 지난 시점에 한 번, 한 달이 지난 시점에 다시 한 번 읽습니다. 이렇게 매번 같은 책을 몇 시간을 들여서 정독하는 것은 비효율적이라서 대신 필사를 선택했습니다. 저는 책을 한 번 읽으면서도 다섯 번 읽은 효과를 얻으려고 합니다.

1. 책을 읽기 전 종이와 펜을 준비한다.

2. 책을 읽으면서 밑줄을 치고 그중 한 문장을 똑같이 따라 쓴다.

3. 일주일 뒤에 필사 종이를 읽고 바인더에 편철한다.

4. 1개월 뒤에 필사 종이를 읽고 타이핑해서 SNS에 올린다.

5. 심심할 때나 필요할 때 필사노트를 다시 읽어본다.

이렇게 하면 실제로는 책을 한 번 정독했지만 눈으로, 손으로, 필사 종이 다시 읽기로, 컴퓨터로, 타이핑으로 다섯 번 이상 다시 읽는 것과 다름없습니다. 이렇게 하면 책의 내용을 오래 기억하게 됩니다. 에빙하우스의 망각곡선 주기를 철저하게 이용해서 짧게 머물다가 사라지는 기억을 장기기억장치로 옮기는 거죠.

필사의 효과는 여러 연구에서도 검증되었는데요. 프랑스 국립 연구 기관인 콜레주 드 프랑스의 연구에 따르면 손으로 필기를 하면 기억력과 이해력이 향상된다고 합니다. 글씨를 쓰면 자동으로 작동되는 특별 신경회로가 있습니다. 그래서 배움이 더 쉬워지고, 손을 많이 사용할수록 전두엽에 가해지는 자극이 커지고, 자극의 해석을 통해서 창의적인 활동을 하게 됩니다.

제가 경험한 필사의 가장 드라마틱한 효과는 글쓰기 실력이 향상된다는 점입니다. 저는 책을 읽으면서 필사를 한 것 말고 글쓰기 훈련이나 연습을 별도로 하지 않았습니다. 그런데 2,000권의 책을 읽으면서 수십만 개의 문장을 만났습니다. 그중에서 필사할 문장을 고르면서 좋은 문장을 보는 안목이 생겼고 손으로 몇천 개의 문장을 따라 쓰다 보니 작가들의 실력을 커닝해서 글쓰기 실력이 향상됐습니다.

1~2학년은 필사 외에도 받아쓰기를 하면 좋습니다. 부모님이 책을 읽어주고 아이가 낭독한 후에 부모님이 책 중에 있는 문장 몇 개를 불러주면 아이가 받아씁니다. 아이가 소리 내어 읽을 때 발음이 잘되는지 확인하세요. 글자를 보고 바르게 읽을 줄 알아야 글자를 바르게 쓸 수 있습니다. 맞춤법과 띄어쓰기는 뜻을 바르게 전달하기 위해서 반드시 필요합니다. 읽을 때도 정확한 발음으로 읽어주고 길게 읽으면 받아쓰기 힘들 수 있으니 한 낱말씩 불러줘도 됩니다. 틀린 글자는 어느 부분이 틀렸는지 책을 보여주면서 알려주고 살펴본 후에 다시 쓰게 하세요.

쓰기 독서 2
– 예시 독서

: 다양한 글을 먼저 읽고 감을 익히기

저는 처음 회사에 가서 기안과 보고서를 써야 했습니다. 한 번도 배운 적이 없는 형식이었습니다. 그래서 선배들이 이전에 쓴 기안과 보고서를 읽고 같은 양식을 받아서 비슷하게 쓰기 시작했습니다. 이제는 직장 생활 17년 차라서 눈을 감고도 쓸 수 있지만 처음에는 정말 막막했습니다.

아이도 글쓰기를 배운 적이 없습니다. 일기, 독후감, 답사보고서도 어느 날 갑자기 학교에서 내라고 하니까 썼습니다. 서점에 가면 초등학교 교사가 아이들의 독서록이나 일기를 출간한 책이 많습니다. 아이에게 다른 친구들은 어떻게 일기와 독서록을 썼는지 책으로 먼저 읽도록 해주세요. 독후감은 온라인서점에 가면 전국 독후감 대회의 공모작이 많이 올라와 있습니다. 중고교생 수행평가 자료도 무료로 온라인에 제공되고 있으니 참고할 수 있습니다.

아이가 온라인에 있는 자료나 책을 보고 그대로 똑같이 타이핑하지 못하도록 하세요. 다른 글을 보여주고 참고하도록 한 뒤 보지 않고 적도록 하는 게 도움이 됩니다. 예시 독서로 감을 익힌 후에 글쓰기 형식과 방식을 다양하게 알려주세요.

⁝ 초등학교 1~3학년 글쓰기 숙제 지도 방법

막내아들에게 "오늘 하루는 어땠어?" 하고 물었습니다. 아이는 "뭐 맨날 똑같지, 뭐." 하고 대답했습니다.

아이도 매일 자고 일어나서 학교 갔다 오고 다시 잠을 자는 게 일상이라서 일기에 특별한 일을 쓸 내용이 없습니다. 그래서 아이가 일기를 쓸 때 부모님이 글감을 찾고 구체화하는 과정을 말로 도와주면 좋습니다. 독서록을 쓰는 이유는 책을 읽고 느낀 점, 배운 점을 글로 정리함으로써 더 오래 기억하고 생각을 발전시킬 수 있기 때문입니다. 아이가 다양한 형식으로 글을 쓰도록 지도해주세요.

초등학교 저학년 아이가 글을 잘 쓰려면 말하기 독서로 생각을 먼저 하는 과정이 필요합니다. 먼저 말하게 한 후에 말로 한 내용을 그대로 쓰게 하거나 녹음했다가 쓰게 하는 방법이 있습니다.

일기 기본 형식	독후감 기본 형식
· 날짜 : · 날씨 : · 제목 : · 내용 :	· 책 제목 / 지은이 / 출판사 · 핵심 키워드 · 인상적인 문장 · 좋은 점 · 아쉬운 점

　초등학교 저학년 때 많이 쓰는 일기와 독서록은 비형식적인 글쓰기입니다. 제목만 일기, 독서록이라고 쓰고 어떤 형식, 어떤 주제로 써도 아무도 뭐라고 하지 않습니다. 일기와 독서록은 자신, 타인, 사회에 초점을 맞추어서 쓰기 때문에 형식을 다양하게 적용할 수 있습니다. 일기나 독서록을 꼭 줄글로 쓸 필요 있나요? 없습니다. 만화로 써도 되고, 그림을 그려도 되고, 마인드맵으로 그려도 되고, 사진을 붙여도 됩니다.

　일기의 소재를 일상에서만 찾을 필요는 없습니다. 주제를 미리 정해서 주제 일기를 써도 됩니다. 내가 좋아하는 연예인, 내가 좋아하는 캐릭터, 좋아하는 요리 등 아이가 쓰고 싶어 하는 주제를 함께 찾아주세요. 일기와 독서록은 비형식적 글쓰기이니 마음껏 창의성을 발휘해도 좋습니다. 꼭 길게 써야 하는 건 아닙니다. 쓰기만 해도 칭찬해주세요.

글로 쓰기, 마인드맵, 만화, 상장, 편지, 그림, 동시, 그래프, 신문 기사, 퀴즈,
광고, 말풍선, 뇌구조도, 뒷이야기 만들기, 삼행시, 관찰문, 설명문, 추천사,
브레인스토밍, 미니 책, 포스트잇, 인터뷰 형식 등

1) 마인드맵 : 마인드맵은 '생각의 지도'라는 뜻입니다. 우리가 특정 장소를 찾아갈 때 약도를 그리듯 책의 내용도 지도로 만들 수 있습니다. 서로 관련 있는 것끼리 가까운 곳에 적고 원과 선을 활용해서 잇습니다. 제일 가운데 주제어를 쓰고 사방에 중심 단어를 쓰고 뒷받침 단어는 밖으로 나가게끔 적습니다.

2) 만화 : 한 컷부터 여섯 컷 이내로 몇 컷을 그릴지 먼저 정합니다. 각 컷의 이야기가 이어지도록 그리고 대사도 말풍선 속에 넣어 그림과 글이 어우러지도록 합니다.

3) 편지 : 직접 만나서 말을 못 하는 경우에 글로 써서 보내는 것을 편지라고 합니다. 독후감으로 편지를 쓸 때는 책 속 인물에게 써도 좋고 작가에게 써도 됩니다. 편지는 인사말, 내용, 끝인사, 날짜, 편지 쓴 사람의 이름순으로 적습니다.

4) 그림 : 초등학교 1~2학년은 그림일기를 제출하는데요. 그림을 그리고 그림에 대한 설명을 간략히 적으면 됩니다.

5) 동시 : 동시는 느낌이나 생각을 짧게 표현한 글입니다. 마음에 드는 동시를 필사로 따라 써도 좋고 느낌이나 떠오르는 생각을 동시 형식으로 적어도 좋습니다. 동시를 쓸 때 의성어나 의태어, 후렴처럼 반복되는 단어를 사용하세요.

6) 그래프 : 오늘 하루 기분이나 위인의 생애를 그래프로 그려보세요. 시간의 순서에 따라서 꺾은선이나 원, 막대그래프를 활용해서 보여주는 형식입니다.

7) 신문 기사 : 사진을 한 장 붙이거나 그림을 그린 후에 사진과 그림에 대해서 설명하고 안내하는 신문 기사를 써보세요. 육하원칙에 따라 쓰면 더욱 좋습니다. 기사는 사건이나 사실을 전달하는 글로 누가, 언제, 어디서, 무엇을, 왜, 어떻게 했는지를 적도록 알려주세요.

8) 퀴즈 : 책 속 내용이나 오늘 하루 일과를 질문으로 바꿔서 퀴즈로 출제하는 글쓰기입니다. 사지선다형도 좋고 ○× 퀴즈 형식도 있습니다.

9) 뇌구조도 : 뇌 모양의 그림을 그린 후에 빈칸에 핵심 단어를 씁니다.

10) 미니 책 : 종이를 접어서 8면의 미니 책을 만드세요. 각 쪽마다 글과 그림을 그리면 완성입니다.

11) 포스트잇 : 색색의 포스트잇을 활용해서 책 속 인물의 입장에서 생각을 쓰도록 합니다. 만약에 일기로 쓴다면 오늘 만난 사람들의 입장에서 생각을 쓰는 방식도 가능합니다.

12) 인터뷰 : 쓰는 사람이 기자가 되어 어떤 사건이나 책에 대해서 질문하세요. 묻고 답하는 형식으로 글을 작성합니다. 인터뷰를 쓸 때는 좋은 질문을 만드는 게 중요합니다.

⦂ 초등학교 4~6학년 글쓰기 숙제 지도 방법

초등학교 고학년이 쓰는 과학·사회 탐구보고서, 답사보고서는 형식적인 글쓰기입니다. 이러한 글은 자연현상이나 사회현상을 논리적이고 창의적인 사고로 바라보고 양식에 맞춰서 씁니다. 답사보고서에 사전 계획서를 작성하고 계획에 따라서 실제 답사를 시행해야 합니다. 답사 주제, 답사 일시, 답사 경로, 답사 목적, 답사 내용, 답사로 알게 된 점과 느낀 점, 준비물을 쓰고 사진, 입장료 티켓, 리플릿을 부착합니다. 보고서 양식을 먼저 확인하고 양식에 따라서 충실하게 작성하도록 도와주세요.

초등학교 4~6학년은 글의 형식과 분량을 파악하고 자료조사를 한 후에 개요를 구성하고 글을 쓴 다음 퇴고하는, 글쓰기의 5단계를 본격적으로 배워야 할 시기입니다.

유시민 작가는 글쓰기를 잘하려면 텍스트 발췌 요약부터 시작하면 좋다고 했습니다. 발췌 요약은 텍스트를 읽고 핵심을 요약하는 작업인데요. 책을 읽은 후에 그날 읽은 분량을 세 줄 이내로 정리합니다. 요약을 하려면 읽은 내용 중에 핵심 내용과 주변 내용을 가려낼 수 있는 판단력이 필요합니다. 이 작업을 통해 글의 핵심을 파악하는 능력이 길러집니다. 잘 읽어야 잘 요약할 수 있습니다. 말하기 독서에서 줄거리 말하기 독서와 요약 말하기를 많이 하면 입으로 훈련이 됩니다.

초등 고학년부터는 자료 검색을 통한 글쓰기 숙제가 많아집니다. 이를 잘하려면 수많은 자료 중에서 핵심이 되는 키워드를 찾고 발췌 요약을 할 줄 알아야 하는데요. 키워드를 찾을 때는 반복되는 단어가 무엇인지 먼저 알아봅니다. 제목이 중심 생각, 핵심 키워드의 중요한 기반이 되는 경우가 많습니다. 덜 중요한 문장들을 지워가면서 중심 생각이 무엇인지 찾습니다. 중심 생각이 문장으로 제시되지 않은 경우는 새로 문장을 만드는 것도 가능한데요. 이러한 키워드 찾기는 비판적 읽기의 기반이 됩니다.

1) 다양한 글쓰기 숙제들

초등 고학년이 되면 다양한 글쓰기 숙제가 있습니다. 학교나 선생님에 따라서 다르기는 합니다. 하지만 이전과 확연히 다른 글쓰기 숙제가 있습니다. 방학 중에 공부 계획서를 제출하라는 과제도 있고 책을 읽고 세 줄로 요약해서 내는 글쓰기, 사회 교과서를 단원별로 요약하는 글쓰기, 내가 가고 싶은 나라에 대한 탐구 글쓰기, 견학보고서, 교육 방송 시청 후에 방송 내용을 요약하는 글쓰기, 인터뷰, 로드맵 글쓰기, 신문 글쓰기, 책 만들기, 독후감 등 다양한 글쓰기가 진행됩니다.

초등 고학년 글쓰기 숙제는 손으로 직접 쓰고 그리는 숙제도 있지만 그렇지 않은 것도 있습니다. 분량이 많아지고 종류가 많아지면서 컴퓨터를 활용해서 작성하게 하는 경우도 생깁니다. 이럴 때 컴퓨터 활용 능력이 필요한데요. 한글 파일로 글자를 입력하고 표지, 표를 만들거나 파워포인트로 글자를 입력하고 표, 그림을 넣는 정도의 능력이 필요합니다.

초등 고학년 글쓰기 숙제 예시	
· 공부 계획 제출 · 책 10권 읽고 세 줄 요약 · 사회 교과서 요점 정리 보고서 · 내가 가고 싶은 나라 보고서 · 박물관 견학 보고서 · EBS 프로그램 방청하고, 내용 기록하기	· 직업인 조사하기 · 맛집 인터뷰하기 · 주제 정해서 로드맵 제출하기 · 역사 신문 만들기 · 요리 책 만들기 · 수학 동화 독후감 제출

2) 답사보고서

답사보고서는 이전에 없었던 낯선 글쓰기 유형입니다. 답사는 답사 계획을 수립하고 자료를 수집한 뒤에 정리하며 보고서를 쓰는 과정으로 진행됩니다. 계획 수립 단계에서는 조사 대상과 목적을 정하고 조사 기간과 방법을 결정합니다. 자료 수집 단계에서는 실험, 채집, 관찰, 현장답사, 문헌 조사(책, 인터넷, 사전) 등을 합니다. 이러한 자료들은 사진, 글, 녹음, 복사, 출력으로 축적해야 보고서를 쓸 때 편리합니다. 조사한 내용을 항목별로 정리하고 내용을 해석하는 자료를 정리한 후에 보고서 형식에 맞춰 씁니다.

답사보고서 기본 형식	답사보고서 축약 형식
· 답사 주제 · 답사 일시 / 준비물 · 답사 경로 · 답사 목적 · 답사 내용 · 답사로 알게 된 점과 느낀 점 · 첨부(사진, 입장료 티켓, 리플릿)	· 선정 배경 · 사전 조사 · 실제 답사 · 답사 후 느낀 점

답사보고서 점수 예시

	등급
A	· 답사 계획서상 정보, 참고 자료 정확성 또는 오류 여부
B	· 계획서와 실제 내용 일치
C	· 서술 내용의 우수성
D	· 서술 내용의 창의성

● 중고교생 수행평가

중고교 때 많이 쓰는 수행평가 보고서는 담당 선생님이 형식을 제시합니다. 이때 주제는 정해주고 작성 형식은 자유로 하는 경우가 있습니다. 반대로 주제는 자유로 하고 형식은 설명하는 글쓰기, 설득하는 글쓰기, 교훈 글쓰기, 건의하는 글쓰기 중에서 선택해서 작성하는 경우가 있습니다. 수행평가는 채점 기준도 미리 제시하는데요. '문항별 글자 수를 1번 문항은 150자 내외, 5번 문항은 400자 내외로 하라'든가, '파워포인트를 만들어서 발표하라'든가, '파워포인트는 한 장당 글자수 20자 이내에 표와 그림을 넣어서 총 40쪽 이내로 작성하라'라고 하는 등 미리 점수의 기준을 알려줍니다. 그러므로 미리 글 쓰는 형식과 분량을 파악하고 글쓰기를 시작하면 좋습니다.

중고교생 수행평가는 글쓰기, 파워포인트 작성, 그림 그리기 능력이 필수입니다. 대부분의 수행평가는 그림을 그려서 제출하거나, 주제에 맞는 글을 써서 제출하거나, 작성한 글을 발표시킵니다. 발표를 시키는 경우 보고 읽으면 점수를 낮게 줍니다. 글을 쓴 것을 외워서 발표하거나 파워포인트를 참고해 발표하면 외운 것으로 인정하기 때문에 중고교생 수행평가를 잘하기 위해서는 글쓰기, 파워포인트 작성, 그림 그리기 능력이 필요합니다.

수행평가 점수 예시

평가기준	등급		점수
1. 창의성 : 본인의 견해 노출 2. 탐구성 : 내용의 타당성 3. 발표 : 외워서 발표 여부 4. 성실성 : 모든 항목 작성 여부 및 적절한 글자 수 충족 여부 (문항1은 400자 내외, 문항2는 30~60자 내외, 문항3은 150자 내외, 문항4는 500자 내외)	4개 준수	A	20
	3개 준수	B	18
	2개 준수	C	16
	1개 준수	D	14
	0개 준수	E	12
	최하점	F	10

수행평가에서 요구하는 글쓰기 유형

기본 형식	
주장하는 글쓰기	1. 서론 : ~이 문제이다 2. 본론 : 이유나 근거 1 / 2 / 3 3. 결론 : 따라서~ 주장 + 마무리
	1. 주장 2. 근거+이유 3. 예시 4. 주장 반복
설명하는 글쓰기	정의, 예시, 분류, 비교, 대조, 분석, 인용, 비유, 인과를 사용하여 설명하기
인물 탐구 글쓰기	1. 인물 선택 이유 2. 생애 3. 해당 인물의 본받고 싶은 점 4. 본받기 위한 나의 다짐, 각오

책 소개하는 글쓰기	책 제목 / 작가 소개 줄거리 / 요약 핵심 문장과 해석 추천 대상 / 이유
과학 탐구 보고서	탐구 제목 탐구 목표 준비물 / 일시 문제 제기 탐구 과정 및 내용 결과 분석 및 의문점
자기소개 글쓰기	1. 성장 과정 2. 성격 소개, 취미, 특기 3. 내가 좋아하는 것, 싫어하는 것, 장점, 단점 4. 장래희망

수행평가 과제 유형 예시

	과제 유형
국어	독후감 / 자기소개 / 문학 조사 보고서 / 자작, 창작 글짓기
수학	수학 독후감 / 조사 보고서
영어	영어 독후감 / 영어 일기 / 영어 편지 / 자기소개
사회/역사	사회 글짓기 / 답사 보고서 / 조사 보고서 / 마인드맵
과학	과학 독후감 / 과학 글짓기 / 조사 보고서 / 탐구, 실험 보고서 / 마인드맵
기타	예체능 감상문 / 진로직업 조사 보고서 / 건의하는 글쓰기

초등 하루 한 권 책밥 독서법

쓰기 독서 3
– 책 경험

● 발품 독서를 하면 더 잘 기억한다

경험을 많이 하면 쓸거리가 풍부해집니다. 첫째가 초등학교 3학년일 때 학교 숙제 중에 '문화재 답사보고서'가 있었습니다. 우리나라 국보가 주제였는데요. 자료조사만 해서 제출하라고 안내문이 왔습니다. 아이에게 관심 있는 국보가 있느냐고 물어보니 숭례문이 국보 1호여서 관심이 있다고 했습니다. 책을 찾아서 읽으면서 숭례문과 국보에 대해서 알게 됐는데요. 답사보고서를 쓰려니 너무 어려워서 직접 찾아가보기로 했습니다.

숭례문에 가니 성곽이 일부 남아 있고 성문에 수비대 아저씨가 옛날 복장을 하고 서 있었습니다. 성문 천장에는 총천연색의 용 두 마리가 그려져 있었습니다. 아이들이 들어가니까 안내원이 숭례문 설명문을 나눠줘서 설명문을 읽으면서 숭례문을 둘러봤습니다. 집에 와서 숭례문 설명문을 가지고 스티커 붙이기, 숨은그림찾기, 색칠하기 등의 놀이를 같이 했습니다. 책으로 읽고 실제로 가서 보고, 수문장 교대식도 보고, 사진도 찍고, 거기서 주는 학생용 리플릿을 가져와서 색칠도 하고, 틀린 그림도 찾아보니까 보고서에 쓸 내용이 많아졌습니다.

이런 경험은 텔레비전이나 영화를 볼 때도 적용할 수 있습니다. 아이가 공룡이 하늘을 나는 텔레비전 프로그램을 보더니 공룡 영화가 보고 싶다고 했습니다. 그래서 극장을 예약하고 공룡에 관한 책을 여러 권 읽어주었습니다. 공룡과 구석기 시대, 고조선 등 옛날 역사와 관련된 책들을 읽어주고 서대문 자연사 박물관에 가서 실제로 공룡 화석을 보여주었습니다. 이런 경험 후에 영화를 보니까 글에 쓸 내용이 풍부해졌습니다.

『발해고』라는 인문고전이 있습니다. 아이가 그냥 읽기에는 너무 어려운 책입니다. 이 책을 아이에게 읽히려면 어떻게 해야 할까요? 저는 먼저 베갯머리 독서로 책을 한 쪽만 읽어줍니다. 여러 날에 걸쳐서 조금씩 읽어줍니다. 그리고 여러 날에 걸쳐서 책을 경험하게 할 기회를 줍니다. 먼저 아빠가 좋아하는 드라마 《KBS 대조영》이 나올 때 저 드라마가 발해라는 나라를 배경으로 한다고 알려줍니다. 드라마를 같이 봐도 됩니다.

동영상 사이트에서 '발해'라고 검색하면 만화로 된 발해 이야기, 강

초등 하루 한 권 책밥 독서법

의 형식의 발해 이야기, 다큐멘터리 형식의 발해 이야기가 있습니다. 이 중에서 1~2개를 보여줍니다. 예를 들면《KBS 한국사전-발해》,《역사채널E-발해》,《tvN 어쩌다 어른-발해가 우리 역사인 근거》,《포켓 한국사-발해》,《중2역사-발해》,《지니키즈-발해 대조영》,《KBS 역사저널 그날-발해》같은 것이죠.

● 책놀이로 다양한 삶을 간접 경험한다

책놀이로 음악을 들려줄 수 있습니다. 부모가 어렸을 때 유명한 가수이자 우리나라 최초의 아이돌 그룹이었던 서태지와 아이들의《발해를 꿈꾸며》노래를 들려주거나 뮤직비디오를 보여줍니다. 그리고 네이버 오디오 클립에서《대륙의 꿈 발해》를 들려주고 팟빵《KBS 다큐멘터리 역사를 찾아서》를 들려줘도 됩니다.

책을 읽고 여행을 간다면 속초시립박물관 내에 있는 발해역사관에 갈 수 있습니다. 속초에 발해역사관이 있는 이유는 발해와 통일신라의 지리적 경계선이 속초였기 때문인데요. 속초에 간 김에 설악씨네라마, 대조영 세트장에 같이 가면 좋습니다. 당나라 거리, 안시성 모형, 저잣거리 등이 재현돼 있어서 더욱 실감납니다. 해외로 간다면 러시아 블라디보스토크의 아르세니예프 향토 박물관 1층 전시실이 발해전시관입니다. 아직도 유적이 발굴 중이라니까 발해가 정말 큰 나라였음을 체감할 수 있습니다.

책 한 권과 연계해서 할 수 있는 경험만 해도 드라마 시청, 음악 듣기, 동영상 보기, 오디오클립 듣기, 박물관 가기, 드라마 세트장 가기, 해외여행 가기 등 무척 다양합니다. 아이에게는 배우기가 놀이고 놀이가 배우기입니다. 사람은 흥미를 느끼면 자연스럽게 의욕이 솟구칩니다.

공부를 공부로만 하면 지겹고 하기 싫습니다. 하지만 평소에 읽는 책이 공부이자 일상, 놀이가 되면 공부를 했는지, 책을 읽었는지, 여행을 갔는지 모를 정도로 모든 것이 하나가 됩니다. 이러한 과정의 첫 단추가 바로 독서입니다. 그러나 아이가 비행기 관련 책을 10번 읽기보다 비행기를 실제로 한 번 타면 비행기를 더 잘 기억합니다. 책으로 비행기에 관심을 갖게 하고 지식을 쌓고 비행기를 타보는 경험을 합니다. 듣기, 읽기, 경험, 쓰기까지 함께 하면 가장 좋습니다.

⦂ 여행 가기 전에 독서 먼저

존 스튜어트 밀은 '여행은 지적 성장에 필수다'라고 했습니다. 독서가 책을 통한 간접 경험의 기회를 준다면 여행은 직접 경험의 기회가 됩니다. 많은 경험을 통해서 새로운 세계관을 갖게 되기 때문에 독서와 여행을 동등하게 중요한 배움의 기회로 봅니다.

예전에 영국에 여행을 간 적이 있습니다. 30대 중반이 넘어 큰마음 먹고 직장에 휴가를 내고 그동안 모은 돈으로 여행을 떠났어요. 그때

대영박물관에 갔는데 대영박물관 앞에서 우리나라 청소년을 몇 명 만났습니다. 처음에는 아이들을 보며 '부모님 잘 둬서 좋겠다'라고 생각했습니다.

그런데 그 마음이 5분 만에 사라졌습니다. 아이들이 대영박물관 앞의 계단과 로비 중간에 놓인 소파에 앉아서 계속 스마트폰만 하고 있었기 때문입니다. 작품을 따라서 구경하지 않고 와이파이가 잘 터지는 곳을 찾아다니고 있었습니다. 스마트폰을 가진 아이가 바라는 여행지는 가장 멋지고 좋은 곳이 아니라 '와이파이 잘 터지는 곳'이라는 말을 실감하는 순간이었습니다.

만약에 책을 미리 읽고 여행을 시작했다면 어떨까요? 이렇게 하면 아이가 실제 코스에서 별 감흥을 느끼지 못하더라도 책으로 미리 공부한 내용을 체험으로 익힐 수 있습니다. 책에서 대충 보고 넘어간 부분을 실제 체험으로 익히면 오히려 기억에 오래 남는 효과가 있습니다. 아이와 함께 책으로 여행을 먼저 학습하고 여행지에서 지식을 경험하면 어떨까요? 이렇게 하면 여행에 들이는 돈이 조금도 아깝지 않을 것입니다.

"엄마, 아빠! 유튜브보다
책이 재미있어요!"

오늘부터 아이에게 독서지도를 하기로 결심했다면 하루 한 권 책밥을 먹여주세요. 부모님은 아이가 고른 책을 읽어주면 됩니다. 정조 때 실학자 이덕무는 "어린이에게 절대로 많은 것을 가르치려고 해서는 안 된다. 타고난 능력을 헤아려 200자를 배울 만한 아이에게는 100자만 가르쳐 더 할 수 있는 여지를 남겨둬야 한다. 그러면 책 읽기에 싫증을 느끼지 않고 스스로 깨달아 좋은 결과를 얻을 수 있다"라고 말했습니다.

하루 한 권, 부담 없는 양을 꾸준히 읽히면서 책놀이를 하거나 칭찬을 해주면서 책을 좋아하는 아이로 만들어주세요. 오늘 10권을 읽는 게 중요한 게 아니라, 즐거운 경험을 통해서 읽은 책을 기억하고 삶에 도움이 되는 책을 체득해야 합니다. 평생 책을 떠나지 않는 어른으로

초등 하루 한 권 책밥 독서법

성장하게 하기를 목표로 삼아주세요.

어른이 그렇듯 아이도 매일 꾸준히 책밥을 먹는 게 쉽지 않습니다. 시작은 누구나 다 하지만 꾸준히 하기란 정말 어렵죠. 독서의 결과보다 과정을 중요하게 생각해주세요. 또 단 하루라도, 단 한 권이라도 아이가 좋아서 책을 읽으면 그걸로 됐습니다.

독서지도는 아이와 함께 하는 이인삼각입니다. 아이가 스스로 책을 펼치고 읽도록 분위기를 만드는 게 부모님의 몫입니다. 말을 물가에 끌고 갈 수는 있어도 물을 먹게 할 수는 없듯이, 아이를 책 앞에 앉게는 할 수 있지만 읽는 것은 아이의 몫입니다. 아이가 책을 읽게 하는 완벽한 방법은 없습니다. 아이마다 다르게 태어났기 때문에 아이의 흥미와 관심에 따라 맞춤형으로 지도해야 합니다. 저의 독서지도법도 참고용이지 정답이 아닙니다. 여러분만의 교육관에 따라서 아이를 지도해주세요.

가끔 부모님은 책을 많이 보는데 아이는 책에 관심이 없어서 속상해하는 경우가 있습니다. 지금 당장 아이가 책을 읽지 않더라도 아이는 부모님이 책 읽는 모습을 지켜보고 있습니다. 서른이 넘어서 갑자기 책을 쓴 작가가 본인은 어려서부터 책을 읽지 않았다고 했습니다. 그러나 부모가 책을 읽는 모습을 많이 봐서 책에 좋은 이미지를 갖고 있었습니다. '부모님이 좋아하는 책을 나도 어른이 되면 읽어야겠다' 하는 마음이 생겼다고 합니다. 또 마흔이 넘어서 독서모임을 시작한 어느 부모님도 어릴 때 아버지가 추천해준 책 한 권을 결혼하고 20년이 넘도록 갖고 있다가 이제 읽기 시작했다고 합니다.

아이가 지금 당장 책을 읽지 않는다고 해서 속상해하지 마세요. 언젠가는 아이도 부모님 덕분에 독서 열매를 맺을 겁니다. 여러분이 책을 읽고 즐기면 아이도 책을 읽고 즐기는 어른으로 성장합니다.

유행을 따르지 않고 새롭게 만들어가는 인재가 필요한 지금, 책에는 자기 운명을 스스로 만드는 힘이 있습니다. 저는 제가 독서효과를 증명하는 살아 있는 증인이라고 생각합니다. 초등학교 시절에 책을 많이 읽었던 성공적인 경험은 저를 책 읽는 어른으로 성장하게 했습니다. 어릴 때 경험한 책에 대한 즐거운 기억과 칭찬은 제가 힘든 순간마다 저를 다시 책 앞에 앉혔습니다. 결국 저는 책으로 시작해서 책으로 성공했습니다. 학원에 다니지 않아도, 좋은 대학을 졸업하지 못해도, 전문직을 가지지 못해도, 어린 시절 책을 많이 읽으면 장기적으로 행복하고 성공합니다.

우리 아이가 50년 뒤에라도 행복하고 성공했으면 좋겠습니다. 아이의 장기적인 행복을 위해서 오늘도 하루 한 권 책밥을 차립니다. 아이와 함께 하루 한 권 책밥을 꼭 드세요.

몸으로, 머리로 하는
책놀이 50

1. 책 뒤집기 놀이

놀이 설명	책 뒤집기는 제한 시간 동안 책을 뒤집어서 앞표지가 더 많이 나오는지 뒤표지가 더 많이 나오는지에 따라 승패가 결정되는 놀이
놀이 규칙	1. 책 20권을 준비해서 방바닥에 놓는다. 10권은 앞표지가 위로 오게 놓고, 10권은 뒤표지가 위로 오게 놓는다. (양면 표지의 책은 사용하지 않는다) 2. 한 명은 앞표지가 많으면 이기고, 다른 한 명은 뒤표지가 많으면 이기는 것으로 규칙을 정한다. 3. 스톱워치에 시작 버튼을 누르면 뒤집기를 시작하고, 20초가 되면 중단을 외친다. 4. 앞표지와 뒤표지가 나온 수를 헤아려서 더 많이 나온 사람이 이긴다.
놀이 장점	• 몸을 움직이는 신체활동이 가능하다. • 넓은 방에서 할수록, 책의 권수를 늘릴수록 아이들이 많이 움직여서 재미있어한다. • 책의 권수가 많아지면 시간을 20초, 30초 등으로 조정해서 진행한다. • 팀 대항전도 가능하다. • 20권 미만의 책으로도 진행 가능한 게임이다.
준비물	여러 권의 책, 스마트폰이나 시계, 스톱워치

2. 책 끝말잇기 놀이

놀이 설명	책 제목으로 하는 끝말잇기. 책 제목의 제일 마지막 단어로 시작하는 책을 찾아오기. 실제로 있는 책을 찾아오게 하거나, 말로만 해도 정확하게 책 제목을 말하면 통과. 책 제목을 틀리게 말하거나, 앞사람이 찾아온 책 제목의 마지막 단어가 아닌 책을 찾아오면 지는 게임이다.

놀이 규칙	1. 첫째 아이가 『이상한 과자가게 천정당 1』로 책 끝말잇기 시작 2. 엄마가 '1'로 시작하는 『1천권 독서법』을 찾아서 통과 3. 둘째 아이가 '법'으로 시작하는 『법륜 스님의 행복』을 찾아서 통과 4. 아빠가 '복'으로 시작하는 『복지현장』 책을 찾아서 통과 5. 다음 주자는 '장'으로 시작하는 책을 찾아오기로 계속 이어지게 진행
놀이 장점	• 집에 책이 많은 경우 놀이 진행이 유리하다. • 아이들 책뿐 아니라 어른 책도 많으면 진행이 더 원활하다. • 크게 신경 쓰지 않았던 책 제목을 신경 써서 보게 된다. • 평소에 읽지 않았던 책을 발굴할 수 있다.
준비물	여러 권의 책

3. 책 보물찾기

놀이 설명	책에 대한 힌트를 적은 종이를 집 안에 숨긴 후, 힌트를 보고 보물에 해당하는 책을 찾아오면 이긴다.
놀이 규칙	1. 책에 대한 힌트를 종이에 적는다. 2. 다섯 개 내외 힌트를 적은 종이를 집 안 곳곳에 숨긴다. 3. 아이들에게 보물찾기 종이를 찾아오게 한다. 4. 책 속 힌트에 해당하는 책을 찾아오면 승리 • 아이들끼리 진행해도 되고, 아이들과 엄마가 시합하는 형식도 가능하다. • 개인전으로 한다면 책을 먼저 찾아오는 사람이 이기는 걸로 한다. • 아이들과 엄마의 대결로 진행 시 아이들끼리 협력해서 힌트를 찾아 공유하고, 제한 시간 안에 책을 못 찾으면 엄마가 이기고, 찾아오면 아이들이 이기는 것으로 게임을 구성한다. 5. 아이들이 찾아온 책을 읽어주기 독서로 마무리한다. • 아이들에게 보물 책을 정하고 힌트를 적게 하고 엄마가 보물찾기를 해도 아이들이 재미있어한다.

놀이 장점	• 책에 대한 힌트를 찾고 공유하는 과정에서 협력을 배운다. • 책에 대한 힌트 종이로 책을 유추하는 것을 배운다. • 읽어주기 독서 책을 정하기 곤란할 때 게임식으로 진행할 수 있다.
준비물	책 한 권, 빈 종이 다섯 장, 볼펜 한 자루

4. 책탑 쌓기

놀이 설명	책을 물리적으로 높이 쌓으면 이긴다.
놀이 규칙	두 가지 방식 1번 : 한 달 동안 매일 읽은 책을 책장에 꽂지 않고 각자 읽은 책을 바닥에서부터 쌓아서 누가 가장 높이 쌓는지 시합. 한 달 동안 책을 가장 많이 읽어서 높게 쌓은 사람에게 시상한다. 2번 : 읽은 책 여부와 상관없이 책을 세우고 눕히고 사선으로 놓아 가장 높게 물리적으로 쌓은 사람이 이긴다. • 두 가지 병행 진행도 가능. 한 달 동안 읽은 책은 탑을 쌓은 후 더 높이 쌓은 아이에게 1차 시상하고, 읽은 책만 가지고 물리적으로 높게 쌓으면 2차 시상한다.
놀이 장점	• 1번 방식은 한 달 동안 아이가 책을 많이 읽게 유도하기 좋다. 읽은 책이 높이 올라가는 게 눈에 보이면 성취감을 느끼게 되고 얇은 책보다 두꺼운 책을 읽도록 유도하는 효과가 있다. • 2번 방식은 책을 장난감처럼 가지고 놀게 해서 책을 어렵게 생각하는 마음을 완화하는 데 도움이 된다.
준비물	여러 권의 책

5. 책볼링 놀이

놀이 설명	책을 4 / 3 / 2 / 1 삼각형 모양으로 세운 후 공을 굴려서 많이 쓰러트리면 이기는 게임
놀이 규칙	1. 책을 제일 뒤에 네 권, 그 앞에 세 권, 그 앞에 두 권, 제일 앞에 한 권을 서로 닿지 않게 세운다. (책 간격이 멀어질수록, 책의 크기가 작아질수록 난이도가 높아진다.) 2. 탱탱볼이나 야구공, 축구공 등을 손으로 굴려서 책을 쓰러트린다. (공이 여러 종류인 경우 가위바위보로 원하는 공 선택이 가능하다. 손으로 공을 굴리지 않고 국자나 청소기, 막대기 등으로 공을 치게 해도 재미있어한다.) 3. 많이 쓰러트린 사람이 승리
놀이 장점	• 책을 세우고 공을 굴리면서 균형감각을 배운다. • 책을 장난감으로 활용할 수 있다.
준비물	여러 권의 책, 공

6. 책 도미노

놀이 설명	책을 쓰러지지 않게 일정한 간격으로 세웠다가, 한 번의 터치로 세운 책을 순차적으로 쓰러트리기
놀이 규칙	1. 여러 권의 책을 일정한 간격으로 세운다. 2. 책장이 있는 거실에서부터 안방이나 아이들 방까지 최대한 길게 세운다. 3. 출발지와 도착지 양쪽부터 쌓아서 중간에 만나게 하면 실패에 대비하기 좋다. 4. 다 세우면 한 번의 터치로 순차적으로 쓰러지는 모습을 구경한다. * 책이 아닌 인형, 피규어, 공, 도미노 놀이세트 등 장난감을 섞어서 구성해도 좋다.

놀이 장점	• 협동심을 배운다. • 쓰러져도 다시 해도 된다는 교훈을 준다. • 집중력과 끈기를 배운다.
준비물	책 여러 권, 장난감

7. 책 징검다리

놀이 설명	도미노 게임 등 책 게임을 한 후 집에 책이 어질러져 있을 때, 한 발로(일명 깽깽이) 내가 읽어본 책만 밟고 목적지 찍고 다시 돌아오기
놀이 규칙	1. 책을 여러 권 무작위로 어질러 놓는다. 2. 출발지에서 목적지까지 내가 읽어본 책만 밟는다거나, 제목에 기역(ㄱ)이 들어간 책만 밟거나 두 권으로 놓인 책만 밟는 식으로 규칙을 정한다. 3. 규칙에 맞게 목적지를 다녀오면 통과한다. • 책 사이에 장난감 같은 방해물을 놓거나, 목적지 끝에 간식이 있으면 더 재미있어한다.
놀이 장점	• 한쪽 발로만 걷는 운동 능력과 민첩성 향상 • 자기조절력과 주의집중력 향상
준비물	책

8. 아무 쪽 게임

놀이 설명	책을 아무 쪽이나 펼쳐서 제시어가 많이 나오면 이기는 단순 게임이다.
놀이 규칙	1. 사전에 '제시어'를 정한다. 2. 아무 책이나 선택해서 책장을 펼친다. 3. 해당 제시어를 센다. 4. 해당 제시어가 가장 많은 사람이 이긴다. 예) 책을 아무 쪽을 펼쳐서 사람 수가 많으면 승리 / 글자가 많으면 승리 / 동물이 많으면 승리
놀이 장점	• 머리를 많이 쓰지 않아도 된다. • 숫자 연습이 된다. • 글자를 몰라도 할 수 있다.
준비물	여러 권의 책(잡지도 좋다)

9. 낭독 영상 찍기

놀이 설명	소리 내어 책을 읽는 모습을 촬영해서 SNS에 업로드한다.
놀이 규칙	1. 책 읽는 모습을 찍어서 SNS에 올려도 되는지 아이에게 물어본다. 2. 아이에게 책을 골라 오도록 한다. 3. 스마트폰으로 촬영한다. 4. 찍은 후 함께 보고 SNS에 업로드한다.
놀이 장점	• 소리 내어 읽기를 자연스럽게 시킬 수 있다. • 본인의 책 읽는 모습을 객관적으로 관찰할 수 있다. • SNS에 올린 후 댓글이 달리면 아이에게 칭찬 효과가 있다.
준비물	책, 스마트폰, 인터넷

10. 책 찾기 게임

놀이 설명	제시어와 맞는 책을 찾아오는 게임
놀이 규칙	1. 제시어를 말한다. 2. 해당 제시어가 있는 책을 빨리 찾아오면 이긴다. 3. 한 권이 아니라 여러 권을 제시해도 된다. 예) '펭귄'을 찾아라 : 그림이 나오거나 글씨가 쓰인 책 찾아오기 예) 아이 이름을 활용해 작가 이름에 '김', '은', '규'가 있는 사람 찾아오기
놀이 장점	• 무작위로 읽어줄 책을 선별할 수 있는 기회가 된다. • 평소에 읽지 않던 책을 읽는 기회가 된다.
준비물	책

11. 도둑과 경찰 게임

놀이 설명	책 주인이 책을 도둑맞았다고 생각하고 경찰에게 설명하고 경찰이 그 책의 제목을 맞히거나 책을 찾아오면 우승
놀이 규칙	1. 경찰과 책 주인을 정한다. 2. 책 주인이 읽은 책 중 한 권을 머릿속으로 생각한다. 3. 책 주인이 경찰에게 책을 도둑맞았다고 생각하고 경찰에게 힌트를 다섯 개 준다. 4. 경찰이 책 제목을 맞히거나, 책을 찾아오면 이긴다.
놀이 장점	• 읽은 책의 내용과 정보를 자세히 기억할 수 있다. • 아이들이 좋아하는 추리를 활용한 놀이가 된다.
준비물	책

초등 하루 한 권 책밥 독서법

12. 몸 숫자 게임

놀이 설명	숫자 관련 책이나 수학 동화를 읽은 후 몸으로 숫자 맞히기 게임
놀이 규칙	원시인들의 신체를 활용한 숫자 세기 방법, 중국인들의 손으로 숫자 세기, 수화 숫자를 알려주고 진행자가 부르는 숫자를 몸으로 표현하거나, 진행자가 표현하는 숫자를 알아맞히는 게임
놀이 장점	• 몸으로 숫자를 익히기 좋다. • 수학 동화와 연계 활동으로 진행 가능하다. • 몸을 사용하는 수학 게임이 가능하다.
준비물	없음

13. 종이성과 휴지의자

놀이 설명	공주, 왕자 이야기가 나오는 책을 읽고 나서 종이컵으로 공주님이 사는 성을 쌓고, 롤 휴지로 왕자님 의자 만들기 놀이로 진행
놀이 규칙	1. 종이컵이나 롤 휴지를 준비한다. 2. 종이컵에 그림을 그리거나 꾸미기 가능하다. 3. 컵과 롤 휴지를 쌓아서 성과 의자를 예쁘고 높게 쌓는다. 4. 허물어서 다음에 다시 진행할 수 있다.
놀이 장점	• 그림 그리기 놀이와 함께 가능 • 저렴하고, 여러 번 재사용 가능한 놀잇감
준비물	종이컵(일반 1,000개는 6,000원 내외 / 컬러 50개는 1,000원 내외) • 밑그림이 그려진 종이컵이나 사이즈가 다양한 종이컵 활용 가능

14. 집에서 전통 놀이

놀이 설명	전래동화나 전래놀이가 나오는 책을 읽은 후 집에서 할 수 있는 전통 놀이(예로 땅따먹기, 공기놀이, 비사치기, 윷놀이, 오목 등)
놀이 규칙	• 거실에 마스킹 테이프로 땅따먹기 놀이 대형을 그리고 땅따먹기 게임을 한다. • 도토리만 한 돌들을 집어서 위로 던지거나 받거나 하면서 노는 공기놀이를 한다. (도토리, 은행, 공기, 작은 돌, 지우개 활용 가능) • 돌을 세워 놓고 얼마쯤 떨어진 곳에서 돌을 던져 세워 놓은 돌을 맞혀 넘어뜨리는 비사치기(장난감이나 책으로 진행 가능) • 윷을 던져서 나온 숫자만큼 말을 이동시켜서 먼저 한 바퀴를 도는 사람이 이기는 윷놀이 • 바둑과 돌을 활용해서 다섯 개의 점을 먼저 그리면 이기는 오목놀이(격자무늬 종이와 연필로도 진행 가능)
놀이 장점	• 전통 놀이를 집 안에서 할 수 있다. • 별도의 특별한 장난감 없이도 할 수 있는 놀이
준비물	마스킹 테이프, 공기, 윷, 오목

15. 주사위 낭독

놀이 설명	우유갑으로 주사위를 만들어서 돌아가며 책 읽기
놀이 규칙	1. 우유갑을 정육각형으로 접어서 색지로 둘러싼다. 2. 육면에 가족 이름을 쓴다. (가족 수가 여섯 명보다 적다면 '빽도'나 'PASS' 등을 넣는다.) 3. 우유갑 주사위를 굴린다. 4. 이름이 나온 사람이 책을 한 쪽씩 소리 내어 읽기(빽도가 나오면 앞 장을 다시 읽기, PASS가 나오면 건너뛰기 등으로 적용가능)
놀이 장점	• 낭독 독서 초기에 사용하면 재미있게 낭독 독서 가능 • 이름이 나와서 낭독 독서에 참여하기를 바라는 마음이 들 수 있다.
준비물	200밀리미터 우유갑

16. 책 따라 해봐요~요렇게~

놀이 설명	책을 읽은 후, 책에 나오는 활동을 그대로 따라 하는 놀이
놀이 규칙	1. 책을 읽는다. 2. 책 속에 나오는 요리나 놀이, 활동을 살펴보고, 무엇을 할지 정한다. 예) 연놀이가 나오면 연 놀이 하러 가기, 제기차기 나오면 제기차기하기, 숨바꼭질 나오면 숨바꼭질하기, 사탕 먹는 장면이 나오면 실제로 사탕 먹기 등 책 속 상황을 재현해보기
놀이 장점	• 책을 실제 경험과 연동 가능 • 다양한 놀이 활동 가능
준비물	없음

17. 캐릭터 쿠키

놀이 설명	캐릭터가 나오는 책을 읽고 캐릭터를 쿠키로 만들어서 먹기
놀이 규칙	1. 쿠키 반죽을 만들거나 구입한다. 　(토이쿠이, 플레이쿠키로 검색하면 판매 중이다.) 2. 책 속에 나온 캐릭터를 만들도록 한다. 　예)『구름빵』을 읽고 구름빵 모양을 만들거나,『빨강 머리 앤』 　을 읽고 초록지붕 집이나 앤을 만들어보기 3. 오븐이나 에어프라이기에 구워서 먹는다. 　(180도에 예열 후 10분간 굽는다.)
놀이 장점	• 만들어서 오븐으로 구우면 간식으로 먹을 수 있다. • 만들어서 버리는 활동이 아니라 완성되는 모습에서 성취감이 　향상된다.
준비물	토이쿠키, 플레이쿠키

18. 거품놀이, 물놀이, 물감놀이

놀이 설명	물놀이, 목욕, 바다 관련 책을 읽고 욕실에서 할 수 있는 물놀이
놀이 규칙	1. 옷을 벗거나 수영복을 입힌다. 2. 물 온도는 계절에 따라 조절한다. 3. 거품, 물감, 장난감을 준비해서 자유롭게 놀도록 한다.
놀이 장점	• 욕실에서 하면 청소 걱정 없이 아이들이 즐겁게 놀 수 있다. • 목욕하기 싫어하는 아이들에게도 거품이나 물감 놀이로 접근 　가능
준비물	거품, 물감, 붓, 장난감

19. 꼬마 요리사

놀이 설명	세계 문화, 요리 관련 책을 읽은 후 함께 만들어 먹는 요리 활동
놀이 규칙	아이들과 같이 만든 요리를 정하고 아이와 엄마가 역할 분담을 해서 같이 만들어서 나눠 먹는다. 예) 김밥 : 아이가 맛살을 찢거나, 햄이나 단무지를 반으로 자르고, 엄마는 밥과 지단, 참치 등으로 속 재료를 만든 후 각자 꼬마 김밥을 만들어서 먹기 예) 돈까스 : 아이 한 명은 고기를 망치로 두드린다. 한 명은 밀가루, 계란, 빵가루를 묻힌다. 엄마는 튀기는 등 역할분담 예) 컵계란빵 : 종이컵에 팬케이크 반죽을 넣고, 자른 베이컨, 계란을 넣는 것은 아이가, 전자렌지나 에어프라이기로 조리는 엄마가 역할 분담 예) 주먹밥 : 밥에 참기름, 깨, 소금을 넣고 비벼놓고, 속 재료로 김치무침, 참치, 햄, 멸치볶음 등을 준비하면 아이들이 스스로 주먹밥을 만들어 먹음
놀이 장점	• 평소에 안 먹던 음식이나 재료라도 스스로 조리 과정에 참여하면 맛있게 먹어 편식 예방에 도움이 된다. • 한 끼 식사를 해결할 수 있다.
준비물	식재료

20. 책 제목을 그림으로 꾸미기

놀이 설명	책 제목을 내용과 연관 있는 그림으로 꾸미기
놀이 규칙	책을 읽은 후 책의 내용과 연관시켜 책 제목을 그림으로 꾸미도록 한다. 예) '균형'이라는 책을 읽은 후 '균형'이라는 글자를 내용과 연관해서 ㅇ은 공 모양으로 색칠, ㅎ은 모자 모양으로 색칠, 잡지에서 ㄱ ㅠ ㄴ 글자를 잘라서 붙여도 되고 제목과 내용을 연관시켜 그리기

놀이 장점	• 책의 내용에 대한 정확한 인지 여부를 파악할 수 있다. • 미술활동과 연계 가능
준비물	흰 종이, 색연필

21. 숨은그림찾기

놀이 설명	숨은그림찾기 책으로 진행한다.
놀이 규칙	1. 숨은그림찾기 책을 준비한다. 2. 제한 시간 동안 숨은 그림을 찾는다.
놀이 장점	• 산만한 아이들에게 효과적인 놀이 • 협동심과 집중력을 기를 수 있다.
준비물	숨은그림찾기 책

22. 그림책 퍼즐

놀이 설명	아이가 읽은 책의 그림 부분만 컬러 복사 후 조각내서 퍼즐 맞추기를 한다.
놀이 규칙	1. 책의 그림 부분만 컬러복사를 한다. (그림이 선명한 것이 맞추기 좋다.) 2. 가위로 지그재그로 잘라서, 그림 맞추기를 한다. (영유아라면 2~4개로, 자녀 나이가 많을수록 조각 수를 많이 낸다.)
놀이 장점	• 그림을 읽는 독서로 진행 가능 • 읽어 줄 책에 관심 유도
준비물	책, 프린터, 가위

초등 하루 한 권 책밥 독서법

23. 그림으로 이야기 만들기

놀이 설명	책의 그림 부분만 4~5개 정도 컬러복사해서 순서에 맞게 이야기 만들기
놀이 규칙	1. 읽어준 책이나 읽어줄 책의 그림만 4~5개 복사한다. 2. 아이에게 그림 순서가 무엇인지 생각해 보게 하고, 이야기를 만들어보도록 한다. 3. 책을 읽어주면서 정답을 맞혀본다.
놀이 장점	• 그림을 읽는 독서로 진행 가능 • 읽어줄 책에 관심 유도
준비물	책, 프린터

24. 세계문화유산 건축 DIY

놀이 설명	세계 유명 문화, 건축물에 대한 책을 읽은 후 실제로 건축물을 조립할 수 있는 DIY 키트를 활용해서 건축물을 직접 만든다.
놀이 규칙	1. 건축 DIY로 검색해서 아이가 읽은 책과 관련 있는 제품-초급부터 최고 난이도, 한국 시리즈 등 아이의 능력과 흥미에 맞게 구입한다. 2. 설명서를 보고 건축물을 조립하여 전시한다.
놀이 장점	• 손가락 조작 운동과 집중력 강화 가능 • 난이도에 따른 성취감 고취
준비물	DIY 키트

25. 냉장고 자석 만들기

놀이 설명	과학, 자석 관련 책을 읽은 후 자석을 활용해서 냉장고에 붙일 인테리어 용품을 함께 만든다.
놀이 규칙	1. 막대자석, 말굽자석을 종이로 씌우고 색종이나 꾸밈 용품으로 미니언즈, 개구리, 토끼 모양 등을 만들어서 냉장고에 붙인다. 2. 얼굴 부분에 아이들의 얼굴을 오려서 붙여도 귀엽다.
놀이 장점	안전한 과학 연계 놀이가 가능하다.
준비물	막대자석, 말굽자석

26. 코인 티슈 애벌레 만들기

놀이 설명	코인 티슈에 색칠해서, 여러 개를 이어 붙인 후, 분무기로 물을 조끔씩 뿌리면 물을 흡수하면서 애벌레 몸이 길어지게 되는 놀이
놀이 규칙	1. 코인 티슈에 자유롭게 그림을 그리게 한다. 2. 그림 그리기가 끝나면 여러 개를 이어 붙인다. (딱풀, 목공용 풀) 3. 분무기로 물을 조끔씩 뿌리면 물을 흡수하면서 애벌레 몸이 길어진다. 4. 물을 잔뜩 뿌리면 코인 티슈를 펼쳐서 어떤 무늬가 나왔는지 살펴본다.
놀이 장점	그림 그리기와 과학놀이 가능
준비물	코인 티슈

27. 클레이 점토 유물 만들기

놀이 설명	클레이 점토로 석기시대 유물 만들기

놀이 규칙	1. 공룡, 화석 등의 이야기책을 읽어준다.
	2. 책 속에 등장한 석기시대 유물이나 공룡을 클레이 점토로 만든다.
놀이 장점	손 놀이, 미술과 접목한 책놀이
준비물	클레이 점토

28. 콩나물 / 새싹 기르기

놀이 설명	식물 기르기를 적용하는 놀이
놀이 규칙	1. 콩나물 : 구멍이 뚫린 채반에 씻어서 미지근한 물에 4시간 이상 불린 콩을 넣고 어둡게 뚜껑을 씌운다. 하루 3~4번 물을 주면 콩나물이 자란다.
	2. 새싹 : 접시 위에 키친타월을 깔고, 물을 흥건히 부은 후 새싹 씨를 올려둔다. 아침, 저녁으로 물을 주면 새싹이 자란다.
놀이 장점	간단하게 식물을 기르고, 재배한 식물로 먹기 활동까지 가능
준비물	콩나물 키트, 새싹 키트

29. 동전 저금통 용돈 모으기

놀이 설명	부모는 책을 읽을 때마다 용돈 100원을 준다.
	아이는 저금통을 가득 채우면 책 한 권을 구입할 돈을 모은다.
놀이 규칙	1. 종이 저금통을 만든다.
	2. 책을 읽을 때마다 용돈 100원을 받아서 저금한다.
	3. 저금통을 가득 채우면 책 한 권을 구입할 돈을 모으게 된다.
	4. 서점에 가서 원하는 책을 사도록 한다.

놀이 장점	경제 교육과 연계한 책 읽기 습관 지도 가능
준비물	저금통

30. 아름다운 한글 사진 찍기

놀이 설명	카메라를 활용해서 아름다운 한글 사진을 찍는 놀이
놀이 규칙	1. 길거리의 아름다운 한글을 스마트폰이나 카메라로 찍는다. 2. 나들이할 때 미션으로 진행하면 좋다. 3. 각자 찍은 사진을 텔레비전과 연결하여 다 같이 보거나 출력해서 붙여도 좋다. 사진을 다 같이 보면서 가장 아름다운 한글을 고른다.
놀이 장점	• 글자에 관심 유발 • 카메라를 활용한 놀이
준비물	카메라

31. 책 판매하기

놀이 설명	아이들이 읽지 않는 책을 모아서 직접 판매하는 활동
놀이 규칙	1. 지역 프리마켓이나 한 평 책방 등에 참가 신청을 한다. 2. 아이들이 스스로 더 읽지 않을 책을 고르고, 판매할 가격표를 쓰고, 잔돈을 준비하도록 한다. 3. 한 명은 홍보 활동, 한 명은 잔돈 계산 등으로 아이들끼리 역할을 정해주면 좋다. 4. 책을 판다. 5. 판매 활동 후 수익금을 계산하고, 용돈으로 지급한다.

놀이 장점	• 아이들이 스스로 책을 정리한다. • 책을 판매하면서 사회성이 향상된다. • 자연스럽게 경제 교육이 된다.
준비물	판매할 책, 홍보지

32. 도서관 책놀이

놀이 설명	도서관에 처음 가는 아이에게 도서관에 가서 책만 읽을 뿐 아니라 다양한 활동이 있음을 알려주는 놀이 시간
놀이 규칙	1. 처음 도서관에 가서 아이들에게 책을 읽으라고 말하지 않는다. 매점에서 간식을 사먹고, 도서관을 구경하고 프로그램을 알아보고 집에 온다. 2. 도서관에 가서 아이에게 맛있는 간식을 사주고, 구경시키고 엄마 책을 빌려오는 과정을 보게 한다. 책을 반납할 때도 같이 가서 간식을 사주고 반납하는 과정을 보게 한다. 3. 아이가 어린이 코너에 가고 싶어 하거나 어린이용 책을 빌리고 싶다고 할 때까지 여러 번 반복한다.
놀이 장점	• 도서관에 대한 즐거운 추억을 남겨줄 수 있는 놀이다. • 책을 빌리고 반납하는 과정을 배울 수 있다.
준비물	없음

33. 사다리 타기

놀이 설명	사다리 타기를 하며 책 읽어주는 놀이

놀이 규칙	1. 사다리 게임을 설명한다.
	2. 당첨된 사람이 할 미션을 미리 정한다.
	예) 읽어주기 당첨, 책 고르기 당첨, 듣기 당첨 등
	3. 사다리를 그린 후 각자 선을 한 개씩 택한다.
	4. 결과에 따라 미션을 수행한다.
놀이 장점	• 책 읽어주기나 책 고르기, 듣기 역할을 나눠서 수행 가능
	• 아이가 스스로 책을 고르거나 읽을 기회를 제공
준비물	책, 종이, 볼펜

34. 서점 책놀이

놀이 설명	서점에 가서 책을 사 오는 것뿐 아니라 읽어도 되는 다양한 책이 있음을 알려주는 시간이다.
놀이 규칙	1. 대형 테이블에 앉아서 책 보기
	2. 나라별 작가 책 찾아오기 놀이
	3. 찾은 책 제자리에 다시 꽂기
	4. 간식이나 식사를 해도 된다.
	5. 원하는 책을 한 권씩 사서 온다.
놀이 장점	• 서점에서 사회적 책 읽기 경험
	• 원하는 책을 선택하고 찾는 즐거움 경험
준비물	책 구입비

35. 책 읽기 100일 릴레이

놀이 설명	100일 동안 책 읽기 릴레이 놀이

초등 하루 한 권 책밥 독서법

놀이 규칙	1. 책 자유 : 읽는 분량을 정하지 않고 자유롭게(하루 한두 쪽도 가능) 100일 동안 매일 책 읽기를 한다. 2. 달력에 책 읽은 날은 O표, 못 읽은 날은 X표를 한다. 3. 한 번도 안 빼고 읽어도 좋지만, 중간에 못 한 날이 있어서 계속 이어서 100일 동안 매일 책 읽는 기회를 준다. 4. 100일 미션을 달성하면 선물을 준다.
놀이 장점	• 매일 책을 읽는 습관을 기를 수 있다. • 100일 책 읽기 성공 시 성취감을 느낄 수 있다.
준비물	책, 달력

36. 도서관 미션 놀이

놀이 설명	도서관을 여러 번 이용해봤거나 도서관에 흥미가 없는 아동에게 도서관에 가서 책만 읽을 뿐 아니라 다양한 활동이 있음을 알려주는 놀이 시간이다.
놀이 규칙	1. 아이들용 미션지와 엄마용 제비뽑기 종이를 미리 준비한다. 2. 도서관에 도착하면 미션지를 제공하고, 해당하는 책을 찾아오도록 한다. 미션지 예) 작가가 외국 사람인 책 세 권, 역사에 대한 책 다섯 권, 100쪽이 넘는 두꺼운 책 세 권, 학습만화 두 권을 5분 안에 찾아오기 3. 찾아온 책 중에서 엄마용 제비뽑기에 해당하는 책이 많을수록 이기는 게임 제비뽑기 내용 예) 찾아온 책 중 작가 이름이 가장 긴 책, 책 제목이 가장 짧은 책, 흑백으로 된 책, 앞뒤 표지가 양면인 책, 내가 읽어본 적 있는 책 등으로 제시
놀이 장점	도서관에 대해 즐거운 기억을 남겨줄 수 있는 놀이
준비물	아이들용 미션지(아이들 수만큼), 엄마용 제비뽑기

37. 국가 도미노

놀이 설명	세계 관련 책이나, 세계지도를 본 후 국기 보고 나라 이름 맞추기와 수도 이름 맞히기
놀이 규칙	1. 국기 도미노 또는 국기를 프린트한 종이를 준비한다. 2. 국기를 보고 나라 이름이나 수도 이름을 맞히면 한 개씩 가지고 간다. 3. 마지막까지 가장 많이 맞힌 사람이 승리
놀이 장점	• 사회 과목에 나오는 국기와 수도 교과연계 학습으로 가능하다. • 기억력, 집중력 향상에 도움이 된다.
준비물	국기 도미노 또는 국기를 프린트한 종이

38. 독서왕 게임

놀이 설명	한 달 동안 가장 책 많이 읽은 아이에게 자유권을 주는 놀이
놀이 규칙	1. 책을 읽을 때마다 책 제목을 적도록 한다. 2. 독서왕에게 주는 선물을 같이 정한다. 예) 자유시간 두 시간, 스마트폰 사용 한 시간 추가, 학원 하루 면제 등 3. 매달 말일 적은 책 제목을 기준으로 독서왕을 선발하고 선물을 지급한다.
놀이 장점	청소년기에도 적용 가능한 독서 자극
준비물	독서 목록

39. 질문 배틀

놀이 설명	책을 읽고 누가 가장 질문을 많이 만들었나 시합하기
놀이 규칙	1. 책을 읽어준다. 2. 책 내용에 관한 질문을 종이에 적도록 한다. 3. 가장 많은 질문을 적은 사람이 승리한다.
놀이 장점	• 책 내용을 집중해서 듣게 한다. • 책에 대한 이해력을 파악할 수 있다. • 생각을 적을 수 있다.
준비물	책, 종이, 펜

40. 캐릭터카드 맞추기 게임

놀이 설명	캐릭터카드에 쓰인 설명을 소리를 내 읽고 들으면서 어떤 캐릭터인지 맞히기 게임
놀이 규칙	1. 아이들이 좋아하는 캐릭터카드를 10개씩 나눠 가진다. 2. 순서대로 한 장씩 캐릭터 설명을 읽는다. 3. 정답을 맞힌 사람에게 캐릭터카드를 준다. 4. 가장 많은 캐릭터카드를 모은 사람이 우승한다.
놀이 장점	• 소리 내어 책 읽기 낭독 연습 • 아이들이 좋아하는 캐릭터로 일상 대화 가능
준비물	없음

41. 진짜 가짜 게임

놀이 설명	뉴스, 동영상, 인터넷 정보, 책을 읽거나 보여주고 그중에서 진짜 / 가짜 고르기 게임
놀이 규칙	1. 뉴스, 동영상, 인터넷 정보, 책을 엄마가 미리 읽고 진짜 뉴스 세 개 + 가짜 뉴스 한 개 또는 가짜 뉴스 세 개 + 진짜 뉴스 한 개로 퀴즈를 만든다. 2. 뉴스, 동영상, 인터넷 정보, 책을 아이들에게 보여주고 읽어준 후 그중 진짜, 가짜 뉴스 퀴즈를 내 맞히는 게임
놀이 장점	• 주의 집중력 향상 • 책 내용에 대한 정확한 이해 • 인터넷 정보, 동영상, 뉴스 중에 가짜 뉴스가 있음을 알려줄 수 있다.
준비물	책이나 스마트폰, 텔레비전

42. 내 마음대로 책쓰기

놀이 설명	책의 글자 부분을 가리고 컬러로 복사해서 글을 만들어보기
놀이 규칙	1. 읽어준 책이나 읽어줄 책의 글자 부분을 가리고 복사한다. 2. 아이에게 글자 부분에 마음대로 이야기를 적어보도록 한다. 3. 아이가 만든 책 이야기를 소리 내어 읽고, 실제 책 이야기를 읽어주면서 비교해본다.
놀이 장점	• 그림을 읽는 독서로 가능 • 읽어줄 책에 관심 유도
준비물	책, 프린터, 종이

43. 감정카드 만들기

놀이 설명	감정사전 책을 읽고, 감정 그리기 놀이
놀이 규칙	아래 단어 중 세 개를 골라서 감정을 그림으로 그려보세요. 감동하다 괴롭다 고맙다 귀찮다 그립다 긴장하다 끔찍하다 나른하다 놀라다 다정하다 답답하다 당황하다 두렵다 떳떳하다 망설이다 무섭다 무시하다 미안하다 밉다 반갑다 부끄럽다 부담스럽다 분하다 불쌍하다 불안하다 불편하다 뻔뻔하다 뿌듯하다 상쾌하다 서럽다 설레다 속상하다 수줍다 신나다 실망하다 심심하다 쑥스럽다 쓸쓸하다 아쉽다 아프다 안타깝다 얄밉다 어색하다 억울하다 예쁘다 우쭐하다 자랑스럽다 자신만만하다 조마조마하다 즐겁다 지겹다 짜증스럽다 창피하다 충격받다 캄캄하다 켕기다 토라지다 통쾌하다 포근하다 피곤하다 허무하다 홀가분하다 후회하다 흐뭇하다 흥겹다
놀이 장점	• 자신의 감정을 표현할 수 있는 단어를 알게 된다. • 감정의 뜻을 알게 된다.
준비물	종이, 색연필

44. 감정카드로 이야기하기

놀이 설명	감정카드로 책을 읽고 이야기 나누기
놀이 규칙	1. 43번에서 만든 감정카드를 준비한다. 2. 오늘 읽은 책에 대해 감정카드로 말하기 : 책을 읽고 느껴지는 감정 단어 세 개를 선택한다. 3. 찾은 감정카드 세 개를 고른 이유를 말한다.
놀이 장점	감정카드를 활용해 책 읽고 대화를 할 수 있다.
준비물	없음(판매하는 감정카드로도 가능)

45. 우리 집 도서관 만들기

놀이 설명	도서분류 라벨을 붙여서 우리 집을 도서관처럼 만들기
놀이 규칙	1. 도서분류 라벨지를 주문한다. 2. 책 뒷면 바코드를 보면 ISBN 13자리 숫자 이후, 다섯 자리 숫자가 있다. 　다섯 자리 숫자 중 가운데 세 번째 자리가 책의 분류번호다. 　예를 들어 13'5'90 → 500번 기술과학책, 07'3'90 → 300번 사회과학책 3. 책의 숫자에 따라 책을 분류하고, 책 옆면에 라벨을 붙이면 된다. • 한꺼번에 많이 하면 힘들 수 있으니, 여러 날에 걸쳐 차례로 하면 좋다. • 책 정리를 하면서 집안일을 한 보상으로 용돈을 주면 흥미를 보인다.
놀이 장점	• 책 정리와 놀이를 한 번에 할 수 있다. • 집 도서관을 가지게 된다. • 책의 분야를 잘 알게 되어, 편식 독서 방지 효과가 있다.
준비물	도서분류 책라벨 한 장 판매처 : 용문테크윈(http://www.ymtechwin.com, 도서분류 : 공공띠라벨)

46. 틀리지 않고 오래 책 읽기

놀이 설명	책 한 권을 돌아가며 읽는데, 틀리지 않으면 계속 읽고 틀리면 다음 주자가 읽는 게임
놀이 규칙	1. 책을 한 권 고른다. 2. 책 읽는 순번을 정한다. 3. 책을 읽다가 틀리면 다음 사람이 읽고, 또 다음 사람이 읽는다. 4. 책을 다 읽으면 놀이가 끝난다.
놀이 장점	아이들이 조사를 빼먹거나 단어를 틀리는 경우 지적하면 싫어하는데 게임으로 낭독 독서를 지도할 수 있다.
준비물	없음

47. 몸으로 말해요

놀이 설명	책을 읽고 몸으로 시간을 표현하거나 글자를 만든다.
놀이 규칙	제시어에 따라 몸으로 시간, 단어를 표현한다. 예) 2시 정각, 3시 10분 등으로 제시어를 주면 팔과 다리를 활용해서 표현한다. 예) 한자 한일(一), 두이(二), 사람인(人) 등의 제시어를 팔과 다리를 활용해서 몸으로 표현하기 예) 한글 기역(ㄱ), 니은(ㄴ), 이응(ㅇ) 등을 팔과 다리를 활용해서 몸으로 표현하기 예) 알파벳 에이(A), 시(C), 디(D) 등을 팔과 다리를 활용해서 몸으로 표현하기
놀이 장점	• 신체활동으로 간단히 진행 가능 • 형제간 임무로 주면 협동심을 기른다. • 형제가 없는 경우 사물(의자, 수건, 책) 등을 활용 가능
준비물	없음

48. 스피드 게임

놀이 설명	텔레비전 프로그램 속 게임을 활용
놀이 규칙	제한 시간 안에 제시어 빨리 말하기 게임 예) 10초 안에 책 제목 10개 말하기, 10초 안에 등장인물 이름 5개 말하기 게임
놀이 장점	• 순발력을 기를 수 있다. • 텔레비전 프로그램을 활용한 게임으로 흥미 유발 가능
준비물	없음

49. 리딩타임 앱 놀이

놀이 설명	스마트폰을 보지 않는 시간 만큼 포인트가 쌓이는 앱을 활용한 놀이
놀이 규칙	1. 스마트폰을 보지 않는 만큼 포인트가 쌓이는 앱을 설치한다. 2. 책을 읽을 때마다 앱을 가동하고 읽는다. 3. 쌓인 포인트로 책을 구매한다.
놀이 장점	• 스마트폰 사용 통제 가능 • 집중력 향상 • 매일 책 읽은 시간 파악 가능
준비물	스마트폰, 앱 설치

50. 미니 책 만들기 놀이

놀이 설명	A4 종이 한 장으로 8면의 책을 만드는 놀이
놀이 규칙	1. A4 종이 긴 면을 4등분, 짧은 면을 2등분으로 접는다. 2. 긴 면 4등분 중 가운데 2개 등분을 칼이나 가위로 칼집을 낸다. 3. 긴 면의 4개 면이 닿도록 접으면 8면의 미니 책이 된다. 　(어려우면 A4 종이를 4조각으로 나누어 찍개로 가운데를 집어도 된다.) 4. 각 면마다 그림이나 글을 적으면 미니 책이 완성된다.
놀이 장점	• 내가 그린 그림과 글로 미니 책을 만든다. • 부모도 같이 만들면 아이들이 더 재미있어한다.
준비물	종이 한 장, 가위

각주

26쪽 『헤럴드경제』, 2018년 9월 21일 기사, 〈책의 해, 독서실태보니…독서량 한 달에 1.1권〉, http://biz.heraldcorp.com/view.php?ud=20180921000232&ACE_SEARCH=1

27쪽 문화관광부, 2020년 3월 11일 자료, 〈2019년 국민독서실태조사〉, https://www.mcst.go.kr/kor/s_policy/dept/deptView.jsp?pSeq=1776&pDataCD=0406000000&pType=04

28쪽 『경기신문』, 2020년 3월 11일 기사, 〈점점 더 책 안 읽는 한국 어른들〉. http://www.kgnews.co.kr/news/articleView.html?idxno=577649

34쪽 『경향신문』, 2016년 10월 30일 기사, 〈독서의 계절, 누가 많이 읽고 누가 안 읽나〉. http://news.khan.co.kr/kh_news/khan_art_view.html?artid=201610301523021&code=940100

45쪽 『한겨례신문』, 2011년 4월 4일 기사, 〈과도한 사교육때 우울증 아이 급증〉. https://news.naver.com/main/read.nhn?mode=LSD&mid=sec&sid1=102&oid=028&aid=0002087900

초등 하루 한 권 책밥 독서법

46쪽『서울신문』, 2018년 3월 4일 기사, 〈독서 작문 능력이 우수한 고교생 50년 뒤 높은 소득 수준 유지〉, https://www.seoul.co.kr/news/newsView.php?id=20180305010022

46쪽 문화관광부, 2014년 1월 28일, 〈2013년 국민독서실태조사 결과, 독서율 성인 4.6%, 학생 12.2% 증가〉, https://www.mcst.go.kr/kor/s_notice/press/pressView.jsp?pMenuCD=0302000000&pSeq=13308

48쪽 한국교육개발원, 2020년 1월 14일, 교육여론조사 (KEDI POLL 2019), https://www.gov.kr/portal/gvrnReport/view/H2001000000244074?policyType=G00302&srchTxt=%ED%95%9C%EA%B5%AD%EC%96%B4%EA%B5%90%EC%9C%A1

74쪽『서울신문』, 2020년 3월 11일 기사, 〈책 안 읽는 어른들〉, https://www.seoul.co.kr/news/newsView.php?id=20200312019003

74쪽 문화체육관광부, 2020년 3월 22일 보도자료, 〈독서생활에 종이책 비중 줄고 전자책 늘어 - 2019년 국민 독서실태 조사 결과 발표〉, https://www.mcst.go.kr/attachFiles/viewer/skin/doc.html?fn=20200311084859452680929061_TCS_SCHMNG20200311084914444641.hwp&rs=/attachFiles/viewer/result/press/

131쪽『조선일보』, 2016년 3월 29일 기사, 〈엄마보다 아빠가 읽어줄때…더 똑똑해진다〉, http://news.chosun.com/site/data/html_dir/2016/03/29/2016032900280.html

218쪽『MBC뉴스, 2013년 5월 13일 기사, 〈[뉴스플러스] 전자책이냐 종이책이냐… 어린이 뇌 영향은?〉, https://imnews.imbc.com/replay/2013/nwdesk/article/3282109_30357.html

219쪽『경향신문』, 2012년 9월 24일, 〈"디지털교과서 효과없다" 78%…5748억 예산 논란〉, http://news.khan.co.kr/kh_news/khan_art_view.html?art_id=201209242128405#csidx5aaa64b5791da638446c01ed81bc860

참고자료

24쪽 『소설처럼』, 다니엘 페나크 저, 이정임 역, 문학과지성사, 2018년

41쪽 『최고의 교육』, 로베르타 골린코프, 캐시 허쉬-파섹 저, 김선아 역, 예문아카
이브, 2018년

42쪽 『대학에 가는 AI VS 교과서를 못 읽는 아이들』, 아라이 노리코 저, 김정환 역,
정지훈 감수, 해냄, 2018년

54쪽 『이것이 진짜 공부 스타일이다』, 김송은,에듀플렉스 교육개발연구소,정은희
공저, 다산에듀, 2014년

55쪽 『책을 읽는 사람만이 손에 넣는 것』, 후지하라 가즈히로 저, 고정아 역, 비즈
니스북스, 2016년

57쪽 『생각하지 않는 사람들』, 니콜라스 카 저, 최지향 역, 청림출판, 2011년

76쪽 《EBS가 선택한 최고의 학교》, 《SBS 영재발굴단》

111쪽 『EBS 다큐프라임 퍼펙트 베이비』, EBS 퍼펙트 베이비 제작팀 저, 와이즈베
리, 2013년

117쪽 『완벽한 공부법』, 고영성, 신영준 공저, 로크미디어, 2017년

119쪽 『하루 15분 책 읽어주기의 힘』 짐 트렐리즈 저, 눈사람 역, 북라인, 2018년

146쪽 한국심리학회-심리학용어사전 2014년 4월, 김혜림 저, 프랭크, 울트만 관련
놀이치료의 정의

169쪽 《EBS 60분 부모》

234쪽 『EBS 다큐프라임 퍼펙트 베이비』, EBS 퍼펙트 베이비 제작팀 저, 와이즈베
리, 2013년

211쪽 《MBC 우리 아이 뇌를 깨우는 101가지 비밀》

초등 하루 한 권 책밥 독서법

매일 밥 먹듯 우리 아이 독서습관 만드는 법

초등 하루 한 권
책밥 독서법

초판 1쇄 발행 2020년 6월 22일
초판 2쇄 발행 2020년 7월 14일

지은이 전안나
펴낸이 김선식

경영총괄 김은영
기획편집 박현미 **디자인** 마가림 **크로스교정** 조세현 **책임마케터** 최혜령
콘텐츠개발5팀장 박현미 **콘텐츠개발5팀** 봉선미, 마가림, 이영진
마케팅본부장 이주화 **채널마케팅팀** 최혜령, 권장규, 이고은, 박태준, 박지수, 기명리
미디어홍보팀 정명찬, 최두영, 허지호, 김은지, 박재연, 배시영
저작권팀 한승빈, 이시은, 김재원
경영관리본부 허대우, 하미선, 박상민, 김형준, 윤이경, 권송이, 김재경, 최완규, 이우철
외부스태프 양민영, 이경진

펴낸곳 다산북스 **출판등록** 2005년 12월 23일 제313-2005-00277호
주소 경기도 파주시 회동길 357 3층
전화 02-704-1724
팩스 02-703-2219 **이메일** dasanbooks@dasanbooks.com
홈페이지 www.dasanbooks.com **블로그** blog.naver.com/dasan_books
종이 (주)한솔피앤에스 **출력·인쇄** (주)민언 **후가공** 평창P&G **제본** 정문 바인텍

ISBN 979-11-306-3026-7(13300)

다산북스(DASANBOOKS)는 독자 여러분의 책에 관한 아이디어와 원고 투고를 기쁜 마음으로 기다리고 있습니다.
책 출간을 원하는 아이디어가 있으신 분은 다산북스 홈페이지 '투고원고'란으로 간단한 개요와 취지, 연락처 등을 보
내주세요. 머뭇거리지 말고 문을 두드리세요.